国际投资条约
解释的不一致性：
困境与出路

Inconsistencies in the Interpretation of
International Investment Treaties:
the Dilemma and Outlets

靳 也 著

人民出版社

序

解释是法律人的基本功。法律人几乎每天都在从法学角度来解释人的行为，解释合同条款，解释法律条文。条约是国际法的主要渊源，因此国际投资条约的解释属于法律解释；与此同时，条约又是缔约国之间的相互承诺，因此，国际投资条约的解释又明显带有合同解释的色彩。随着国际投资规模的扩展，投资纠纷也逐渐增多，不同投资争端解决机构对国际投资条约中相同或相似条款解释的不一致现象逐渐引起人们的关注，一些优秀的研究成果也纷纷出现。靳也博士即将出版的《国际投资条约解释的不一致性：困境与出路》一书是这个领域中最新的一项成果。

与现有的研究成果不同，靳也博士的这本著作不局限于问题的提出，不止步于现象的梳理，也不满足于对策的比较，而是从基础理论层面对国际投资条约解释的不一致性问题进行了深入的探究，提出并证实了一些新的命题。

首先，靳也博士在书中提出，国际投资条约解释的不一致现象，应分为对相同条约条款的不一致解释和对相似条约条款的不一致解释，并在此基础之上对条约解释应当实现的一致性目标加以区分，明确了对相同条约条款的不一致解释是国际投资仲裁中亟待解决的问题，而对相似条约条款的不一致解释则是当前国际投资法律体系下的合理现象，但需要对双重救济下的条约解释冲突加以预防。

其次，作者提出，实现国际投资条约解释的一致性在很大程度上依赖于国际投资实体性规则的改革和国际投资争端解决程序的改革。在实体性规则改革的路径下，国家可以通过对管辖权条款、实体待遇条款和征收补偿条款的调整来保障相同条约条款解释的一致性；在程序性规则改革路径之下，尽管中心化在理论上更有利于实现条约解释的一致性，但中心化 ISDS 机制的构建无法一蹴而就，而且对于中心化争端解决模式已经暴露出的问题，该机制应当在规则设计中把握裁判机构的权力边界，而非盲目地进行过度改革。

再次，通过对国际投资法发展过程的考察，作者认为国际投资条约体系从投资保护的根本性目标出发，现已进入制度反思和规则调整阶段。国际投资法的主要矛盾已由早期的"南北冲突"转向了东道国政府权力与投资者利益之间的"公私冲突"。国际社会应以此为契机，积极推动以条约为表现形式的国际投资法朝更加公平的方向发展。

靳也博士对国际投资法的研究至少已经持续了 12 年。从 2013 年到 2019 年，她在清华大学先后攻读国际经济法方向的法学硕士学位和法学博士学位。她的硕士学位论文研究的是国际投资仲裁规则的透明度问题，创新性地提出并论证了应将透明度规则划分为任意性规则和强制性规则两种模式。

写到这里，我想借用两句话来概括靳也的研究风格，第一句话是"板凳坐得十年冷"。就是说在选定了一个研究领域之后，就不要轻易放弃。十多年前，在国际经济法领域，最受追捧的还是 WTO 话题。但靳也一直坚持国际投资法的学习和研究，从硕士论文到博士论文，以及其间她所发表的一些专业论文，基本上都是在这个领域当中的研究成果。因此，她已经有能力对国际投资法进行总体性的把握。第二句话是"细微之处见真功"。我经常建议我指导的学生采用"拆分"（其实就是"分析"）的研究方法。对认识对象一层层地拆分下去，就可以见到细微之处，就可以领悟事物的特性所在。从靳也的文章中可以看出她善于并且能够自觉采用拆分的方法，通过类型化来准确地认识事物，而不满足于笼统的叙说。

希望这是读者读了这本书之后能得到的另外一层感悟。

车丕照

2025 年 3 月 7 日

目　录

绪　论

一、研究背景及研究意义

1. 研究背景

自 17 世纪格劳秀斯在其《战争与和平法》一书中首次对条约解释问题进行了系统性论述后，学者对条约解释的研究日益精进。① 现代条约解释理论在先前学说的基础上，发展出了主观解释学派、约文解释学派和目的解释学派，不同学派曾长期争论不休，直至 1969 年《维也纳条约法公约》（*Vienna Convention on the Law of Treaty*，以下简称 VCLT）第 31 条至第 33 条确立起以文本解释为基础、折中采纳目的论方法，并辅之以缔约意图法的条约解释基本规则。条约的解释看似已成为国际法理论中的老生常谈，但实际上这一题目却是历久弥新。McNair 爵士曾在其《条约法》一书中指出："条约法中没有比条约解释更令文本起草者胆战的事情了。"②"尽管国家在起草约文时非常小心并积累了许多经验，但没有任何条约是不会产生一些解释问题的"。③ 由于 VCLT 作为

---

① 18 世纪，瓦特尔也曾在其著作中阐述了条约解释的原因、目的和方法等问题。自 19 世纪起，对于条约解释的研究日渐丰富，以费奥勒为代表的学者对条约解释之规则进行了更为详细的论述。现代国际法学者也依然孜孜不倦地对条约解释理论进行研究，Fitzmourize、Lauterpacht、McNair 和 O'Connell 等国际法知名学者都提出了具有影响力的条约解释学说。参见李浩培：《条约法概论》，法律出版社 1987 年版，第 406—412 页。

② Lord McNair, *The Law of Treaties*, Oxford University Press, 1986, p.364.

③ ［英］安托尼·奥斯特：《现代条约法与实践》，江国青译，中国人民大学出版社 2005 年版，第 200 页。

不同学说相互妥协与融合的结果，其本身具有许多模糊之处，加之联合国国际法院（International Court of Justice，以下简称 ICJ）、世界贸易组织（World Trade Organization，以下简称 WTO）和国际投资仲裁庭等国际争端解决机构实践经验的日益丰富，有关条约解释的新问题不断涌现。例如，谁有权解释条约？不同的解释主体作出的解释效力如何？如何理解 VCLT 之下的条约解释规则的含义与不同解释方法之间的关系？VCLT 之外的条约解释方法应当如何被看待并运用？如何区分条约解释和条约的修改？这些问题尚需解答。

在国际投资法领域，条约解释同样是投资争端解决中最为关键的环节。《关于解决国家与他国国民之间投资争议公约》（*Convention on Settlement of Investment Disputes between States and Nationals of Other State*，以下简称《ICSID 公约》）构建了以仲裁为基础的投资者—国家争端解决机制（Investor-State Dispute Settlement Mechanism, 以下简称 ISDS 机制），该机制伴随着双边投资条约（*Bilateral Investment Treaty*, 以下简称 BIT）的大量缔结，逐渐发展成运用最为频繁的投资争议解决途径。不同于传统的国家间争端解决机制或国际商事争议解决机制，ISDS 机制所处理的法律争议具有融合公法与私法的特殊属性，在这极具特殊性的救济模式下，作为主要裁判者的国际投资仲裁庭对国际投资条约解释的不一致性成为争端解决过程中的特殊现象。不同仲裁庭对国际投资条约中一些核心条款含义的解读存在分歧，由此导致相同或相似案件裁决结果不一致，这一突出问题对国际投资法律体系的稳定性和可预测性造成了巨大冲击。

条约解释不一致现象暴露出的问题引发了国际投资法在实体规则层面的深刻变革。传统新自由主义下形成的以市场化、全球化、私人财产权益保护和限制国家监管为核心要素的国际投资条约规则模式被部分国家抛弃。在欧盟与加拿大进行国际投资条约谈判的过程中，欧洲出现了大规模街头游行示威活动，反对国际投资条约对大型跨国公司的偏袒和对公共利益的侵害。在新一代国际投资条约中国家注重对投资者与东道国的利益平衡和对规制权的维护，将可持续发展视作投资保护之外的重要目标，出现了十分明显的价值转向。在缔约过程中增强国际投资条约规则的连贯性也成为重要目标。① 主权国家逐渐对实体规则用语进行细化和调整，通过区域化的缔约方式对规则进行协调和整合，以求增强当前国际投资条约实体规则的体系化和系统性。

条约解释不一致性问题的另一个严重后果最为直观的表现是国际社会对于投资仲裁机制信任感降低，理论界和实务界掀起了对当前 ISDS 机制的反思热潮，主权国家面对国际投资仲裁带来的影响也不断调整着自身的相关政策与措施，推动 ISDS 机制改革的政策主张和理论观点迅速发展。在政策层面，2017 年联合国国际贸易法委员会（United Nations Commission On International Trade Law，以下简称 UNCITRAL）第三工作小组专门就 ISDS 机制改革问题启动了多边谈判工作，并就条约解释和裁决一致性议题进行了专门讨论。② 截至 2024 年底，改革工作仍未形成统一意见和结果。国际投资争端解决中心（International Centre for Settlement of Investment Disputes，以下简称 ICSID）已完成对其投资仲裁规则的第六轮修改。主权国家也纷纷在双边或区域性经贸条约中对投资争端解决问题作出调整。2015 年，欧盟提出了建立国际投资法庭的构想，并企图通过区域性投资协定逐步抛弃当前的投资仲裁机制。在理论层面，国际投资法学界已出现多种有关 ISDS 改革趋势的理论观点。例如：从对当前仲裁程序的变革程度来看，ISDS 机制"渐进式改革"、"系统性改革"和"范式性改革"的三分法对现有主要的 ISDS 改革主张进

---

① See UNCTAD, Reforming the International Investment Regime: An Action Menu, Chapter IV, p.128.

② See UNCITRAL, Possible reform of investor-State dispute settlement（ISDS）: Consistency and related matters, A/CN.9/WG.III/WP.150, 28 August, 2018.

行了较为全面的总结和归纳，产生了一定的理论影响；① 从争端解决过程中的利益保护来看，有学者指出当前的 ISDS 机制改革呈现出了投资者与东道国利益平衡的"去商事化"总体趋势；② 从争端解决模式的发展角度来看，现有理论认为 ISDS 机制的改革呈现出多元化的特点 ③。

总体而言，国际投资条约解释不一致性问题促使整个国际投资法律体系走到了最为关键的十字路口，国际投资实体规则改革尚未形成一致意见，运行 30 余年的投资者与国家间的仲裁机制将何去何从目前尚未可知。但无论在实体层面还是程序层面，增强国际投资条约解释的一致性，提升国际投资法律体系的稳定性和可预测性已成为国际投资法发展的核心关切。

2. 研究意义

在理论层面，虽然学界对于国际投资条约解释的不一致现象给予了高度关注，但诸多基本性问题依旧停留在模棱两可与模糊不清的状态之中。近年来，国际社会对国际投资条约解释不一致性现象的认知和立场出现了分化，学者观点各不相同，相关研究陷入了理论困境之中。首先，国际投资争端的解决需要对准确性、稳定性、公平公正与效率等不同的价值追求进行平衡，国际投资法律体系下条约解释的一致性是否绝对优先于其他价值追求仍须进一步地探讨。其次，当前国际投资条约解释的不

---

① See Anthea Roberts, "Incremental, Systemic, and Paradigmatic Reform of Investor-State Arbitration", *American Journal of International Law*, 112（3），2018.

② 参见余劲松：《国际投资条约仲裁中投资者与东道国权益保护平衡问题研究》，《中国法学》2011 年第 2 期；蔡从燕：《国际投资仲裁的商事化与"去商事化"》，《现代法学》2011 年第 1 期；朱明新：《投资者—国家争端解决机制的革新与国家的"回归"》，《国际法研究》2018 年第 4 期。

③ 参见王彦志：《国际投资争端解决机制改革的多元模式与中国选择》，《中南大学学报（社会科学版）》2019 年第 4 期。

一致性与 ISDS 机制"合法性"（legitimacy）①之间的关系并不明确，"合法性危机"这一概念是否准确描述了 ISDS 机制的现状有待进一步考证。最后，国际投资法律体系和规则本身具有鲜明的特点，在这一背景之下，国际投资条约的解释应当追求何种程度的一致性以及实现这种一致性的可行路径还需要加以明确。此外，国际法的"碎片化"已成为国际法理论研究中的重要议题，国际投资法作为一个独立的国际法子体系具有最为突出的双边性和区域性特点，国际社会推动投资规则多边化和有序化的进程十分缓慢，子体系内部的"碎片化"特征十分明显。②而国际投资条约解释的不一致性与此现象具有深层次的联系，本书的讨论与研究也在一定程度上有助于增强对国际投资法"碎片化"现象的理解和认识。

在现实层面，从国际投资实体规则角度出发，国际投资条约解释不一致现象的实证研究对于国际投资条约内容的调整与完善大有裨益。在充分积累了投资仲裁实践经验后，世界主要的投资大国均已进入国际投资条约更新换代阶段。③实践中国际投资条约核心条款不一致的解释结

---

①　有部分国内学者在文章或著作中将"legitimacy"译为"正当性"，但笔者认为国际投资法视域下这一概念的内涵与马克斯·韦伯和哈贝马斯等学者在政治学和社会学研究中提出的"合法性理论"相契合，故本书采用其他研究领域的传统译法，将"legitimacy"一词译为"合法性"。

②　参见古祖雪：《现代国际法的多样化、碎片化和有序化》，《法学研究》2007 年第 1 期。

③　例如，欧盟在近年来集中开展了多项区域性协定的谈判，以替代早期欧盟各成员国分别与其他国家签订的 BIT。其与加拿大、越南、新加坡等国家的新一代自由贸易协定已正式签署，与美国的《跨大西洋贸易与投资伙伴关系协定》（*Transatlantic Trade and Investment Partnership*，以下简称 TTIP）的谈判正在进行中。而美国则引领北美、亚洲、大洋洲的诸多国家形成了《泛太平洋伙伴关系协定》（*Trans-Pacific Partnership Agreement*，以下简称 TPP），虽然美国最终退出了这一协定，但其他国家仍在 2018 年签署了《全面与进步跨太平洋伙伴关系协定》（*Comprehensive Progressive Trans-Pacific Partnership*，以下简称 CPTPP）。2018 年底，美国、加拿大和墨西哥通过的《美墨加三国协议》（*United States-Mexico-Canada Agreement*，以下简称 USMCA）替代了原有的《北美自由贸易协定》（*North American Free Trade Agreement*，以下简称 NAFTA）。

果对主权国家的投资政策影响强烈，为确保新一代投资条约在今后的适用过程中能充分反映缔约国的真实意图，各国均须对当前条约解释的不一致状况进行充分的理解和认识，从而在缔约过程中精准地设计和安排约文内容。从投资争议解决的程序角度出发，国际投资条约解释的不一致性现象作为触发 ISDS 机制变革的重要因素，与投资争端解决机制的发展前景休戚相关。但由于对国际投资条约解释不一致现象的态度与立场的差异，不同主权国家所选择的改革路径和应对方法也不尽相同，且彼此间的对立与冲突日渐显现，美国等部分西方国家主张采取小幅修正模式不断完善 ISDS 机制，而欧盟则采取较为激进的方式，力求对当前的国际投资争议的裁决模式作出系统性变革。从协调国际投资条约解释冲突的目标出发来审视当前的国际投资法律实体规则和程序规则，能够为国际投资实体法律规范的发展和争端解决机制改革的研究提供新思路，打开新视角。

立足于中国涉外法治体系建设和国际经贸交往的实际需求，对条约解释不一致现象的研究对于中国进一步完善国际投资规则体系和推进涉外法治建设具有重要意义。虽然在当前的国际投资仲裁实践中，中国参与的仲裁案件数量与其他资本流动大国相比并不多，但国际投资条约解释的不一致现象已对中国投资者和中国政府的争端解决产生了显著影响，导致中国老一代投资条约的法律效力处于不稳定状态。中国近年来不断与其他国家签订国际投资条约，同时也在积极参与 ISDS 机制改革工作，如何在实体和程序层面进行制度设计，防范国际投资条约解释不一致情形继续扩张，是当前中国面临的紧迫问题。

二、研究基础

在国际投资法领域，国际投资仲裁裁决结果的不一致现象自 21 世纪初期就引起了部分国际法学者的关注，但截至目前，多数文献依然将目光集中于早期几组具有代表性的投资仲裁案例，且现有研究的侧重点各有不同，从条约解释的角度对不一致性现象进行系统性论述的学术成果并不多见。本书所覆盖的内容较为丰富，其中将会涉及条约解释过程中使用到的解释方法，国际投资条约中的实体规则与程序规则，而本书的论证更需要依赖国际投资争端解决的现实案例。当前可作为本书研究基础并具有启发意义的文献资料可以划分为以下三种类型：（1）条约解释基础理论研究；（2）国际争端解决过程中条约解释的实证研究；（3）国际投资条约解释不一致性的相关研究。本节将对现有文献中具有代表性的学者观点进行归纳与总结。

1. 条约解释的基础理论研究

国际法学者对于条约解释基础理论的研究较为丰富，涉及条约法的学术著作基本都会对条约解释规则进行阐释，在此主要对系统性研究条约解释基础理论的著作进行综述。格劳秀斯的《战争与和平法》第二卷第 16 章 "论解释" 对条约解释适用中的问题进行了最早的阐述。[①] 瓦特尔在《国际法或自然法原则》第 17 章中提出了条约解释的基本规则和具体规则等问题。[②] 晚近，Richard Gardiner 所著的《条约解释》一书是一部有关条约解释较为全面的代表性研究成果，此书首先对 VCLT 条约解释规则的产生与发展，其他条约解释过程中重要的参考要素，缔约过程中有助于条约解释的重要资料以及利用 VCLT 进行条约解释的国际

[①]　参见［荷］格劳秀斯：《战争与和平法》第二卷，马呈元、谭睿译，中国政法大学出版社 2016 年版。

[②]　See Emmerich de Vattel, *The Law of Nations: Or, Principles of the Law of Nature, Applied to the Conduct and Affairs of Nations and Sovereigns*, Chitty J, ed., Cambridge University Press, 2011.

组织、国际法院、国家司法机构等解释主体进行了梳理和介绍；其次则着重研究了在争端解决实践中条约解释主体如何依据 VCLT 第 31 条至第 33 条的规定对条约之真义进行解释。① 另一部对 VCLT 条约解释规则进行系统性研究的著作则是《条约解释：1969 年〈维也纳条约法公约〉确立的现代国际法》，此书作者 Ulf Linderfalk 对于应当如何运用 VCLT 中的条约解释通则对条约约文内涵进行明晰开展了深入的研究。作者在其著述中特别指出 VCLT 中的相关规则对于条约解释起着至关重要的作用，某一国际司法机构或争端解决主体是否援用了 VCLT 第 31 条至第 33 条的解释规则是判断其对争议所涉及的特定国际条约解释是否正确的决定性因素。② 此外，Malgosia Fitzmaurice 编纂的《条约解释〈维也纳条约法公约〉30 年》也对条约解释的基础理论、条约解释过程中产生的特殊问题以及 VCLT 解释规则的适用进行了针对性研究，书中的部分章节对于国际贸易法、国际投资法和国际人权法相关争议解决实践中产生的条约解释问题进行了重点分析。③

相较于外文著作，中国国际法学界针对国际条约一般理论进行系统论述的文献较为稀缺。李浩培先生的《条约法概论》一书是条约法领域最具代表性的学术成果，条约解释的理论和实践问题是该著作中的重要章节。李浩培先生首先将条约解释按照解释主体划分为学理解释和有权解释，其次对 ICJ 的条约解释权进行了解释和分析，最后着重研究了 VCLT 中条约解释规则和解释方法的相关具体规定以及其在实践中的适用情况。④ 张乃根教授在 2019 年出版的《条约解释的国际法》（上、下）

---

① See Richard Gardiner, *Treaty Interpretation*, Oxford University Press, 2010.

② See Ulf Linderfalk, *On the Interpretation of Treaties: The Modern International Law as Expressed in the 1969 Vienna Convention on the Law of Treaties*, Springer, 2007.

③ See Malgosia Fitzmaurice, *Treaty Interpretation and Vienna Convention on the Law of Treaties: 30 Years on*, Martinus Nijhoff Publisher, 2010.

④ 参见李浩培：《条约法概论》，法律出版社 1987 年版。

则是近年来国内学者对于条约解释问题最为系统全面的研究，该书介绍
了条约解释的基本方法，梳理比较了有关条约解释的经典学术理论，分
析了国际法各个分支领域在条约解释实践中出现的问题。① 此外，国内
学界近期具有代表性的条约解释研究还包括韩燕煦的《条约解释的要素
与结构》一书，该书对于条约解释的要素结构、本质特征、运行规律和
变动趋势进行了深入研究，全书将影响条约解释的要素划分为主体要
素、结果要素、客体要素、方法要素、目的要素和时空要素六个方面，
提出了条约解释过程中的基本矛盾，揭示了条约解释的静态和动态两种
结构，研究方法与传统条约解释研究有所区别。②

2. 国际争端解决机制中条约解释的实证研究

条约解释主要发生在国际争端解决的过程当中，相较于国际投资仲
裁，理论界对国家间争端解决机制下条约解释的实证研究更为成熟，相
关文献以大量案例为基础，分析了 ICJ 和 WTO 等重要的国际司法机构
在法律解释过程中出现的问题。虽然国际投资仲裁机制具有一定的特殊
性，但上述实证分析对于我们思考国际投资仲裁条约解释不一致现象的
成因与改进方法具有借鉴意义。

在国际公法领域，学者 Hugh Thirlway 对 ICJ 的条约解释进行了
充分的实证研究，《国际法院的法律和程序：五十年的判例法》一书
中的系列文章对于 ICJ 如何在具体争议案件中运用条约解释的相关
规则进行了系统性的梳理和总结，分析了 ICJ 所采取的条约解释的方
法，展示了实践中影响条约解释的多种不同因素。③ 在国际贸易法领

---

①　参见张乃根：《条约解释的国际法》（上、下），上海人民出版社 2019 年版。
②　参见韩燕煦：《条约解释的要素与结构》，北京大学出版社 2015 年版。
③　See Hugh Thirlway, *The Law and Procedure of International Court of Justice: Fifty Years of Jurisprudence*, Oxford University Press, 2013.

域，Isabelle Van Damme 在其著作《WTO 上诉机构的条约解释》中对
WTO 上诉机构在国家间有关 WTO 协定的争议解决中依据条约解释的
原则和规则对 WTO 一揽子协定进行解释的实践做法进行了细致呈现，
在实证研究的同时，此著作也进行了一定的理论探讨，简要对 WTO
上诉机构进行条约解释的原则和其解释的客体等问题进行了说明，但
总体而言，此书更强调对 WTO 条约解释实践的归纳和梳理。① 国内
学者对于 WTO 条约解释的研究则出现在中国加入 WTO 之后，并逐
步深入。陈欣的《WTO 争端解决中的法律解释：司法克制主义 vs. 司
法能动主义》一书分析了 WTO 法律规则体系下所形成的类似国内法
的结构，探讨了 WTO 法律解释的相关基本理论和实践经验，论证了
上诉机构的法解释哲学，并提出相关建议。作者的主要观点是上诉机
构应当在司法克制主义与司法能动主义之间寻求平衡，WTO 应当保
障其成员在协定下的利益得到有效救济，同时要提防上诉机构越权的
行为对国家经济主权造成威胁。② 此外，许多学者针对国际争端解决
机构条约解释中的某些具体问题进行了更为细致和深入探索，例如条
约解释的主体③、争端解决机构的解释权④和争端解决机构的条约解释
的方法⑤ 等。

在国际投资法领域，对条约解释的实证研究在近年来才逐渐得到重
视，最早针对国际投资仲裁中条约解释进行实证研究的是瑞典学者 Ole

① See Isabelle Van Damme, *Treaty interpretation by the WTO Appellate Body*, Oxford University Press, 2009.

② 参见陈欣：《WTO 争端解决中的法律解释：司法克制主义 vs. 司法能动主义》，北京大学出版社 2010 年版。

③ 参见唐青阳：《论 WTO 规则的法律解释主体》，《河北法学》2005 年第 7 期。

④ 参见尹德永：《试论 WTO 争端解决机构的法律解释权》，《河北法学》2004 年第 4 期。

⑤ 参见翁国民、蒋奋：《论 WTO 规则的法律解释方法——兼谈国际条约法的解释理论在 WTO 争端解决机制中的运用》，《当代法学》2004 年第 5 期。

Kristian Fauchald，其于 2008 年发表的文章中对近 100 个 ICSID 仲裁案例中运用的条约解释方法进行了梳理和介绍，其认为虽然当前仲裁庭条约解释方法的运用并不完全相同，但总体上对于国际法方法论的统一发展作出了贡献。① 2009 年，Thomas W. Wälde 在《国际投资条约的解释：经验和例证》一文中对条约解释的基本原则作了概括性介绍，之后具体分析了 VCLT 在投资仲裁中的适用。作者指出当前国际投资仲裁实践表明尽管仲裁庭会经常援引 VCLT 的解释规则，但在具体适用上是存在大量分歧并较为混乱的。作者也指出国际投资仲裁机制受到商事仲裁模式的影响，更加重视事实而缺少法律上的讨论，并以案例证明了这一现状。此外，作者认为投资仲裁裁决具有明显的倾向性，这是由于仲裁庭在条约解释的过程中运用了大量 VCLT 中未出现的条约原则，并通过这些原则支持其预先的价值判断。② 此后，英国学者 J. Romesh Weeramant-ry 在其著作《投资仲裁中的条约解释》一书中对国际投资仲裁庭运用 VCLT 和其他条约解释方法解释国际投资条约的情况进行了分析。③ 这一领域其他研究成果还包括 Tarcisio Gazzini 于 2016 年出版的《国际投资条约解释》一书，作者对于当前主要的 BIT、《欧洲能源宪章》(*Energy Charter Treaty*，以下简称 ECT) 和 NAFTA 等区域性自由贸易协定的解释进行了系统性研究，对于国际投资条约的特殊性进行了论述。但作者的研究重点依然集中在 VCLT 解释规则在投资仲裁中的适用。④ 目前中

---

① See Ole Kristian Fauchald, The Legal Reasoning of ICSID Tribunals - An Empirical Analysis, *European Journal of International Law*, 19（2）, 2008 .

② See Thomas W. Wälde, Interpretating Investment Treaties: Experience and Example, in Christina Binder（ed.）, *International Law for the 21th Century:Essays in Honour of Christoph Schreuer*, Oxford University Press, 2009.

③ See J. Romesh Weeramantry, *Treaty Interpretation in Investment Arbitration*, Oxford University Press, 2012.

④ See Tarcisio Gazzini, *Interpretation of International Investment Treaties*, Hart Publishing, 2016.

国国内对国际投资仲裁条约解释实践进行系统性研究的代表成果为张生教授的《国际投资仲裁中的条约解释研究》，作者在书中对国际投资仲裁庭在实践中所运用的条约解释方法及其中存在的问题进行了梳理和归纳，从不同角度和层面剖析了条约解释相关问题产生的原因，并从实体规则与程序规则两方面提出了相应解决方法。① 李庆灵的《国际投资仲裁中的条约解释问题研究》则针对条约解释主体及其解释权力来源、国际投资仲裁庭条约解释失范的现象与后果、改善和约束国际投资仲裁庭条约解释的方法、中国对国际投资仲裁庭授予条约解释权等问题进行了分析论证。②

3. 国际投资条约解释不一致性的相关研究

国际投资条约解释不一致性最终反映在国际投资仲裁庭对案件的裁决结果之中，目前多数文献资料的关注点均为仲裁裁决结果的不一致性。总体而言，从条约解释角度出发对国际投资仲裁庭条约解释不一致现象进行系统性研究的学术成果数量较少。当前既有的相关研究成果可以划分为以下三项内容。

第一，现有的文献资料对于仲裁裁决结果的不一致现象进行了介绍和简要分析。Susan D. Frank 在其讨论国际投资争端解决机制合法性的文章中对于三组具有不同特征的典型案例进行了分析和说明。③David M. Howard 在前者的研究基础之上丰富了国际投资仲裁裁决结果不一

---

① 参见张生：《国际投资仲裁中的条约解释研究》，法律出版社 2016 年版。

② 参见李庆灵：《国际投资仲裁中的条约解释问题研究》，广西师范大学出版社 2023 年版。

③ See Susan D. Frank, The Legitimacy Crisis in Investment Treaty Arbitration: Privatizing Public International Law Through Inconsistent Decisions, *Fordham Law Review*,73（4）, 2005.

致的类型。① 部分国内学者对于仲裁裁决不一致现象的归纳方式与上述国外学者相似，例如刘笋教授同样将典型的不一致裁决划分为三种类型。②Christoph Schreuer③ 和张生 ④ 等学者则采取了不同的方式，以最惠国待遇条款或保护伞条款等实践中产生较多解释分歧的投资条约条款为例对裁决不一致现象进行说明。此外，在针对最惠国待遇 ⑤ 或管辖权⑥ 等国际投资具体法律规则进行研究的文献资料中有对某一特定条款内涵解释分歧的论述。

　　第二，学者对投资仲裁裁决结果不一致的原因及其带来的影响进行了分析。现有研究表明投资国际投资实体规则的模糊、不同仲裁庭之间相互独立、仲裁程序一裁终局以及先例制度的缺失是仲裁裁决不一致的根源所在。⑦ 对于仲裁裁决结果不一致所带来的影响，学者多持负面态度，普遍认为裁决的不一致性减损了国际投资法律体系的稳定性与可预测性。⑧ 而

---

　　① 　See David M. Howard, Creating Consistency through a World Investment Court, *Fordham International Law Journal*, 41（1）, 2017.

　　② 　参见刘笋：《国际投资仲裁裁决的不一致性问题及其解决》，《法商研究》2009年第6期。

　　③ 　See Christoph Schreuer, Diversity and Harmonization of Treaty Interpretation in Investment Arbitration, in Malgosia Fitzmaurice（ed.）, *Treaty Interpretation and Vienna Convention on the Law of Treaties: 30 Years on*, Martinus Nijhoff Publisher, 2010, p.145.

　　④ 　参见张生：《国际投资仲裁中的条约解释研究》，法律出版社2016年版，第144—166页。

　　⑤ 　Martins Paparinskis, *The International Minimum Standard and Fair and Equitable Treatment*, Oxford University Press, 2013, pp.105-111.

　　⑥ 　参见徐树：《国际投资仲裁庭管辖权扩张的路径、成因及应对》，《清华法学》2017年第3期。

　　⑦ 　参见郭玉军：《论国际投资条约仲裁的正当性缺失及其矫正》，《法学家》2011年第3期。

　　⑧ 　See Andreas Bucher, Is There a Need to Establish a Permanent Reviewing Body? In Emmanuel Gaillard（ed.）, *The Reiew of International Arbitration Award,* JurisNet, 2008, p.285.

更具影响力的观点则是 Susan D. Frank 等学者所提出的，认为仲裁裁决的矛盾与冲突造成了投资仲裁机制的"合法性危机"。① 此外，有学者提出东道国的管理政策与公共利益也将受到不一致裁决的冲击。但近年来有学者对于上述研究进行了反驳，其中具有代表性的观点认为裁决的不一致是国际投资仲裁机制的合理现象，盲目追求条约解释的一致性将影响条约解释的准确性。②

　　第三，面对国际投资仲裁裁决结果的不一致性，国际法学者从不同角度提出了应对方法。其中具有代表性的主张包括增强国际投资条约条文的精确性，督促仲裁庭正确运用条约解释方法，③ 建立仲裁上诉机制④ 或投资法庭⑤。部分学者近年来关注到了国际投资条约解释主体的问题，并主张加强国际投资条约缔约国对条约真实内涵进行解释的作用，从而限缩国际投资仲裁庭解释条约的权力，防止其过度行使自由裁量权。例如，Anthea Roberts 在其相关文章中明确指出了投资条约缔约国在仲裁审理过程中所扮演的双重角色，并通过相关案例证明了当前仲裁庭常常忽视缔约国在条约解释方面的作用与意义。此外，作者还关注

---

　　① See Susan D. Frank, The Legitimacy Crisis in Investment Treaty Arbitration: Privatizing Public International Law Through Inconsistent Decisions, *Fordham Law Review*,73（4），2005.

　　② See Ten Cate, M. Irene, The Costs of Consistency: Precedent in Investment Treaty Arbitration, *Columbia Journal of Transnational Law*, 51（2），2013.

　　③ 参见张生：《国际投资法制框架下的缔约国解释研究》，《现代法学》2015 年第6 期。

　　④ 参见崔悦：《国际投资仲裁上诉机制初探》，《国际经济法学刊》2013 年第 1 期；肖军：《建立国际投资仲裁上诉机制的可行性研究——从中美双边投资条约谈判说起》，《法商研究》2015 年第 2 期。

　　⑤ See David M. Howard, Creating Consistency through a World Investment Court, *Fordham International Law Journal*, 41（1），2017.

了缔约国的嗣后协议与嗣后实践在投资仲裁条约解释中的作用。[1] 此外，张生[2] 和李庆灵[3] 等国内学者以及笔者[4] 也在相关文章中论证了缔约国解释的重要作用，对现有的缔约国解释的途径和解释效力进行了剖析，并为保障缔约国条约解释效力的可行方法提供了建议。

三、研究方法及创新之处

1. 研究方法

本书对国际投资条约解释不一致性进行系统性论述的过程中主要运用了实证研究与比较研究两种研究方法。

首先，实证研究是本书论证得以开展的基础。条约解释是争端解决机构适用法律过程中的必经环节，国际投资条约解释的不一致性是争端解决实践中暴露出的现实问题。截至 2024 年底，已公开的国际投资仲裁案件数量已达到 1322 件，其中已决案件数量高达 958 件。[5] 本书借助联合国贸易和发展会议（United Nations Conference on Trade and Development，以下简称 UNCTAD）投资争端解决数据库，通过对大量 ICSID、UNCITRAL 和国际常设仲裁院（Permanent Court of Arbitration，以下简称 PCA）等仲裁机构的裁决的分析，将国际投资条约中核心条

---

① See Anthea Roberts, Power and Persuasion in Investment Treaty Interpretation: The Dual Role of States, *American Journal of International Law*, 104（1）, 2010.

② 参见张生：《国际投资法制框架下的缔约国解释研究》，《现代法学》2015 年第 6 期。

③ 参见李庆灵：《国际投资仲裁中的缔约国解释：式微与回归》，《华东政法大学学报》2016 年第 5 期。

④ 参见靳也：《国际投资仲裁程序规则中的缔约国条约解释机制研究》，《武大国际法评论》2017 年第 5 期。

⑤ 参见 UNCTAD 网站，https://investmentpolicy.unctad.org/investment-dispute-settlement，访问日期：2024 年 12 月 31 日。

款解释的不一致现状进行全面而客观的呈现，揭示了仲裁庭在具体案件
中运用条约解释方法的特点和问题。特别是对于中国投资仲裁实践中出
现的管辖权相关条款的解释不一致性现象进行了全面研究。除仲裁案例
外，主权国家和国际组织面对国际投资条约解释不一致现象所采取的
应对措施也是本书实证研究的重要对象，其中包括：（1）中国、美国和
欧盟等重要经济体的缔约实践；（2）国家对投资条约的解释实践；（3）
UNCITRAL、ICSID、UNCTAD 和经济合作与发展组织（The Organisa-
tion for Economic Cooperation and Development，以下简称 OECD）等国
际组织采取的多边行动。本书对国家实践和国际组织行动的归纳和梳理
明确了当前国际社会关于投资条约解释不一致性问题的核心争议，为探
寻扭转条约解释不一致现象的路径指明了方向。

其次，比较研究是本书采用的另一种重要研究方法，本书主要包
含了三组不同的比较对象。第一组比较对象为国际投资争端解决机制
与 WTO 等其他国家间争端解决机制，两者在条约解释一致性程度上的
差异揭示了争端解决模式对条约解释一致性的影响。第二组比较对象
为不同国家签订的 BIT 和自由贸易协定文本。国际投资条约实体规则
与程序规则的差异性不容忽视，它反映了国家不同的缔约意图，决定了
我们应当如何看待和评价条约解释不一致现象，同时也对国家行为的效
果具有深远的影响。第三组比较对象为应对条约解释不一致现象的不同
措施，对其有效性进行比较和分析有助于构建更加合理的国际投资法律
体系。

2. 创新之处

第一，在研究思路和观点层面，当前对于国际投资仲裁条约解释的
研究主要是介绍性的内容，以条约解释的一般理论为基础，结合国际投
资仲裁案例说明仲裁庭对不同条约解释方法的应用，而没有针对国际投

资仲裁条约解释不一致性问题进行深入分析。关注到仲裁庭不一致裁决的学者通常仅根据个别案例引出问题，过于笼统地对这一现象进行批判。笔者走出了早期研究中固定思路的束缚，本书绪论明确了研究中的基本概念，对于条约解释不一致性与裁决不一致性之间的关系进行了界定；第一章对国际投资条约解释不一致的现实状况进行了全面的揭示，对作为重要解释主体的仲裁庭对于维护条约解释一致性的矛盾态度进行了梳理；第二章对国际投资条约解释不一致现象背后的成因和理论困境进行了探讨；第三章着重分析了应对条约解释不一致现象的基本路径，通过两分法将条约解释不一致的现象划分为对相同条约条款的不一致解释和对相似条约条款的不一致解释，并在此基础之上对条约解释应当实现的一致性目标加以区分，明确了对相同条约条款的不一致解释是国际投资仲裁中亟待解决的问题，而对相似条款的不一致解释则是当前国际投资法律体系下的合理现象，但需要对双重救济下的条约解释冲突加以预防；第四章和第五章基于前述结论从实体与程序两种路径研究了解决国际投资条约解释不一致现象的具体方法；第六章针对中国在国际投资仲裁中出现的条约解释不一致现象进行了阐述，并从老一代 BIT 适用和未来缔约实践两个层面提出了具体解决方案。

　　第二，现有的研究成果通常零散地从个别角度提出增强条约解释一致性的方法，而本书则在明确条约解释一致性目标的基础之上，系统性地研究了增强国际投资条约解释一致性的可行方式，对纷繁复杂的应对措施进行梳理和归类，并分析不同改革路径之间的关系。在对这一问题的研究过程中，本书重点关注了自欧盟通过双边途径对投资争端解决机制作出重大改变后，国际社会对于 ISDS 机制改革的立场出现严重分化的现实情况，剖析产生分歧的深层原因，并以合理提升条约解释一致性为线索，提出了中心化与去中心化两种不同的 ISDS 机制改革模式，并分析了两种不同模式的特点、动因和可能产生的后果，为 ISDS 机制的发展提供了新的视角和新的思路。

第三，在"一带一路"倡议的推动作用下，在中国国际投资活动迅猛发展的同时，也出现了国际投资争端数量的激增现象。中国政府和中国投资者同样面临着当前投资仲裁机制下条约解释不一致性问题带来的冲击和影响，本书在理论研究基础上对中国当前在投资仲裁中出现的条约解释不一致性问题进行了全面分析，并深入探讨了我国在争端解决和缔约实践中对此问题的应对策略。对中国国际投资条约解释不一致现象的研究能够为维护我国国际投资利益，完善我国涉外法律体系，主动对接并积极吸纳高标准国际经贸规则提供了理论参考。与此同时，本书对中国国际投资仲裁实践和中国参与国际投资法律体系改革的分析和探讨也符合中国保障更广阔的对外开放和更高水平的合作共赢，提高中国在国际法律规则制定中的话语权，为国际法治贡献中国方案的现实需求。

四、国际投资条约解释不一致性的界定

本书所研究的国际投资条约解释是指投资争端解决过程中对 BIT 和自由贸易协定（Free Trade Agreement，以下简称 FTA）投资章节中投资保护与投资待遇等条款具体内涵、效力范围和缔约国与投资者权利义务边界之认定。条约的解释是十分复杂的过程，涉及不同的解释主体、解释对象和解释方法，国际投资条约的解释也同样面临着诸多因素的影响。然而，国际投资条约解释的不一致性是在特定的争端解决机制下产生的特殊问题，在对国际投资条约解释不一致现实状况进行研究前，首先需要对国际投资条约解释的不一致性这一概念内涵作出准确界定。

1. ISDS 机制中的国际投资条约解释

对于条约解释的主体，VCLT 并没有作出明确规定。事实上，条约缔约国、国际司法机构、缔约国授权的其他机构、国际法学者或其他任何对条约发生兴趣的个人或团体都可以对特定的约文进行解释。但从法律适用的角度出发，则需要对不同主体所作解释的效力加以区别。李浩培先生据此将条约解释划分为有权解释和学理解释。① 其中有权解释的含义即为"全体缔约国和国际法院对条约作出的有拘束力的解释"。对国际投资条约而言，可作有权解释的主体有三种类型：（1）国际投资条约缔约国；（2）国家间争端解决机构；（3）处理投资者与东道国争议的国际投资仲裁庭。

首先，"制定法律者有权解释法律"，国际投资条约的缔约国当然地享有条约解释权。缔约国对于条约的解释可以进一步区分为单方解释与共同解释，但某一缔约国单独对条约内容所作解释之权威性不及全体缔约方的共同解释。缔约国解释条约的方式和途径多种多样，其可在制定条约时在约文中添加解释性条款②，也可在条约生效后形成解释性文件③，甚至缔约国在适用某些条约规范方面的实践行为也可被视作对条约的解释。④ 在国际投资条约生效后，全体缔约国可以通过换文、议

---

① 参见李浩培：《条约法概论》，法律出版社 1987 年版，第 406—412 页。

② 以投资协定中的征收条款为例，在近年来缔结的 BIT 或 FIA 投资章节中，缔约国通常会在条约附件里对判断征收的要素进行说明，从而对征收行为的具体内涵加以明确。

③ 例如，NAFTA 下美国、加拿大和墨西哥三国曾在 2004 年通过自由贸易委员会发表声明，对 NAFTA 第 11 章中的公平与公正待遇条款和国际习惯法之间的关系进行了解释。

④ ICJ 前法官 Fizmaurice 曾指出，缔约方的嗣后行为和实践提供了关于条约正确解释最好和最可靠的证据。

定书、声明和宣言等形式对条约条文的内涵达成一致意见。①

　　其次，当缔约国未履行其在条约下的义务，权利受到损害的当事方需要依赖争端解决机制寻求救济，此时缔约国授权中立的国际争端解决机构来就特定约文的内涵进行解释。在当前的国际投资条约体系之下，存在国家间仲裁和投资者与国家仲裁两种并行的争端解决机制。"在早期的《友好通商航海条约》中，条约解释和适用的争议只能通过国家间仲裁来解决"。② 此种争端解决模式与传统国际法上国家与国家之间由第三方解决争议的方法无太大区别，仲裁的申请方与被申请方均为主权国家，此时，仲裁机构对条约作出的解释对发生争议的国家具有拘束力。这种救济路径被沿用至今，然而自 20 世纪 90 年代起，投资者与国家间条约仲裁的兴起，国家间有关条约解释的争端解决方式被湮没在这一潮流之中，成为"被遗忘的机制"。处理国家间争议的仲裁庭的条约解释权通常来自全体缔约方在国际投资条约中的授权，在争端解决条款中，缔约国通常规定有关条约解释的争议应当交由仲裁庭根据国际法来作出具有拘束力的裁决。③

　　投资者与国家的仲裁已成为当前国际投资争端解决的最主要路径，在国际投资条约下，私人投资者能够以东道国违反条约义务为由发起仲裁，根据已公开的案件信息，ICSID 受理了大多数投资者与东道国的争议，而投资者也可以选择 PCA、国际商会（International Chamber of Commerce，以下简称 ICC）仲裁院、斯德哥尔摩商会仲裁院（Arbitration Institute of the Stockholm Chamber of Commerce，以下简称 SCC）等

---

① 参见张生：《国际投资仲裁中的条约解释研究》，法律出版社 2016 年版，第 33 页。

② Trevino, C. J, State-to-State Investment Treaty Arbitration and the Interplay with Investor-State Arbitration Under the Same Treaty, *Journal of International Dispute Settlement*, 5（1），2014.

③ See *US Model BIT*, Article 37.

商事仲裁机构来解决投资争端。国际投资仲裁庭逐案设立，在争端解决
过程中对投资条约所作的解释对争议双方具有拘束力。但在许多国际投
资条约中，缔约国未明确授予 ISDS 机制下的仲裁庭条约解释的权力，
通常仅在管辖权条款中规定仲裁庭有权裁定东道国是否违反条约中的特
定条款。①"但基于解决争端这一功能的需要，国际投资仲裁庭在适用
法律对具体案件作出裁决时，必然会对国际投资条约适用于案件的部分
进行解释，据此，仲裁庭的条约解释可以理解为是为确保案件裁判权之
有效行使而授予的或所需的附带权力"。② 对于仲裁庭可以在多大范围
内行使此项权力，理论上存在代理和受托两种不同的模式，目前仍存在
争议。③

　　此外，对于投资者与东道国之间的投资条约仲裁而言，在仲裁裁
决撤销程序或后续的仲裁裁决承认与执行程序中，往往需要相关机构
对仲裁庭管辖权进行审查。此时，处理 ICSID 仲裁裁决撤销程序的
ICSID 临时委员会和处理非 ICSID 仲裁裁决承认与执行问题的承认与
执行地国内法院也有权在审查仲裁裁决的过程中对国际投资条约进行
解释。

　　国际投资条约可由不同类型的主体进行有权解释，有时不同解释主
体之间可能会对相同的投资条约内容提出相互冲突的解释结果，例如作
为争端当事方的东道国与仲裁庭之间可能会对条约内涵存在不同主张，
国内法院和撤销委员会在后续程序中可能否定仲裁庭已经作出的条约解

---

　　① See *US Model BIT*, Article 24.
　　② 李庆灵：《国际投资仲裁中的条约解释问题研究》，广西师范大学出版社 2023
年版，第 24 页。
　　③ See Dupuy, Pierre-Marie, Ernst-Ulrich Petersmann, Francesco Francioni（ed.），*Human Rights in International Investment Law and Arbitration, International Economic Law Series*, Oxford University Press, 2009, pp.119-123; Andreas Kulick（ed.），*Reassertion of Control over the Investment Treaty Regime*, Cambridge University Press, 2017, pp.17-18.

释。① 但本书的研究重点并非不同种类解释主体之间在条约解释结果上产生的分歧，而是主要关注 ISDS 机制下相互独立的国际投资仲裁庭这一特定的解释主体对国际投资条约作出不一致解释的现象。21 世纪初期，适用 ISDS 机制进行投资仲裁的案件数量激增，在 ISDS 机制迅猛发展的过程中，不同投资仲裁庭在许多具有相似性的案件里对于争议所涉及的国际投资条约条款作出了大量不同甚至相互背离的解释，造成了国际投资条约中核心条款内涵不统一的问题。

2. 国际投资条约解释的不一致与裁决结果的不一致

在现有的研究成果中，国际法学者多关注到了国际投资仲裁裁决结果的不一致性，但是裁决结果的不一致与国际投资条约解释的不一致并非完全相同或重合的概念，在进入实证研究前，有必要对此加以区分。

法的安定性是正义的基本要求，而法律安定性的具体表现就是对相同的事件作相同的处理，即裁决结果的一致性。在国际投资仲裁机制下，许多案件中投资者基于东道国管理行为对其投资活动造成损失这一事实，依据特定国际投资条约条款，针对东道国提出法律主张和赔偿诉求。在许多案件中，投资者与东道国之间的争议事实和法律依据是相同或相似的，然而仲裁庭对具有相似性的案件作出的裁决结果并非完全一致。具体而言，所谓仲裁裁决结果的不一致是指不同的仲裁庭对相似案件中东道国的相关行为是否违反投资条约下的国民待遇、公平与公正待遇等义务，是否构成非法征收，如何对投资者进行赔偿等问题最终认定结果的不统一。而条约解释的不一致则是指仲裁庭在法律适用的过程中运用某些条约解释规则和方法，对国际投资条约中特定条款蕴含的权利

---

① 例如，在"尤科斯案"中，PCA 仲裁庭和荷兰海牙地区法院对于 ECT 第 45 条第 1 款的解释方法和解释路径出现严重分歧，最终导致这一历经多年等待且索赔金额巨大的投资仲裁案件仲裁裁决因管辖权问题而被撤销。

与义务关系，约文用语的内涵和效力范围作出了不一致的界定。

条约解释的不一致与裁决结果的不一致又有着密切的联系，国际投资条约解释的不一致是造成仲裁裁决结果不一致的原因之一。德国法学家卡尔·拉伦茨将法律适用的过程描述为"法官在法律和事实之间眼光的往返流转"，司法裁判机构在适用法律规则的过程中需要首先对法律规则这一"大前提"进行解释，再将法律规则涵摄于案件事实，最终得出裁决结果。[1] 换言之，法律解释是得出裁判结果的重要基础和必要环节。对于国际投资仲裁庭而言，适用条约解决投资争议的过程亦是如此。仲裁庭一方面要对条约约文的含义进行解释，另一方面也需要对复杂的案件事实进行抽象化的判断和评估，此后将案件事实涵摄于法律规范，从而得出最终的裁判结果。在具有一定相似性的投资仲裁案件中，仲裁庭在上述两个环节上的偏差都可能导致仲裁裁决结果的不一致。[2] 不过，有时仲裁庭对案件事实的认定又无法与条约解释作出截然划分，仲裁庭对事实的认定往往又与条约的解释存在密切联系。[3] 但多数情况下，案件事实作为一种客观存在产生分歧的概率较小，而条约解释作为仲裁庭的一种主观活动对案件结果的影响更为明显，因而本书仅将目光聚焦于法律规则这一大前提，对仲裁庭条约解释过程中出现的分歧和不一致性加以研究。

---

[1]　参见［德］卡尔·拉伦茨：《法学方法论》，陈爱娥译，商务印书馆 2003 年版，第 149—154 页。

[2]　See Joshua Karton, Lessons from International Uniform Law, in Jean E. Kalicki and Anna Jonbin-Bret ed., *Reshaping the Investor-State Dispute Settlement System-Journey for the 21st Century*, Brill Nijhoff, 2015, p.48.

[3]　例如，21 世纪初期，在美国投资者针对阿根廷政府提起的数十起投资仲裁案件中，阿根廷政府企图援用阿根廷和美国双边投资协定中第 11 条"安全例外条款"排除其经济危机下调控措施的违法性，仲裁庭在案件裁决中花费大量精力对阿根廷经济危机的严重性进行分析，进而判断第 11 条能否适用，这一方面是对案件事实的认定与评估，同时也是对于条约条款适用条件的解释，难以对两种行为作出明确的划分。

第一章　国际投资条约解释的不一致现状

　　在现有对仲裁裁决冲突和条约解释不一致性问题的研究成果中，国际法学者对国际投资仲裁庭条约解释不一致性的实证分析大多集中在21世纪初出现的几组个案。然而，法律解释的不一致在任何国际或国内司法体系中都可能出现，少数案件并不能真实并全面地反映出国际投资条约解释不一致现象的特殊性和严重程度，也无法为后续处理应对这一问题的理论推导与制度构建奠定扎实的基础。本章节将对国际投资仲裁实践中不同仲裁庭在国际投资条约核心条款解释上的分歧和冲突进行更加全面的梳理和呈现。当前国际投资仲裁中争端当事方的仲裁主张和争议内容基本可划归于以下三种类别：（1）仲裁庭对投资争议是否具有管辖权；（2）东道国是否违反了国际投资条约中的投资保护和投资者待遇条款；（3）东道国的政策措施是否构成非法征收，是否需要对投资者进行金钱赔偿。根据 UNCTAD 等投资仲裁数据库的统计，截至2023年12月底，当前已公开的仲裁裁决已高达1332件，其中已决案件为958件。在已知的国际投资仲裁案件中，被援引最多的投资条约条款为公平与公正待遇条款，涉及该条款的案件数量高达692件；间接征收条款次之，涉案数量高达548件。此外，充分保护安全相关条款、国民待遇条款、保护伞条款和最惠国待遇条款等条款也在实践中产生了较多争议。① 因此，笔者将从上述国际投资仲裁实践中三大类核心问题出

---

① 参见 UNCTAD 网站，https://investmentpolicy.unctad.org/investment-dispute-settlement，访问日期：2025 年 1 月 20 日。

发，对仲裁实践中最为常见的争议条款解释状况进行梳理归纳，并对国际投资仲裁庭自身在条约解释过程中对待条约解释一致性问题的态度进行研究。

第一节 国际投资条约管辖权条款的不一致解释

与国内司法体系不同，ICJ 和 WTO 等国际争端解决机构的争议裁决权来自国家意志，在未获得主权国家授权的情况下，任何争议不得被国际争端解决机构强制管辖。[①] 而 ISDS 机制与其他国际争端解决机制相比则更加强调以争端方意志作为管辖权基础。投资者与国家的国际投资条约仲裁制度脱胎于传统商事仲裁，尊重当事人意思自治是仲裁模式的基本特征，国际投资仲裁庭的管辖权来自东道国与投资者的合意，东道国与投资者可以达成仲裁协议或在合同中设置仲裁条款。在国际投资仲裁领域，仲裁协议又发展出了其他的形式。在 AAPL v. Sri Lanka 案中，仲裁庭又进一步地将投资仲裁的同意两分为东道国在投资条约中的仲裁承诺和投资者的仲裁申请。[②] 伴随着东道国投资法的不断发展以及包含 ISDS 机制的 BIT 的大量缔结，东道国国内法或国际投资条约中的争端解决条款通常被视为一种"邀约"，而投资者提请仲裁的行为被视作"承诺"，

---

① See Cesare Romano, Karen Alter, Yuval Shany（ed.），*Oxford Handbook on International Adjudication*, Oxford University Press, 2014, p.133. 虽然 ICJ 和 WTO 的程序规则中均存在强制管辖的规定，但其管辖权在本质上依然来自国家通过国际条约而进行的授权。

② See Asian Agricultural Products Ltd. v. Republic of Sri Lanka, ICSID Case No. ARB/87/3, Final Award, p.529.

进而形成仲裁合意。① 早期的 ICSID 投资争端解决过程中，当事方有关管辖权的异议罕见，但随着投资仲裁案件数量的增长，对自身管辖权的判断成为仲裁庭裁判过程中的重要工作。近年来，几乎在所有的投资仲裁案件中东道国均会提出管辖权异议。国际投资仲裁中的管辖权问题同样延续了商事仲裁的传统，遵循仲裁庭自裁管辖权原则（Competence-Competence），由仲裁庭自己决定是否对特定案件享有管辖权，因此在国际投资仲裁中仲裁庭须根据国际投资条约对管辖权作出裁定，仲裁庭通常会对属事管辖（Ratione Materiae）、属人管辖（Ratione Personae）、属时管辖（Ratione Temporis）和仲裁合意（Ratione Voluntas）这四个要素进行判断。在国际投资仲裁实践中，不同仲裁庭对国际投资条约中管辖权相关条款的解释存在严重的不一致现象。仲裁庭管辖权条款的解释结果总体划分为两种裁判倾向，一部分仲裁庭较为克制地对相关条款进行限缩解释，而另一部分仲裁庭则在条约解释过程中出现了司法能动倾向，其对于管辖权的扩张解释已明显超出了投资条约缔约国原本的预期。②

一、属事管辖的不一致解释

ICSID 受理投资仲裁案件的比例较高，《ICSID 公约》作为构建 ISDS 机制的基础框架性多边公约，主要规定了投资仲裁中心的组织架构和争端解决的基本程序，而没有规定实体性的缔约国投资权利与义务。在仲裁实践中，当投资者向 ICSID 提请仲裁时，仲裁庭在管辖权问题上须遵守《ICSID 公约》对于管辖权的规则，其中最常涉及的《ICSID

---

① 参见［德］鲁道夫·多尔查、［奥］克里斯托弗·朔伊尔：《国际投资法原则》（第二版），祁欢、施进译，中国政法大学出版社 2014 年版，第 264—270 页。

② 参见徐树：《国际投资仲裁庭管辖权扩张的路径、成因及应对》，《清华法学》2017 年第 3 期。

公约》条款为第 25 条有关仲裁庭可裁判的争议范围的界定，虽然《ICSID 公约》条款本身并不构成仲裁管辖权的基础，但第 25 条却与仲裁庭的属事管辖权密切相关。然而在 20 世纪 60 年代，公约起草者一方面出于对公约签署国家交由 ICSID 管辖的投资争议意思自治权的尊重，另一方面由于经济发展和投资形式不断翻新，其对"投资"这一概念进行明确阐述成为一份力不从心的工作，因而最终公约第 25 条中没有对何为争议中的适格"投资"给出具体的定义。① 然而，仲裁庭在审理案件时首先需要明确案件中的经济活动是否构成《ICSID 公约》下的"投资"以及投资者母国与东道国之间 BIT 所规定的受保护"投资"这一前提性问题。条约本身没有作任何解释性说明，这是仲裁庭对《ICSID 公约》中"投资"概念法律解释不一致的根源所在。

统而言之，当前对《ICSID 公约》第 25 条"投资"概念的解释分歧可以划分为两个层次：首先，对于《ICSID 公约》第 25 条是否蕴含独立的投资判断标准这一问题，仲裁庭在实践中发展出了两种背道而驰的处理方案，一种是依托投资者母国和东道国意思表示的主观解释方法，另一种是依托投资活动基本特征标准的客观解释方法。所谓主观解释方法，是指仲裁庭认为由于《ICSID 公约》第 25 条缺乏具体说明，公约本身并不包含客观的投资判断标准，只要争议的事项符合当事方在基础国际投资条约或特许协议一类的投资合同中对于投资的界定，则该事项自动落入 ICSID 仲裁庭管辖范围。而所谓客观主义解释方法又被称为"两步走"或"双锁孔"方法，适格的投资不仅依赖于 BIT 缔约方或当事方的意志，而且还应满足《ICSID 公约》中所暗含的独立投资判断标准。其次，在上述两种不同的解释方法之下，不同仲裁庭又进一

---

① 参见赵骏：《国际投资仲裁中"投资"定义的张力和影响》，《现代法学》2014 年第 3 期。

步发展了多种对投资活动的判断要素。总体而言，仲裁庭对"投资"这一概念的不一致解释现状如图 1.1 所示。

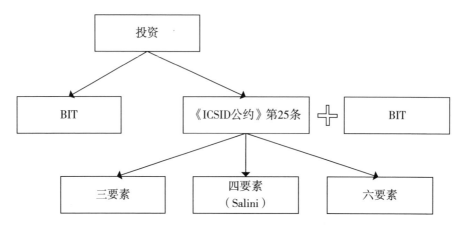

图 1.1　仲裁庭对"投资"概念的不一致解释

《ICSID 公约》谈判及缔约资料表明公约起草者更倾向由争端当事方通过意思自治对投资概念作出定义。① 仲裁庭最初也在这一缔约理念的指导下采取主观解释方法处理第 25 条的属事管辖权问题。在早期的 Fedax v. Venezuela 案中，仲裁庭认为何为投资应交由缔约国自行界定，若缔约国倾向于对此作狭义的解释和限定，则可以根据《ICSID 公约》第 25（4）条将排除中心管辖的事项提交秘书处。② Middel East Cement Shipping & Handling v. Egypt 案仲裁庭则更加明确地指出，争议事项是否构成投资仅需依据具体的基础性 BIT 进行判断，而无须考虑《ICSID 公约》的独立要求。③

---

① 参见季烨：《国际投资条约中投资定义的扩张及其限度》，《北大法律评论》2011 年第 1 期。

② See Fedax N.V. v. The Republic of Venezuela, ICSID Case No. ARB/96/3, Decision on Objection to Jurisdiction, para.21.

③ See Middel East Cement Shipping& Handling Co. S. A. v. Arab Republic of Egypt, ICSID Case No. ARB/99/6, Decision on Objection to Jurisdiction, para.136.

值得注意的是，虽然 Fedax v. Venezuela 案仲裁庭对第 25 条第 1 款采取了主观解释方法，但仲裁庭在分析案件所涉及的期票是否区别于普通商业交易而构成国际投资时提出了投资的五项基本特点，包括持续期、利润与回报规律、风险假定、实质性投入和对东道国发展的意义。这一观点影响了后案仲裁庭对于投资概念的理解，并一定程度上催生了客观主义解释方法。在 2001 年的 Salini v. Morocco 案件中，仲裁庭首次提出判断一项投资是否存在需要同时考量相关 BIT 和《ICSID 公约》的规定，第 25 条本身对投资的要求不应被当事方的意志所稀释和弱化。①基于 ICSID 先案裁决中发展出的适格投资之基本特点，仲裁庭明确提出持续期、风险、实质性投入和对东道国发展的意义这四项标准应作为判断第 25 条项下投资活动的法律衡量依据，此种做法在后续实践中被称作"Salini 标准"，此后，有众多仲裁裁决对这种"两步走"的客观解释方法表示了支持态度，仲裁庭的管辖权受到了较为严格的限制。

然而，对于《ICSID 公约》第 25 条投资概念的条约解释实践并没有在"Salini 标准"的指引下朝着统一的方向顺利前进。不少仲裁庭对 Salini 案中的客观标准进行了批判，例如在 2008 年的 Biwater Gauff v. Tanzania 案的裁决中，仲裁庭强调《ICSID 公约》第 25 条刻意留白，并没有为投资概念创设严格的判断标准，而是留待当事方来确认争端事项是否在投资范围内，前案仲裁庭的做法有可能违反体现当事方意志的特许协议或双边投资协定对投资的界定。②自此，《ICSID 公约》第 25 条投资定义解释的分歧愈发呈现出无法弥合的趋势，不同仲裁庭在主观主义与客观主义两种解释方法间各自作出选择。在 Philip Morris v.

①　See Salini Costruttori S.p.A. and Italstrade S.p.A. v. Kingdom of Morocco, ICSID Case No. ARB/00/4，Decision on Jurisdiction, para.52.

②　See Biwater Gauff（Tanzania）Limited v. United Republic of Tanzania, ICSID Case No. ARB/05/22, Award, paras.312-316.

Uruguay 案中，仲裁庭在管辖权裁决中指出："如果要将 Salini 投资标准作为《国际法院规约》第 38 条有关国际法渊源的规则中的司法判例进行适用，则其需要获得显著的公共性并构成判例一致性的一部分，但从投资实践来看，在接受 Salini 投资标准的问题上并没有判例一致性。"①在 2021 年作出裁决的 Addiko Bank v. Montenegro 案中，仲裁庭指出："关于《ICSID 公约》第 25 条投资定义的解释是投资仲裁时至今日最有争议的问题之一。"②

本书检索了截止到 2023 年 ICSID 公开的已裁仲裁案件相关资料，76 个案件涉及对《ICSID 公约》第 25 (1) 条中投资概念的解释，其中有 33 个案件的仲裁庭遵循了主观解释路径，将投资定义的重心放置在案件所依据的双边投资协定条文之上，而其余仲裁庭则采取了客观解释方法。在众多案件当中，Mitchell v. Congo 案和 MHS v. Malaysia 案则将两种解释路径的冲突体现得尤为明显。2004 年，Mitchell v. Congo 案仲裁庭直接依据刚果共和国与美国签订的 BIT 中有关投资的定义，认定当事方 Mitchell 的法律咨询公司相关活动构成投资。③ 而在 2006 年，ICSID 特别委员会认定仲裁庭明显越权，因而撤销了这份裁决。在撤销裁定中，委员会对仲裁庭关于投资概念的解释进行批判，指出《ICSID 公约》第 25 (1) 条本身具有客观含义，应当适用 "Salini 标准" 中的四个要素来判断一项经济活动是否构成投资。④ 而仅仅两年后，MHS v.

①　Philip Morris Brand Sàrl（Switzerland），Philip Morris Products S.A.（Switzerland）and Abal Hermanos S.A.（Uruguay）v. Oriental Republic of Uruguay, ICSID Case No. ARB/10/7, Decision on Jurisdiction, para.204.

②　Addiko Bank AG v. Montenegro, ICSID Case No. ARB/17/35, Award, para.310.

③　See Patrick Mitchell v. Democratic Republic of the Congo, ICSID Case No. ARB/99/7, Final Award, paras.55-57.

④　See Patrick Mitchell v. Democratic Republic of the Congo, ICSID Case No. ARB/99/7, Decision on the Application for Annulment of the Award, paras.25-48.

Malaysia 案则出现完全相反的局面。仲裁员在最初的管辖权裁定中严格适用了"Salini 标准",认为案件所涉及的商业打捞合同不构成投资①,但随后 ICSID 特别委员会又撤销了这份裁决,并强调体现当事方意志的 BIT 是判断投资的最根本依据,认为从《ICSID 公约》第 25 条文本出发,公约对投资的限制只体现在两个方面,其一是争端必须是与法律有关的争端,其二是投资不应表现为买卖行为,在此之外并不存在其他不可被当事方意志排除的投资标准客观限制。② 不同解释方法将对仲裁庭管辖权的确立产生根本性影响,仲裁实践中的不一致做法无疑对国际投资法制的稳定性和可预见性带来了影响,投资者和东道国无法对仲裁庭的管辖权结果作出预判,因而需要花费大量精力来就该问题进行对抗和辩论。

表 1.1 主观解释法案件列表

时间	案件名称	案件号
1998年	Fedax v. Venezuela	ICSID Case No. ARB/96/3
1999年	CSOB v. Slovakia	ICSID Case No. ARB/97/4
2000年	Maffezini v. Spain	ICSID Case No. ARB/97/7
2001年	SGS v. Pakistan	ICSID Case No. ARB/01/13
2002年	Middle East Cement v. Egypt	ICSID Case No. ARB/99/6
2003年	AIG v. Kazakhstan	ICSID Case No. ARB/01/6
2004年	Tokios v. Ukraine	ICSID Case No. ARB/02/18
2004年	Mitchell v. Congo	ICSID Case No. ARB/99/7
2006年	Telefónica v. Argentina	ICSID Case No. ARB/03/20
2007年	MCI v. Ecuador	ICSID Case No. ARB/03/6

---

① See Malaysian Historical Salvors, SDN, BHD v. Malaysia, ICSID Case No. ARB/05/10, Award on Jurisdiction, paras.107-124.

② See Malaysian Historical Salvors, SDN, BHD v. the Government of Malaysia, ICSID Case No. ARB/05/10, Decision on the Application of Annulment, para.72.

续表

时间	案件名称	案件号
2008年	Biwater Gauff v. Tanzania	ICSID Case No. ARB/05/22
2008年	AHCA v. Cong	ICSID Case No. ARB/05/21
2009年	Pantechniki v. Albania	ICSID Case No. ARB/07/21
2009年	BIVAC v. Paraguay	ICSID Case No. ARB/07/9
2010年	RSM v. Grenada	ICSID Case No. ARB/10/6
2010年	SGS v. Paraguay	ICSID Case No. ARB/07/29
2010年	Alpha v. Ukraine	ICSID Case No. ARB/07/16
2010年	Inmaris v. Ukraine	ICSID Case No. ARB/08/8
2013年	Garanti Koza v. Turkmen- istan	ICSID Case No. ARB/11/20
2013年	Arif v. Moldova	ICSID Case No. ARB/11/23
2014年	Vigotop v. Hungary	ICSID Case No. ARB/11/22
2015年	Al Tamimi v. Oman	ICSID Case No. ARB/11/33
2015年	RREEF v. Spain	ICSID Case No. ARB/13/30
2016年	Blusun v. Italian Republic	ICSID Case No. ARB/14/3
2017年	Orascom v. Algeria	ICSID Case No. ARB/12/35
2017年	Blue Bank v. Venezuela	ICSID Case No. ARB/12/20
2017年	Bear Creek Mining v. Republic of Peru	ICSID Case No. ARB/14/21
2020年	De Sutter and others v. Madagascar（II）	ICSID Case No. ARB/17/18
2021年	Air Canada v. Venezuela	ICSID Case No. ARB（AF）/17/1
2022年	EcoDevelopment and EcoEnergy v. Tanzania	ICSID Case No. ARB/17/33
2022年	Alverley and Germen v. Romania	ICSID Case No. ARB/18/30
2022年	United Agencies v. Algeria（I）	ICSID Case No. ARB/20/1
2023年	Pildegovics and North Star v. Norway	ICSID Case No. ARB/20/11

令人更加担忧的是，在客观解释方法之下，仲裁庭又各自进行着不同的法律推演，它们企图为《ICSID 公约》第 25 条中的投资定义勾勒出一个清晰的轮廓，但实际却在"Salini 标准"的基础之上进一步产生了分化。首先，"Salini 标准"中的"对东道国经济发展有贡献"这

一投资判断标准引发了争议，部分仲裁庭认为这一标准太过宽泛并难以衡量，在判断投资时不应将这一要素考虑在内，从而发展出了以实际投入、持续性和风险为基准的 3 要素判断法。其次，在 Joy Mining v. Egypt 案中，仲裁庭又在"Salini 标准"基础之上提出投资应当包含"利润或回报"这一要素，形成了 5 要素判断法。① 随后，在 Phoenix v. Czech Republic 案中，仲裁庭则在"Salini 标准"之外进一步考虑了"符合东道国法律"和"善意"两个要素，形成了 6 要素判断法，这种做法也获得了部分后案仲裁庭的支持。② 此外，还有部分仲裁庭没有明确采纳某种判断方法，而是主张根据个案实际情况灵活适用各个标准。

表 1.2　客观解释法案件及仲裁庭判断要素

时间	案件名称	案件号	判断要素
2001年	Salini v. Morocco	ICSID Case No. ARB/00/4	
2005年	Bayindir v. Pakistan	ICSID Case No. ARB/03/29	
2006年	Jan de Nul v. Egypt	ICSID Case No. ARB/04/13	
2006年	Mitchell v. Congo（Annulment Decision）	ICSID Case No. ARB/99/7	
2007年	Saipem v. Bangladesh	ICSID Case No. ARB/05/7	Salini标准 4要素
2007年	Kardassopoulos v. Georgia	ICSID Case No. ARB/05/18	
2008年	Noble Energy v. Ecuador	ICSID Case No. ARB/05/12	
2008年	MHS v. Malaysia	ICSID Case No. ARB/05/10	
2015年	Mamidoil v. Albania	ICSID Case No. ARB/11/24	
2015年	Von Pezold and others v. Zimbabwe	ICSID Case No. ARB/10/15	

① See Joy Mining Machinery Limited v. Arab Republic of Egypt（ICSID Case No. ARB/03/11）Award on Jurisdiction, paras.41-63.

② See Phoenix Action Ltd v. Czech Republic, ICSID Case No. ARB/06/5, Award, paras.81-95.

续表

时间	案件名称	案件号	判断要素
2016年	Joseph Houben v. Republic of Burundi	ICSID Case No. ARB/13/7	Salini标准4要素
2017年	Beijing Urban Construction v. Yemen	ICSID Case No. ARB/14/30	
2017年	UAB v. Latvia	ICSID Case No. ARB/12/33	
2019年	CMC v. Mozambique	ICSID Case No. ARB/17/23	
2021年	Hope Services v. Cameroon	ICSID Case No. ARB/20/2	
2021年	Addiko Bank v. Montenegro	ICSID Case No. ARB/17/35	
2023年	Borkowski and Rasia FZE v. Armenia	ICSID Case No. ARB/18/28	
2023年	The Lopez-Goyne Family Trust and others v. Nicaragua	ICSID Case No. ARB/17/44	
2023年	Westwater Resources v. Turkey	ICSID Case No. ARB/18/46	
2006年	LESI v. Algeria	ICSID Case No. ARB/05/3	3要素
2008年	Pey Casado and Allende Foundation v. Chile	ICSID Case No. ARB/05/3	
2010年	Saba Fakes v. Turkey	ICSID Case No. ARB/07/20	
2011年	GEA v. Ukraine	ICSID Case No. ARB/08/16	
2012年	Quiborax v. Bolivia	ICSID Case No. ARB/06/2	
2012年	Electrabel v. Hungary	ICSID Case No. ARB/07/19	
2013年	KT Asia v. Kazakhstan	ICSID Case No. ARB/09/8	
2015年	Poštová banka and Istrokapital v. Greece	ICSID Case No. ARB/13/8	
2016年	İçkale v. Turkmenistan	ICSID Case No. ARB/10/24	
2023年	Rand Investments and others v. Serbia	ICSID Case No. ARB/18/8	
2023年	Orazul v. Argentina	ICSID Case No. ARB/19/25	
2004年	Joy Mining v. Egypt	ICSID Case No. ARB/03/11	5要素
2011年	Malicorp v. Egypt	ICSID Case No. ARB/08/18	

续表

时间	案件名称	案件号	判断要素
2009年	Phoenix v. Czech Republic	ICSID Case No. ARB/06/5	6要素
2011年	ABCI v. Tunisia	ICSID Case No. ARB/04/12	
2016年	MNSS and RCA v. Montenegro	ICSID Case No. ARB（AF）/12/8	
2022年	Bay View and Spalena v. Rwanda	ICSID Case No. ARB/18/21	
2007年	OKO v. Estonia	ICSID Case No. ARB/04/6	支持客观主义，但没有明确提出投资判断要素
2010年	Global Trading v. Ukraine	ICSID Case No. ARB/09/11	
2011年	Abaclat v. Argentina	ICSID Case No. ARB/07/5	
2017年	Koch Minerals v. Venezuela	ICSID Case No. ARB/11/19	
2017年	Capital Financial Holdings v. Cameroon	ICSID Case No. ARB/15/18	
2021年	Pawlowski and Projekt Sever v. Czech Republic	ICSID Case No. ARB/17/11	
2021年	Arin Capital and Khudyan v. Armenia	ICSID Case No. ARB/17/36	支持客观主义，但没有明确提出投资判断要素
2022年	Ipek v. Türkiye	ICSID Case No. ARB/18/18	

两种不同条约解释路径的对立与冲突使得部分仲裁庭在裁决中表现得十分谨慎，仲裁庭并不愿作出泾渭分明的抉择，而是游走在主观主义和客观主义之间，企图实现二者的均衡与融合。对于支持主观解释方法的仲裁庭，它们有时是根据双边投资协定或区域性自由贸易协定给予当事方完全的自由，有时又企图将当事方的意思自治限定在合理范围内。但这种折中做法并没有达到预期的效果，反而使《ICSID公约》下的适格"投资"的判断标准更加模糊。

二、属人管辖的不一致解释

除确定个案中是否存在适格"投资"外，仲裁庭还需要对属人管辖问题进行解释和判断，只有当事方满足国际投资条约对投资者和东道国的特定的身份要求，仲裁庭的个案管辖权才有确立的可能。《ICSID 公约》第 25 条规定投资者必须为东道国以外的另一缔约国国民，换言之，公约禁止缔约国国民对其母国提请投资仲裁。但第 25(2)(b)条设定了例外情形，经双方同意，在东道国组建但受到另一缔约国国民控制的法人可以被视为另一缔约国国民。在上述规则模式之下，投资者国籍成为仲裁庭属人管辖权成立与否的核心要素，但在第 25 条的笼统表述外，《ICSID 公约》并未给出更明确的投资者国籍判断标准。

双边或区域性投资条约以及各国国内法对于国籍问题往往有更进一步的规定。对于投资者国籍这项属人管辖判断标准，进行投资活动的自然人主要适用"有效国籍原则"①。然而，法人国籍的界定在实践中则显得尤为复杂。当前，对法人国籍的判断要素主要包括法定注册地或成立地、主营业地、实际从事经济活动的地点以及利益中心所在地。但实际上，现代企业，特别是跨国企业股权结构和资本来源十分复杂，仲裁庭在实践中对《ICSID 公约》第 25 条要求下的"国籍"判断作出了众多相互矛盾的法律解释。仲裁庭时而以注册地和成立地为标准，将"空壳公司"认定为 BIT 下的投资者，时而又采取"揭开公司面纱"理论，以"外国控制"作为确定投资者国籍的依据。

在 Tokios v. Ukraine 案中，申请人是一家在立陶宛注册成立的公司，但公司实际是在乌克兰国民的控制之下，由乌克兰国民管理，绝大部分股份也均由乌克兰国民持有。根据《ICSID 公约》第 25 条的规

---

① 自然人的国籍由相应国家的国内法确定，"有效国籍"原则是在外交保护的语境下发展出的国籍判断标准，这一标准给国籍的合法性附加了另一条件，有效国籍不仅要具备国内法上的形式要件，而且应当具备实质要件，即自然人与相应的国家存在实际的密切联系。

则，投资者禁止对其母国发起投资仲裁。仲裁庭若采用"揭开公司面纱"理论，以"实际控制"标准来解释《ICSID 公约》第 25 条，则申请人应被视为东道国乌克兰国民，此时仲裁庭将失去对案件的管辖权，但最终仲裁庭依据注册地标准，将申请人认定为立陶宛国民。① 与此相似，在 Saluka v. Czech 案中，申请人 Saluka 是日本国民在荷兰注册并在捷克进行投资活动的一家公司。作为被申请方的捷克政府提出管辖权异议，认为 Saluka 作为一家与荷兰无实质联系的空壳公司，不是《ICSID 公约》下的适格投资者，更不能适用荷兰与捷克的 BIT 在 ICSID 进行仲裁。但是，仲裁庭驳回了捷克政府的主张，认为应当以法人注册地作为《ICSID 公约》下投资者国籍的判断标准，因而申请人是缔约国荷兰的投资者，满足属人管辖的要求。② 此外，在 Mobil v. Venezuela③ 和 Aguas del Tunari v. Bolivia 等案件中，仲裁庭也采取了同样的法律解释方法。

　　但上述条约解释方法也引发了实践和学理上的争议。例如 Tokios v. Ukraine 案的首席仲裁员就对此案的最终裁决发表了不同意见，他认为这种解释方法将仲裁庭的管辖权扩张到了《ICSID 公约》的目的之外，ICSID 不应受理东道国与其国民间的纠纷，这种解释方法有违 VCLT 第 31 条条约解释之通则。④ 国际投资法学者 Schreuer 教授也认为仲裁庭在实践中应当考察法人的实际控制者，由此来阻断非缔约国国民或东道

---

① See Tokios Tokelés v. Ukraine, ICSID Case No. ARB/02/18, Decision on Jurisdiction, paras.24-71.

② See Saluka Investments BV v. The Czech Republic, UNCITRAL Arbitration, Decision on Jurisdiction over the Czech Republic's Counterclaim, paras.27-39.

③ See Mobil Cerro Negro Holding, Ltd., Mobil Cerro Negro, Ltd., Mobil Corporation and others v. Bolivarian Republic of Venezuela, ICSID Case No. ARB/07/27, Decision on Jurisdiction, paras.63-64.

④ See Tokios Tokelés v. Ukraine, ICSID Case No. ARB/02/18, Dissenting Opinion by Mr. Prosper Weil（Decision on Jurisdiction）, paras.8-23.

国国民这类不适格投资者在 ICSID 提起仲裁。①

　　部分仲裁庭则采取了不同的条约解释路径来界定投资者国籍，根据"揭开公司面纱"理论，以法人的"外部控制"要素来确定投资者国籍。然而，对于具体如何判断"外部控制"这一要素，ICSID 仲裁庭在实践中又产生了解释分歧。

　　早在 1983 年，ICSID 仲裁庭就在实践中运用了"揭开公司面纱"的方法，但仲裁庭并未对股权关系追溯到底。在 Amco v. Indonesia 案中，申请人在被申请国印尼注册成立，但其最大股东为荷兰国民，而此人常居于香港，并在香港成立了一家公司对申请人进行控制。仲裁庭在本案中只揭开了 Amco 公司的第一层面纱，以其直接控制人的国籍作为申请人国籍，最终裁定申请人应被视为荷兰国民，因而满足《ICSID 公约》的属人管辖规定。② 在 Aucoven v. Venezuela 案中，申请人虽为委内瑞拉合资公司，但其直接被一家美国公司所控制，而这家美国公司是一家墨西哥法人的子公司。最终仲裁庭采取了与前案相同的做法，认为申请人应被视为美国国民。③

　　但是另外一些仲裁庭并未止步于法人的"直接控制者"，在 SOABI v. Senegal 案中，仲裁庭采用了"间接控制"标准来界定投资者国籍。该案仲裁申请人是一家在塞内加尔注册成立的公司，然而申请人是由一家巴拿马公司所控制，但巴拿马并非《ICSID 公约》缔约国，因而塞内加尔对此提出了管辖权异议。仲裁庭并未支持这项主张，由于这家巴拿马公司实际又由公约缔约国比利时的国民所控制，仲裁庭最终认定申请人

---

　　①　参见［德］鲁道夫·多尔查、［奥］克里斯托弗·朔伊尔：《国际投资法原则》（第二版），祁欢、施进译，中国政法大学出版社 2014 年版，第 48—62 页。

　　②　See Amco Asia Corporation and others v. Indonesia, ICSID Case No ARB/81/1, Decision on Jurisdiction, paras.23-26.

　　③　See Autopista Concesionada de Venezuela, C.A.（AUCOVEN）v. Bolivarian Republic, ICSID Case No. ARB/00/5, award, paras.107-109.

为比利时投资者。①TSA v. Argentina 案的仲裁庭亦是如此，TSA 公司是一家在荷兰注册成立的法人的子公司，而该荷兰公司又由一名阿根廷公民控制。最终，仲裁庭也揭开了 TSA 公司的第二层面纱，将申请人认定为阿根廷国民。② 总体而言，当前仲裁庭有关法人投资者国籍的不一致解释如下图所示。

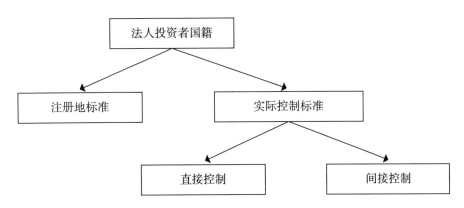

图 1.2　仲裁庭对法人投资者国籍的不一致解释

三、仲裁合意条款的不一致解释

前已备述，争端当事双方的"同意"是仲裁这种争端解决方式得以展开的基础，《ICSID 公约》本身并没有设置有关当事方仲裁同意的条款，当事方对仲裁的同意通过三种途径得以体现。第一种途径是缔约国与投资者直接在双方的投资协议中约定同意仲裁。第二种途径是东道国在其国内法中制定将投资争端提交国际仲裁的条款，在法律生效期内，投资

---

① See Société Ouest Africaine des Bétons Industriels v. Senegal, ICSID Case No. ARB/82/1, Decision on Jurisdiction, paras.28-46.

② See TSA Spectrum de Argentina S.A. v. Argentine Republic, ICSID Case No. ARB/05/5, Award, paras.56-66.

者提请仲裁，启动仲裁程序，则当事方的同意即可以形成。第三种途径是东道国与投资者母国签订投资条约，在条约中创设将争议提交仲裁的争端解决条款，当缔约方的投资者提请仲裁时，则表示争端双方形成了合意。随着投资条约数量的迅速增长，上述第三种途径已成缔约国与投资者发起国际投资仲裁最为重要的合意基础。① 当投资者依据投资条约中的争端解决条款提请仲裁时，仲裁庭在判断当事方是否形成仲裁合意以及双方同意将何种事项提交仲裁时，需通过对争端解决条款进行解释而得出结论。然而，在仲裁实践中，面对 BIT 条文中相同或类似的表述，不同仲裁庭亦会作出相互矛盾的解释，从而导致管辖权问题上不一致的裁决结果。

不同的投资条约对于缔约方同意仲裁的范围之规定可能会稍有不同，例如有些早期的投资条约采取限制性规定模式，只允许将与征收或征收补偿额有关的争端提交仲裁。② 另一些投资协定则将可提交仲裁的争议限制为因违反协议实体标准而产生的投资争议。③ 出于为投资者提供更加全面保护的目的，近年来一些国家在投资条约中采纳了一种更为宽泛的同意条款，缔约国约定将"有关投资的所有争议"或"有关投资的任何法律争议"提交国际仲裁。但无论是限制性模式还是宽泛的同意模式，在实践中都产生了仲裁庭在条约解释上的分歧，如图 1.3 所示。

对于限制性仲裁条款，在早期的案例中，仲裁庭严格地将其管辖权限制在征收补偿额的问题之上。例如，在 2006 年作出裁决的 Berschader v. Russia 案中，仲裁庭认为根据比利时、卢森堡与俄罗斯的 BIT 的表

---

① 参见［德］鲁道夫·多尔查、［奥］克里斯托弗·朔伊尔：《国际投资法原则》(第二版)，祁欢、施进译，中国政法大学出版社 2014 年版，第 265—270 页。

② 例如，中国在早期的 BIT 中仅允许投资者就征收补偿问题发起投资仲裁，此外，在萨尔瓦多与荷兰 BIT 等少数其他国家的投资条约中依然存在此类条款。

③ 例如 NAFTA 和 ECT 均采取了此种模式。

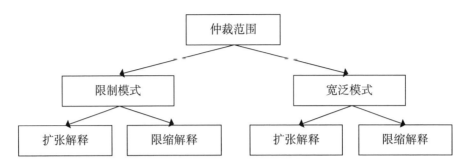

图1.3 仲裁庭对仲裁合意条款的不一致解释

述，征收是否存在应当由缔约国国内司法机关进行判定，在确定构成征收后，仲裁庭才可以对征收补偿数额的问题进行仲裁。[①] 在 RosInvest v. Russia 案中，仲裁庭认为英国与俄罗斯 BIT 第 8 条中对于征收补偿额的限制性表述是英国与俄罗斯对于管辖权范围的妥协，不能将这一条款扩张解释为与征收有关的所有事项，并通过对比俄罗斯缔结的其他 BIT 论证了本条款限制仲裁范围的意图。[②]

但是，在随后的仲裁案件中，部分仲裁庭背离了前案的裁决结果，对此类仲裁合意条款呈现出扩张解释之势，例如在 Tza Yap Shum v. Peru 案中，基础双边投资协定同样将管辖权范围限定在"涉及征收补偿款额的争议"，而仲裁庭却认为在解释该条款时应当赋予其"最宽泛的含义"，投资者提交仲裁的权利不应因限制性措辞而被排除，因而管辖权应覆盖与征收有关的任何重要事项。[③] 在 EMV v. Czech 案中，仲裁庭同样认为征收补偿与认定征收之间存在着密切联系，后者是前

---

① See Vladimir Berschader and Michael Berschader v. Russian Federation, SCC Case No. 080/2004, Award, 21 April, 2006, paras. 151-158.

② See RosInvest Co UK Ltd. v. The Russian Federation, SCC Case No. 079/2005, Award on Jurisdiction, October 2007, pp.72-73.

③ See Tza Yap Shum v. Republic of Peru, ICSID Case No. ARB/07/6, Decision on the Jurisdiction and Competence, paras.148-186.

者的裁判基础，根据文意、上下文和条约的目的与宗旨，最终裁定其对征收的定性问题享有管辖权。①Renta v. Russia 案仲裁庭也采取了同样的解释方法，认为限制性条款涵盖了定性和定量两个方面，并对先例进行了大篇幅的批判，最终裁定其可以对东道国是否构成征收进行管辖。②

在宽泛的仲裁同意条约条文之下，不同仲裁庭在实践中仍然无法在管辖权范围问题上达成一致解释。在 Salini v. Morocco 案中，仲裁所依据的意大利与摩洛哥 BIT 第 9 条规定，缔约国同意提交仲裁的事项为"缔约国与投资者间关于投资的任何争议或分歧"。仲裁庭在对此条款进行解释时认为条款的含义十分宽泛，既包括因违反双边投资协定引起的诉求，也包括基于合同的诉求。③ 在 Vivendi v. Argentina 案的撤销裁定中，ICSID 特别委员会也提出，美国与阿根廷 BIT 第 8 条采用了宽泛的模式，与 BIT 有关的投资争议都涵盖其中，而非像 NAFTA 第 11 章中的规则那样仅仅将可仲裁的事项限定为与协定的解释与适用有关的争端。因而，关于东道国违反合同的主张属于"与投资有关的争议"，进而第 8 条中的"岔路口"内容应得以适用，投资者在东道国国内有关东道国政府违约的行政诉讼应视为其争端解决管辖的最终选择，ICSID 仲裁庭无权对东道国是否违反合同进行裁决。④

---

① See European Media Ventures SA v. The Czech Republic, UNCITRAL, Award on Jurisdiction, pp.16-20.

② See Quasar de Valores SICAV S.A., Orgor de Valores SICAV S.A., GBI 9000 SICAV S.A. and ALOS34 S.L. v. The Russian Federation, SCC Case No. 24/2007, Award on Preliminary Objections, pp.7-29.

③ See Salini Costruttori S.p.A. and Italstrade S.p.A. v. Hashemite Kingdom of Jordan, ICSID Case No. ARB/02/13, Decision on Jurisdiction, paras.152-156.

④ See Compañía de Aguas del Aconquija S.A. and Vivendi Universal S.A. (formerly Compañía de Aguas del Aconquija, S.A. and Compagnie Générale des Eaux) v. Argentine Republic (Ⅰ), ICSID Case No. ARB/97/3, Award, paras.49-55.

　　然而在其他投资仲裁案件中，仲裁庭却作出了与之相反的限制性解释。例如，在 SGS v. Pakistan 案中，瑞士与巴基斯坦的 BIT 第9 条同样将可仲裁的事项限定为"与投资有关的争议"，但仲裁庭认为，这一条文仅仅是对争议标的的描述，而与投资争议的法律基础或行为理由无关，因而在没有其他依据的情况下，这一条款无法证明缔约国意欲将 BIT 与纯粹的合同纠纷都纳入此条款覆盖范围。最后仲裁庭裁定投资者 SGS 公司与巴基斯坦之间的合同纠纷并不会构成东道国对基础 BIT 的违反，仲裁庭裁定其对投资提出的争议并无管辖权。[①]

四、其他管辖权相关条款的不一致解释

1. 等待期条款与管辖权关系的解释分歧

　　双边或区域性投资协定中的一个常见条款是投资者和东道国发生纠纷后应先进行磋商或谈判来寻求和解，磋商和谈判的期限多为 3 个月、6 个月或 12 个月。在数量高达 3000 多的投资协定中，约有 90％的协定包含了此类条款。[②] 例如 NAFTA 第 1118—1120 条规定争端方应当先进行磋商和谈判，自争议发生起 6 个月后，投资者可以提请仲裁。ECT 第 26（2）条规定争议的任何一方要求协商之日起 3 个月内争议未解决的，当事方可以诉诸国际投资仲裁。条约规定的等待期也被称为"冷却期"（cooling-off period），这段缓冲时间能够为争议双方提供一个沟通

[①] See SGS Société Générale de Surveillance S.A. v. Islamic Republic of Pakistan, ICSID Case No. ARB/01/13, Decision on Jurisdiction, paras.156-162.

[②] See Pohl, Joachim and Mashigo, Kekeletso and Nohen, Alexis, Dispute Settlement Provisions in International Investment Agreements: A Large Sample Survey, OECD International Investment Working Paper, No.2012/2, November 1, 2012, p.17.

和协商的机会。在大多数案件中，当事双方都遵守了条约中有关等待期的规定。但若投资者在等待期尚未届满时就启动了投资仲裁，此时，对于等待期条款的解释将成为影响管辖权的重要因素。

在实践中，如图 1.4 所示，国际投资仲裁庭逐渐发展出了三种不一致的解释路径。在第一种路径下，仲裁庭将等待期条款解释为投资者与东道国应当严格遵守的条约义务，若投资者违反该条款，将构成管辖权上的障碍。在 Murphy v. Ecuador 案中，PCA 仲裁庭指出国际投资条约中规定的等待期并非只是一种任意性的形式，而是美国与厄瓜多尔双边投资协定下的严肃机制，促使争端方在诉诸仲裁前进行善意的沟通，投资者未遵循这一前置程序，仲裁庭无权对争议进行管辖。①Burlington v. Ecuador 案同样就美国与厄瓜多尔双边投资协定下的等待期条款产生了争议，仲裁庭在对条约进行解释时认为，等待期条款下，投资者在提交仲裁前的 6 个月有义务明确提出他们的争议，东道国在这段时间有被通知的权利，而投资者在 6 个月未届满时发起仲裁，剥夺了东道国的相应权利，因而仲裁庭并不能对有关东道国未对投资者提供充分保护与安全的争议进行管辖。②在 Goetz v. Burundi、Enron v. Argentina 和 Wintershall v. Argentina 等案件中，仲裁庭也采取了类似的解释方法。③

在第二种路径之下，仲裁庭将双方的谈判和协商的可行性作为解释等待期条款的重要判断，若双方的谈判明显是徒劳的，那么即便投资者

---

① See Murphy Exploration and Production Company International v. Republic of Ecuador（I）, ICSID CaseNo. ARB/08/4, Award on Jurisdiction, paras.154-157.

② See Burlington Resources, Inc. v. Republic of Ecuador I, CSID Case No. ARB/08/5, Decision on Jurisdiction, paras.312-318.

③ See Antoine Goetz and others v. Republic of Burundi（I）, ICSID Case No. ARB/95/3, Award, paras.90-93; Enron Creditors Recovery Corporation（formerly Enron Corporation）and Ponderosa Assets, L.P. v. Argentine Republic, ICSID Case No. ARB/01/3, Decision on Jurisdiction, para.88; Wintershall Aktiengesellschaft v. Argentine Republic, ICSID Case No. ARB/04/14, Award, paras. 133-157.

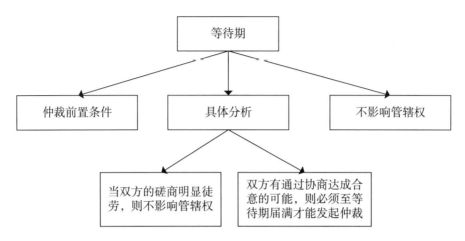

图 1.4　仲裁庭对等待期条款的不一致解释

提前启动仲裁，也不会影响到案件的管辖权。Biwater v. Tanzania 案的仲裁庭主张等待期条款是程序指导性的，而非司法性和强制性的，其目的是提供和解机会而不是阻碍仲裁，如果谈判明显是徒劳的，或因其他原因完全不可能达成和解，若将其解释为阻碍仲裁的条款，将会带来很大的负面影响，且投资者与坦桑尼亚政府的谈判已宣告失败，因而仲裁庭支持了投资者的仲裁主张。[1] 在 Ethyl v. Canada 案和 SGS v. Pakistan 案中，仲裁庭也均以谈判已无意义为由驳回了东道国的管辖权异议。[2]

　　在第三种路径下，仲裁庭则并没考虑投资者与东道国间协商解决争端的可能性，而是直接将等待期条款解释为与管辖权无关的单纯的程序性规定。在 Lauder v. Czech 案中，投资者并未等待至 BIT 所规定的

---

　　① 　See Biwater Gauff（Tanzania）Limited v. United Republic of Tanzania, ICSID Case No. ARB/05/22, Award, para.343.

　　② 　See Ethyl Corporation v. The Government of Canada, Award on Jurisdiction, June 1998, para.84; SGS Société Générale de Surveillance S.A. v. Islamic Republic of Pakistan, IC-SID Case No. ARB/01/13, Decision on Jurisdiction, para.184.

6 个月期限，但仲裁庭指出，等待期条款并不是管辖权条款，而是程序性条款，只是要求投资者应当进行善意的协商。① 在 Bayindir v. Pakistan 案中，仲裁庭也直接认定等待期条款所要求的争端方通过谈判解决问题的期限并不是仲裁管辖的先决条件。②

2. 保护伞条款与管辖权关系的解释分歧

保护伞条款（umbrella clause）最早出现于 20 世纪 50 年代末的第一份双边投资条约中，其核心内容和根本目的是要求东道国恪守其对另一缔约国投资者所做出的所有承诺。随着双边投资协定和区域自由贸易协定的发展，此类条款一度被广泛纳入国际投资条约之中。20 世纪初期，保护伞条款开始在投资仲裁实践中引发关注，逐渐成为投资者与东道国的争端解决过程中的争议焦点问题之一。③ 保护伞条款本身并非一项程序性条款，但其却与仲裁庭对投资争议的管辖权密切关联。然而，投资仲裁案件数量的增长并未催生对于保护伞条款一致性解释，反而使得不同仲裁庭之间的分歧不断加剧，导致国际投资仲裁庭对投资者与东道国间有关商业合同争议的属事管辖权呈现出扑朔迷离的状态。如图 1.5 所示，实践中，对于保护伞条款的解释争议又从不同层面衍生发展，情况十分复杂。

在有关保护伞条款的不一致解释中，东道国对投资合同的违反可否上升为对投资条约的违反是最为根本的争议。SGS v. Pakistan 案与 SGS v. Philippines 案将此体现得尤为明显。SGS 公司在 SGS v. Pakistan 案中主张其与巴基斯坦政府签订的装船前检验服务合同下的权利受到

---

① See Ronald S. Lauder v. Czech Republic, UNCITRAL, Final Award, para.187.

② See Bayindir Insaat Turizm Ticaret Ve Sanayi A.S. v. Islamic Republic of Pakistan, ICSID Case No. ARB/03/29, Decision on Jurisdiction, para.100.

③ 参见赵红梅：《投资条约保护伞条款的解释及其启示——结合晚近投资仲裁实践的分析》，《法商研究》2014 年第 1 期。

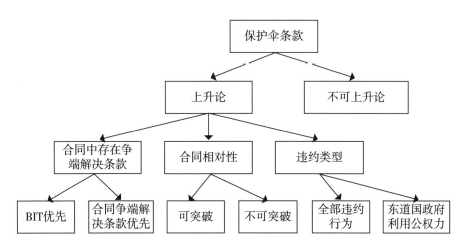

图 1.5　仲裁庭对保护伞条款的不一致解释

了损害，在随后发起的 SGS v. Philippines 案中主张其在与菲律宾签订的进口检验服务合同下的权利受到了损害。两个案件分别依据《瑞士—巴基斯坦双边投资协定》和《瑞士—菲律宾双边投资协定》在 ICSID 进行仲裁，两部 BIT 中都含有表述类似的保护伞条款。SGS v. Pakistan 案在 2003 年发布管辖权决定，仲裁庭拒绝对合同争议进行管辖，反对 SGS 公司提出的保护伞"上升论"解释，不支持通过保护伞条款将 SGS 与巴基斯坦的合同纠纷上升为条约争议，否则将会不合理地增加东道国责任和仲裁庭的工作负担，同时也将使条约中的其他条款失效。① 而 SGS v. Philippines 案仲裁庭则在次年发布的管辖权裁定中作出了与前案大相径庭的条约解释，认为限制性解释在逻辑上存在问题，仲裁庭从条约的目的和宗旨出发，认定东道国违反合同上的承诺即构成对条约的违反，仲裁庭随即享有对合同争议的管辖权。② 由于仲裁庭

---

① See SGS Société Générale de Surveillance S.A. v. Islamic Republic of Pakistan, IC-SID Case No. ARB/01/13, Decision on the Jurisdiction, paras.163-174.

② See SGS Société Générale de Surveillance S.A. v. Republic of the Philippines, IC-SID Case No. ARB/02/6, Decision of the Tribunal on Objections to Jurisdiction, paras.115-129.

在条约解释路径上的分歧，相似的案件裁决结果偏差甚远。有学者通过实证研究指出，在上述案件之后国际投资仲裁庭一致性的意见正在慢慢形成，有越来越多的仲裁庭倾向于采取"上升论"，但这并没能完全平息保护伞条款在实践中造成的震荡。① 保护伞条款解释的不一致性还体现在以下方面。

首先，当东道国与投资者之间的投资合同本身规定了专门的争端解决途径时，国际投资仲裁庭对于该合同争议是否还能依据保护伞而被管辖存在不同意见。例如在 SGS v. Pakistan 案和 SGS v. Philippines 案中，案件所涉及的投资合同已经对争端解决作出了约定，仲裁庭根据特别法优于一般法的原则未对争议进行管辖。② 但其他仲裁庭则采取了不同做法，在 Aguas del Tunari v. Bolivia 案中，仲裁庭则将保护伞条款解释为优先于合同约定的条约权力，对合同争议行使了管辖权③，2010 年 SGS v. Paraguay 案的仲裁庭也对此表示支持④。

其次，对于保护伞条款是否涵盖所有东道国与投资者之间的合同争议，仲裁庭所持立场也有所差别。在有关阿根廷的一系列案件中，仲裁庭对保护伞条款在此问题上的解释分歧尤为突出。2003 年的 CMS v. Argentina 案中，仲裁庭主张保护伞条款的适用范围应根据东道国违反承诺的性质进行判断，对普通商业合同的违反不构成对 BIT 的违反，

---

① See Antony J, Umbrella Clauses Since SGS v. Pakistan and SGS v. Philippines - A Developing Consensus, *Arbitration International*, 29（4），2013.

② See SGS Société Générale de Surveillance S.A. v. Islamic Republic of Pakistan, ICSID Case No. ARB/01/13, Decision on the Jurisdiction, August 2003, paras.156-162; See SGS Société Générale de Surveillance S.A. v. Republic of the Philippines, ICSID Case No. ARB/02/6, Decision of the Tribunal on Objections to Jurisdiction, paras.136-155.

③ See Aguas del Tunari S.A. v. Republic of Bolivia, ICSID Case No. ARB/02/3, Decision on Jurisdiction, paras.109-123.

④ See SGS Société Générale de Surveillance S.A. v. Republic of Paraguay, ICSID Case No. ARB/07/29, Decision on Jurisdiction, paras.166-185.

只有东道国行使权力干涉合同内容时，保护伞条款才能发挥其效力。①
此后 Sempra v. Argentina 案的仲裁庭也对此种解释表示支持。②El Paso v.
Argentina 案则主张根据合同本身的性质来限定保护伞条款的适用范围，
区分商业合同和行政合同。③ 而 2007 年 Siemens v. Argentina 案则否认了
不同类型合同之间的区别，给予保护伞条款十分宽泛的效力。④

　　最后，在许多仲裁案件中，争议所涉及的合同主体并非东道国和申
请仲裁的投资者本身，缔约方可能为东道国的地方组织或投资者在东道
国成立的子公司或分支机构，对于保护伞条款是否可以突破合同的相对
性，不同仲裁庭之间也存在分歧。例如在 Noble Ventures v. Romania 案
中，投资者与罗马尼亚"国家主权基金"签订了投资合同，仲裁庭根据
条约的目的和宗旨对保护伞条款进行解释时认为政府机构的行为等同于
主权国家的行为，可能构成对保护伞条款的违反。⑤ 而在 EDF v. Roma-
nia 案中，仲裁庭则主张如果主权国家没有以自己的名义订立合同，则
不能适用保护伞条款。⑥ 申请仲裁的投资者一方也面对着同样的问题。
以 CMS v. Argentina 案为例，申请人是 TGN 公司的小股东之一，争议
所涉及的合同缔约方为 TGN 与东道国阿根廷。仲裁庭在其裁决中支持

---

① See CMS Gas Transmission Company v. The Argentine Republic, ICSID Case No.
ARB/01/8, Decision on Jurisdiction, paras.72-76.

② See Sempra Energy International v. Argentine Republic, ICSID Case No. ARB/02/16,
Decision on Objections to Jurisdiction, para.310.

③ See El Paso Energy International Company v. Argentine Republic, ICSID Case No.
ARB/03/15, Decisionon Jurisdiction, paras.63-85.

④ See Siemens A.G. v. The Argentine Republic, ICSID Case No. ARB/02/8, Decision
on Jurisdiction, paras.180-183.

⑤ See Noble Ventures, Inc. v. Romania, ICSID Case No. ARB/01/11, Award, pa-
ras.82-85.

⑥ See EDF（Services）Limited v. Republic of Romania, ICSID Case No. ARB/05/13,
Award, paras.317-318.

申请人 CMS 在保护伞条款下的诉求①，但在此后的撤销程序中，ICSID
特别委员会则认为阿根廷政府履行义务的对象是 TGN 而非 CMS，最
终撤销保护伞条款部分的裁决。②Azurix v. Argentina 案、Siemens v. Ar-
gentina 案、Oxus Gold v. Uzbekistan 案和 WNC v. Czech 案的仲裁庭采取
了和 ICSID 特别委员会相同的限制性解释方法，但 Continental Casualty
v. Argentina 案和 Burlington Resources v. Ecuador 案仲裁庭依然采取了突
破合同相对性的宽泛解释。③

第二节　国际投资条约实体待遇条款的不一致解释

一、公平与公正待遇条款的不一致解释

绝大部分国际投资条约中都包含公平与公正待遇（Fair and Equitable
Treatment）条款，在国际投资争端解决实践中，该条款是被援引最多的实

---

① See CMS v. Argentina, ICSID Case No. ARB/01/8, Award, paras.296-303.

② See CMS v. Argentina, ICSID Case No. ARB/01/8, Decision of the Ad hoc Commit-
tee on Argentina's application for annulment, para.95.

③ See Azurix Corp. v. The Argentine Republic（I）, ICSID Case No. ARB/01/12,
Award, para.384; Siemens A.G. v. The Argentine Republic, ICSID Case No. ARB/02/8,
Award, paras.204-206; Oxus Gold plc v. Republic of Uzbekistan, the State Committee of
Uzbekistan for Geology & Mineral Resources, and Navoi Mining & Metallurgical Kombi-
nat, UNCITRAL, Final Award, paras.849-854; WNC Factoring Ltd（WNC）v. The Czech
Republic, PCA Case No. 2014-34, Award, paras.325-341; Continental Casualty Company
v. Argentine Republic, ICSID Case No. ARB/03/9, Award, para.297; Burlington Resources,
Inc. v. Republic of Ecuador, ICSID Case No. ARB/08/5, Decision on Jurisdiction, pa-
ras.195-198.

体保护标准。① 公平与公正待遇条款在国际交往的早期就已出现，囿于当时较为简单的商业模式和较为落后的国际法与国内法制度规则，此类条款在设计之初，语言表述通常十分简单抽象，具体条款中基本不包含特定的规则要件，具有极强的法律原则特征，在条文的基本结构上也不符合"行为模式 + 处理结果"的法律规则基本模式。② 在国际投资条约中，"公平""公正"这样代表着伦理与价值的抽象词汇直接置于用来规范具体权利义务的法律条款文本之中。这些天生的缺陷导致了公平与公正待遇条款在具体适用于仲裁案件的过程中为投资仲裁庭遗留了极大的自由裁量和解释的空间，使得不同仲裁庭各行其道，对公平与公正待遇的内涵恣意地加以描绘，甚至在一定程度上行使着超出条约解释范围的造法的权力。③

1. NAFTA 仲裁实践引发的解释分歧

在实践中，仲裁庭对公平与公正待遇与国际习惯法上最低待遇标准关系的认定充分展示出了国际投资条约解释所出现的不一致性。国际投资条约中的公平与公正待遇条款在约文模式上可以划分为两种类型，第一类为单独的公平与公正条款，此类条款单独强调国际投资条约缔约国应当给予其他缔约国投资者公平与公正的待遇，而并未将其他待遇要求包含其中。第二类为最低待遇标准中的公平与公正待遇条款，此类条款是指部分国家在国际投资条约中将公平与公正待遇嵌入在了最低待遇标准条款内，最具代表性的即为 NAFTA 第 1105 条和美国的 2004 年双边

---

① See Gaukrodger, D., Addressing the balance of interests in investment treaties: The limitation of fair andequitable treatment provisions to the minimum standard of treatment under customary international law, OECD Working Papers on International Investment, 2017.

② 参见梁开银：《公平公正待遇条款的法方法困境及出路》，《中国法学》2015 年第 6 期。

③ 参见徐崇利：《公平与公正待遇标准：国际投资法中的"帝王条款"？》，《现代法学》2008 年第 5 期。

投资协定范本第 5 条。

　　由于第二类公平与公正待遇条款的存在，仲裁庭在实践中不得不对其与国际习惯法上最低待遇的具体含义和关系加以明晰。对于二者联系与区别的不一致解释最早产生于 21 世纪初期 NAFTA 之下的一系列投资者与国家间的争端之中。在这些案件中，不同仲裁庭之间发展出了两种相对立的主张。第一种解释结果认为虽然随着审判实践的发展，"国际最低待遇"的内涵已有所变化，但目前判定国家违反这一待遇的条件与要求依然不易达到，若将此概念等同于投资条约中的公平与公正待遇，那么外国投资者能够受到的实际保护将大大降低，而独立的公平与公正待遇模式则赋予了投资者更优厚的待遇水平。第二种解释则认为认定国家违反"国际最低待遇"的门槛已经降到很低，其与公平与公正待遇在实际判断上并无实质区别，可以在条约缔结与争端解决过程中将二者等同对待。[1] 在 Pope & Talbot Inc. v. Canada 案中，仲裁庭采取了第一种解释路径，认为公平与公正待遇是独立于最低待遇标准的，在此基础之上为投资者提供更高水平的保护。[2] Metalclad Corp. v. United Mexican States 案仲裁庭也支持此种观点，认为公平与公正待遇在内涵上不同于国际习惯法的最低待遇。[3] 而 S.D. Myers v. Canada 案仲裁庭则认为只有在解释过程中将公平与公正待遇与国际习惯法紧密联系，才能正确解读出公平与公正待遇条款的真实内涵，缔约国对外国投资者的歧视和差别待遇将有违投资条约中的公平与公正待遇条款。[4] 面对上述

---

[1]　参见徐崇利：《公平与公正待遇：真义之解读》，《法商研究》2010 年第 3 期。

[2]　See Pope & Talbot Inc. v. Government of Canada, NAFTA Chapter 11 Arbitration, Award in Respect of Damage, paras.105-118.

[3]　See Metalclad Corporation v. The United Mexican States, ICSID Case No. ARB（AF）/97/1, Award, paras.74-101.

[4]　See S.D. Myers, Inc. v. Government of Canada, UNCITRAL Arbitration, Partial Award, November 2000（Merits）, paras.258-269.

情形，缔约三国根据 NAFTA 成立的自由贸易委员会（Free Trade Commission, 以下简称 FTC）迅速针对协定中公平与公正待遇的含义发布了联合解释声明，并在声明中指出 NAFTA 第 1105 条中缔约国投资者所享有的最低标准待遇就是国际习惯法对外国人所提供的最低标准待遇，第 1105 条最低标准待遇下的公平与公正待遇并不要求缔约国给予投资者国际习惯法关于外国人最低标准待遇之外的待遇。

2. 非 NAFTA 仲裁案中公平与公正待遇条款的解释分歧

FTC 的解释声明虽然对于 NAFTA 仲裁案件产生了一定的约束力，但并没有推进其他投资条约下公平与公正待遇条款解释的一致性。OECD 在一份研究报告中表明，自 2004 年起，有越来越多的仲裁庭倾向于将国际投资条约中的公平与公正待遇条款解释为独立于习惯法上最低标准待遇的一项投资待遇，从而扩张了仲裁庭对公平与公正待遇条款的解释范围，特别是对于一些采用独立模式的公平与公正待遇条款，由于其文本中不含有最低待遇标准的要求，仲裁庭倾向于采取独立解释法。[1] 第一个采取此种方法的仲裁庭是 2003 年作出裁决的 Tecmed v. Mexico 案仲裁庭，争议依据的是墨西哥与西班牙签订的 BIT，条约中的公平与公正待遇条款与 NAFTA 不同，并没有国际法最低待遇标准的限制，仲裁庭在裁决中指出根据 VCLT 第 31 条的解释规则对公平与公正待遇条款进行独立解释，公平与公正待遇的内涵为缔约国应向投资者提供不影响其合理期待的待遇。[2] 此后，MTD v. Chile、Saluka v. Czech、Enron v. Argentina、Bayindir v. Pakistan 等案件仲裁庭都采取了

① See David Gaukrodger, Addressing the balance of interests in investment treaties: The limitation of fair and equitable treatment provisions to the minimum standard of treatment under customary international law, OECD Working Papers on International Investment, 2017.

② See Tecmed v. Mexico，ICSID Case No. ARB（AF）/00/2，Award, paras.152-156.

相同做法。① 在 Azurix v. Argentina 案中，公平与公正待遇条款内容中含有"投资者待遇不得低于国际法"的表述，但仲裁庭同样坚持认为公平与公正待遇所提供的保护标准明显高于国际最低标准待遇，国际法的要求只是为公平与公正待遇设定了底线而非上限。② 同样，在 Vivendi v. Argentina 案中，BIT 规定了"根据国际法原则的公平与公正待遇"，仲裁庭的观点与前案一致，认为将公平与公正待遇限定于国际最低标准的观点是不正确的。③ 在因乌拉圭烟草控制措施而产生强烈社会舆论影响的 Philip Morris v. Uruguay 案中，仲裁庭同样认为在条约约文没有相关用语的情况下，公平与公正待遇条款解释为最低标准待遇是不合理的。④

但与此同时，仍有一些仲裁庭坚持认为公平与公正待遇条款与最低标准待遇在内涵上并无不同。在 2005 年的 CMS v. Argentina 案中，仲裁所依据的阿根廷与美国双边投资协定中的公平与公正待遇条款在文本上并不涉及国际习惯法，仲裁庭首先援引并认可了 Tecmed v. Mexico 案仲裁庭的观点，但随后又提及了 NAFTA 的 FTC 解释声明，并认为公平与公正待遇对于商业环境稳定性和可预测性的保障与国

---

① See MTD Equity Sdn. Bhd. and MTD Chile S.A. v. Chile, ICSID Case No. ARB/01/7, Award, paras.109-115; Saluka Investments BV v. The Czech Republic, PCA, Partial Award, paras.296-308; Enron Creditors Recovery Corporation (formerly Enron Corporation) and Ponderosa Assets, L.P. v. Argentine Republic, ICSID Case No. ARB/01/3, Award, paras.260-268; Bayindir Insaat Turizm Ticaret Ve Sanayi A.S. v. Islamic Republic of Pakistan, ICSID Case No. ARB/03/29, Award, paras.176-182.

② See Azurix Corp. v. The Argentine Republic (I), ICSID Case No. ARB/01/12, Award, paras.358-378.

③ See Compañía de Aguas del Aconquija S.A. and Vivendi Universal S.A. (formerly Compañía de Aguas del Aconquija, S.A. and Compagnie Générale des Eaux) v. Argentine Republic (I), ICSID Case No. ARB/97/3, Award II, para.7.4.7.

④ See Philip Morris Brand Sàrl (Switzerland), Philip Morris Products S.A. (Switzerland) and Abal Hermanos S.A. (Uruguay) v. Oriental Republic of Uruguay, ICSID Case No. ARB/10/7, Award, para.313.

际习惯法上最低标准待遇是一致的。① 在 Deutsche Bank AG v. Sri Lanka 案中，仲裁庭也采取了类似的做法，由于 BIT 中的公平与公正待遇条款为独立存在的形式，所以单独解释的方法首先得到了认可，但仲裁庭又进一步指出从具体内容上看，公平与公正待遇与习惯法上的最低标准待遇并无实质性区别。② 另外，在 Rumeli v. Kazakhstan③、El Paso v. Argentina④ 和 Lemire v. Ukraine⑤ 等案件中，仲裁庭在法律解释的过程中均受到 NAFTA 仲裁案例的影响，对于公平与公正待遇与最低标准待遇的关系进行了分析，认为公平与公正待遇并未赋予投资者在国际习惯法之外的更优惠待遇。总体而言，国际投资仲裁实践中仲裁庭对于公平与公正待遇与国际习惯法上的最低标准待遇关系的不一致解释呈现出如图 1.6 所示的状况。

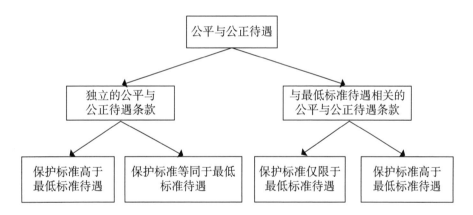

图 1.6　仲裁庭对公平与公正待遇条款的不一致解释

① See CMS v. Argentina, ICSID Case No. ARB/01/8, Award, paras.273-284.

② See Deutsche Bank AG v. Democratic Socialist Republic of Sri Lanka, ICSID Case No. ARB/09/2, Award, October 2012, paras.474-480.

③ See Rumeli Telekom A.S. and Telsim Mobil Telekomunikasyon Hizmetleri A.S. v. Republic of Kazakhstan, ICSID Case No. ARB/05/16, Award, July 2008, paras.609-619.

④ See El Paso Energy International Company v. Argentine Republic, ICSID Case No. ARB/03/15, Award, October 2011, paras.350-389.

⑤ See Joseph Charles Lemire v. Ukraine, ICSID Case No. ARB/06/18, Award, March 2011, para.171.

由于公平与公正待遇和最低标准待遇为极其抽象的概念，虽然许多国际投资仲裁庭曾尝试对这一重要的实体条款进行一般性的解释和界定，但截至目前，并没有形成一个被普遍接受的定义。在实践中仲裁庭更倾向于根据案件的具体情形来解释公平与公正待遇条款的内涵，并发展出了一些具体的判断要素。Rudolf Dolzer 教授与 Christoph Schreuer 教授在对仲裁案件进行总结归纳时认为这些要素主要包括正当程序义务、遵守合同义务、透明度义务、保护投资者合法期待义务、善意原则等。[1] 例如在 Philip Morris v. Uruguay 案中，仲裁庭认为最低待遇条款的内涵是处于发展和变化之中的，最终该案仲裁庭根据投资者提出的仲裁主张审查了乌拉圭的烟草管制行为是否损害了投资者的合法期待和东道国法律体系的稳定性。[2] 对于这些丰富的内容，仲裁庭在个案中选取和适用的标准也并不一致。并且随着仲裁实践的不断发展，被国际投资仲裁庭所适用的相关的判断要素还在不断扩张，这一条款解释的不一致状况始终无法得到有效改变，甚至有学者指出公平与公正待遇条款已经陷入了条约规则解释和适用的方法困境之中。[3]

二、国民待遇条款的不一致解释

国民待遇（National Treatment）条款是国际投资条约中的核心内容，其目的在于为外国投资者提供一个与东道国国民公平竞争的平台。当前

---

[1] 参见［德］鲁道夫·多尔查、［奥］克里斯托弗·朔伊尔：《国际投资法原则》（第二版），祁欢、施进译，中国政法大学出版社 2014 年版，第 151—168 页。

[2] See Philip Morris Brand Sàrl（Switzerland）, Philip Morris Products S.A.（Switzerland）and Abal Hermanos S.A.（Uruguay）v. Oriental Republic of Uruguay, ICSID Case No. ARB/10/7, Award, paras.319-324.

[3] 参见梁开银：《公平公正待遇条款的法方法困境及出路》，《中国法学》2015 年第 6 期。

国际投资条约中的国民待遇条款在文本表述上较为相似，通常要求缔约国在相同或相似情形下不得给予缔约他方投资者或投资低于本国国民的待遇。投资者与东道国建立商业关系后，国民待遇原则即可适用，而近年来国民待遇已随着众多双边投资协定的修订逐步扩展至投资者的市场准入权，即准入前国民待遇。如图 1.7 所示，仲裁庭在适用国民待遇条款时通常会采取"两步走"的方法对条约和案件事实进行解释和分析。首先，仲裁庭必须对争议中外国投资者与本国国民所处的商业情形是否具有相似性和同类性进行判断，也就是对国民待遇条款中必备的"相似情形"（like circumstances）要件进行判断。其次，仲裁庭会对投资者受到的待遇是否低于本国国民所受待遇进行对比。此外，部分仲裁庭还会在此基础之上分析东道国的这种差别待遇是否存在正当理由。上述要件从内容看似并不复杂，然而当前的国际投资仲裁实践却没有形成一致性的判例。

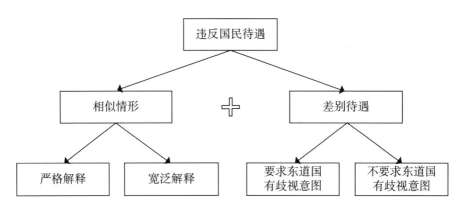

图 1.7　仲裁庭对国民待遇条款的不一致解释

对于"相似情形"的比较基准，不同仲裁案件中仲裁庭所作的解释并不一致。例如，在 Feldman v. Mexico 案中，仲裁庭认为条约中的"相似情形"应当解释为相同的商业活动，此案件申请人为从事烟草出口的投资者，因而应当将东道国从事相同活动的企业作为比较对象。① 在 Pope & Talbot Inc. v. Canada 案中，仲裁庭也认为相同经济领域内的投资者之间才可构成"相似情形"。② 在 Methanex v. United States 案中，仲裁庭同样采取较为严格的解释的方法，该案投资者是一家加拿大甲醇生产商，其主张美国加州政府限制甲醇生产、扶持乙烷生产企业的做法违反了国民待遇。仲裁庭认为甲醇和乙烷均为燃料，但投资者应当与加州本地甲醇生产企业的待遇进行比较，与乙烷生产商并不属于"相似情况"。③

然而，在 S.D. Myers v. Canada 案中，仲裁庭则采取了较为宽泛的解释方法，认为只要本国投资者与外国投资者之间存在直接竞争关系，即可将两者认定为"相似情形"。④ 在 Occidental v. Ecuador 案中，仲裁庭也主张如果将"相似情形"限定得过于狭窄，则国民待遇将难以真正得到实施，从而使条约目的落空，因此应当对"相似情形"作宽泛解释。⑤

此外，在对外国投资者与本国国民的差别待遇进行解释时，仲裁庭对东道国相关措施的"歧视性意图"与是否违反国民待遇之间的关系也存在解释分歧。例如在 S. D. Myers v. Canada 案中，仲裁庭认为东道国的意图并不影响歧视性措施的成立，而是应当重点关注东道国行为的最终影响。⑥Siemens

---

① See Marvin Roy Feldman Karpa v. United Mexican States, ICSID Case No. ARB（AF）/99/1, Award of the Tribunal, paras.170-172.

② See Pope & Talbot v. Government of Canada, UNCITRAL, Award on the Merits of Phase 2, paras.77-82.

③ See Methanex Corporation v. United States of America, UNCITRAL, Final Award of the Tribunal on Jurisdiction and Merits, paras.12-38.

④ See S.D. Myers, Inc. v. Government of Canada, UNCITRAL, Partial Award（Merits）, paras.243-251.

⑤ See Occidental Exploration and Production Company v. Republic of Ecuador（I）, LCIA Case No. UN3467, Award, paras.173-199.

⑥ See S.D. Myers, Inc. v. Government of Canada, UNCITRAL, Partial Award（Merits）, paras.252-257.

v. Argentina、Feldman v. Mexcico、Bayindir v. Pakistan 等案件的仲裁庭也都支持这种解释。① 然而，在 Genin v. Estonia 案和 Methanex v. United States 案中，仲裁庭却认为缔约国的歧视性意图是违反国民待遇的必要条件。②

三、最惠国待遇条款的不一致解释

最惠国待遇（Most-favored Nation Treatment）是国际经济法律规则的重要组成部分，其目的是保证在相同情况下，一国给予他国的待遇不低于其给予第三国的待遇。在贸易法领域，最惠国待遇条款已成为整个法律体系的重要支柱。在投资法领域，最惠国待遇条款也被纳入绝大多数双边投资协定或区域自由贸易协定中。在投资条约中，最惠国待遇条款的效果通常是扩大投资者的权利，有部分条约明确规定了最惠国待遇包含哪些内容，但多数条约中的最惠国待遇条款通常并无适用范围上的具体限制，而是指向广泛的投资待遇。在早期的仲裁实践中，最惠国待遇条款并未对仲裁庭管辖权问题产生影响，在适用上也并未出现分歧。但自 2000 年的 Maffezini v. Spain 案③ 起，最惠国待遇条款的实体与程序之争逐渐成为理论界和实务界的热点问题，这与仲裁庭管辖权的确立息息相关。如图 1.8 所示，迄今为止，就最惠国待遇条款中的待遇是否包含投资

---

① See Siemens A.G. v. The Argentine Republic, ICSID Case No. ARB/02/8, Award, para. 321; Marvin Roy Feldman Karpa v. United Mexican States, ICSID Case No. ARB（AF）/99/1, Award of the Tribunal, paras.173-180; Bayindir Insaat Turizm Ticaret Ve Sanayi A.S. v. Islamic Republic of Pakistan, ICSID Case No. ARB/03/29, Award, paras.399-411.

② See Alex Genin, Eastern Credit Limited, Inc. and A.S. Baltoil v. The Republic of Estonia, ICSID Case No. ARB/99/2, Award, paras.368-369; Methanex Corporation v. United States of America, UNCITRAL, Final Award of the Tribunal on Jurisdiction and Merits, PART IV CHAPTER B, para.1.

③ See Emilio Agustín Maffezini v. The Kingdom of Spain, ICSID Case No. ARB/97/7, Decision of the Tribunal on Objections to Jurisdiction.

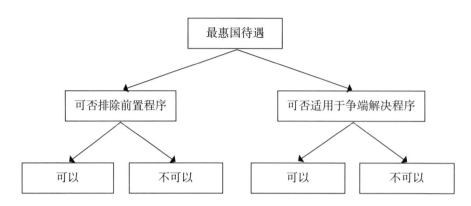

图 1.8　仲裁庭对最惠国待遇条款的不一致解释

争端解决程序这一问题，仲裁庭在条约解释上依然冲突不断，莫衷一是。

　　对投资者而言，最惠国待遇条款虽然是一项实体性待遇条款，但其却具有强劲的管辖权扩张功能。在公开已决的仲裁案件中，投资者尝试援引最惠国待遇条款规避其母国与东道国双边投资协定中当地救济和等待期要求，扩大基础条约中仲裁庭的属事管辖范围，突破基础条约的适用时间，或寻找更有利的争端解决机构①。在上述投资者诉求中，第一类仲裁主张更为频繁地在仲裁实践中出现，仲裁庭在对最惠国待遇条款解释上的不一致性也表现得更为突出。

　　Maffezini v. Spain 案与 Wintershall v. Argentina 案代表了仲裁庭对于投资者通过最惠国待遇条款规避东道国救济的两种不一致态度。在 2000 年裁决的 Maffezini v. Spain 案中，阿根廷与西班牙之间签订的双边投资协定存在投资者在仲裁前必须经历 18 个月向东道国法院寻求当地救济的要求，仲裁申请方的阿根廷投资者以最惠国待遇条款为依据，援引没有当地救济规定的智利与西班牙双边投资协定来规避 18 个月的

---

　　① 参见朱明新：《最惠国待遇条款适用投资争端解决程序的表象与实质——基于条约解释的视角》，《法商研究》2015 年第 3 期。

仲裁前置要求，仲裁庭支持了投资者的这一主张，认为最惠国待遇条款中的待遇包含争端解决程序方面的权利。[①] 自此，诸多仲裁庭以此案为先例，排除当地救济对仲裁庭管辖权的阻碍。[②] 而 2008 年的 Wintershall v. Argentina 案则反对将最惠国待遇条款作为投资者寻求更优惠的争端解决程序的工具，强调主权国家的同意才是仲裁的基础。[③] 这一做法也得到了部分后案仲裁庭的支持。[④] 在近几年公布的案件资料中，这种条约解释的不一致性依然十分明显。[⑤]

　　面对投资者利用最惠国待遇条款扩大属事管辖范围的主张，仲裁庭在实践中也发展出了两种不同的条约解释路径。在 Salini v. Jordan 案中，申请人提出约旦与美国签订的双边投资协定较之基础条约在争端解决机制适用范围上更加宽泛，包含了与合同相关的争议，根据最惠国待遇条款，该案应当适用更为优惠的争端解决程序，对投资合同争议进行管辖。但 ICSID 仲裁并未支持申请方的主张，认为最惠国待遇并不包含有关争端解决权利。[⑥] 此后绝大部分仲裁庭都遵循了这一做法，例如在 2017 年作出裁决的 Beijing Urban Construction v. Yemen 案中，仲裁庭便拒绝了中国投资者援引最惠国待遇条款扩展争端解决

[①]　See Emilio Agustín Maffezini v. The Kingdom of Spain, ICSID Case No. ARB/97/7, Decision of the Tribunal on Objections to Jurisdiction, paras.44-64.

[②]　例如 Siemens v. Argentina 案、Gas Natural v. Argentina 案和 Hochtief v. Argentina 案仲裁庭都采取了相同的最惠国待遇条款解释路径。

[③]　See Wintershall Aktiengesellschaft v. Argentine Republic, ICSID Case No. ARB/04/14, Award, paras.106-107.

[④]　Daimler v. Argentina 和 ICS v. Argentina 等案件都支持最惠国待遇适用于争端解决的解释路径。

[⑤]　例如，同在 ICSID 进行仲裁的两个案例中，Ansung Housing v. China 案仲裁庭反对通过最惠国待遇条款规避当地救济，而 Teinver and others v. Argentina 案仲裁庭则支持投资者通过最惠国待遇规避等待期。

[⑥]　See Salini Costruttori S.p.A. and Italstrade S.p.A. v. Hashemite Kingdom of Jordan, ICSID Case No. ARB/02/13, Decision on Jurisdiction, paras.115-119.

范围的主张。① 而在 2007 年 SCC 仲裁的 RosInvest v. Russia 案中，仲
裁庭却背离了多数先例，援引了东道国与第三方签订的双边投资协定
来扩大争端解决条款的适用范围，并指出这是最惠国待遇条款存在的
必然结果，不需要在解释最惠国待遇条款内涵时区分实体规则或程序
规则。②

四、间接征收条款的不一致解释

随着国际经贸交往的日益深化和国际投资法律体系的不断完善，国
家公然采取措施对外国投资者的财产进行征收和国有化的现象已鲜少发
生。"直接征收的做法将会使国家的投资环境陷入危机，对吸引外资造
成永久性的损害。"③ 根据 UNCTAD 数据库的统计，截至 2023 年底，涉
及直接征收的仲裁案件仅为 162 件，而涉及间接征收的投资争议数量则
为 550 件。④ 然而，东道国政府采取的管制手段或调控措施可能会间接
地对投资者产生负面影响，虽未直接剥夺外国投资者对其资产的所有
权，但却在一定程度上损害了外国投资者对其资产的经营权、使用权和
收益权，从而产生与征收和国有化相同的效果。当前的大多数国际投资
条约都对缔约国的间接征收行为进行了规制。以区域性自由贸易协定为
例，NAFTA 第 1110 条规定："缔约方不得在其领土内直接或间接征收

---

① See Beijing Urban Construction Group Co. Ltd. v. Republic of Yemen, ICSID Case
No. ARB/14/30, Decision on Jurisdiction, paras.112-121.

② See RosInvest Co. UK Ltd. v. The Russian Federation, SCC Case No. 079/2005,
Award on Jurisdiction, paras.50-55.

③ ［德］鲁道夫·多尔查、［奥］克里斯托弗·朔伊尔:《国际投资法原则》（第二
版），祁欢、施进译，中国政法大学出版社 2014 年版，第 102—103 页。

④ 参见 UNCTAD 网站：https://investmentpolicy.unctad.org/investment-dispute-settle-
ment，访问日期：2024 年 12 月 1 日。

或国有化其他缔约国国民的投资，或对此类投资采取相当于征收或国有化的行为。"ECT 第 13 条同样规定缔约国不得对另一缔约国国民的投资采取与征收和国有化效果相同的行为。在 BIT 中，英国、法国和德国等国家的投资协定范本中均存在禁止缔约国对另一缔约方国民的投资进行间接征收的条款。但是对于如何判断一国的行为是否构成间接征收，国际投资条约中通常缺乏具体化的衡量标准，只有在少数近期的投资协定中才能寻找到更加细致的规则，例如美国 2012 年最新的投资协定范本在其附件中列举了一些间接征收的判断要素。① 由于具体规则的缺失，仲裁庭在实践中对间接征收条款的解释并不一致，发展出了侧重点不同的判断标准，仲裁庭在仲裁案件中的条约解释大致可以划分为"效果论"和"目的论"两种类型。

所谓"效果论"是指仲裁庭在解释间接征收条款时将东道国行为对外国投资和投资产生的效果作为基本准则，主要依据政府措施对外国投资者造成损害的程度来对东道国行为定性。NAFTA 之下的 Metalclad v. Mexico 案是将"效果论"的解释方法推向极致的代表性案例，该案仲裁庭认为在判断东道国行为是否构成间接征收时无须考虑东道国的动机，一旦相关措施给外国投资者的投资造成了与直接征收相似的损害性后果，就可以将相关行为判定为间接征收。② 这种间接征收解释路径对此后的许多仲裁案件产生了影响，在 Tecmed v. Mexico 案中，仲裁庭对间接征收的具体含义进行了如下说明："东道国用法律规则的变更或实际行动和措施来剥夺投资者财产，而其剥夺财产的行为不必为第三人或

---

① *2012 US Model BIT*, Annex B, para 4，其中包括经济影响、对投资者合理投资预期的影响程度、政府行为的性质等要素，并且范本将东道国出于公共健康、安全及环境等目的所采取的政府措施排除在了间接征收的范围之外。

② See Metalclad Corporation v. The United Mexican States, ICSID Case No. ARB（AF）/97/1, Award, paras.108-111.

政府带来利益。"① 在 Telenor v. Hungary 案中，投资者在匈牙利享有电信领域的经营特权，但此后这项投资受到了匈牙利政府对电信供应商特别征税法案的影响，投资者遂发起仲裁，主张东道国的措施构成了间接征收。仲裁庭在该案中指出："在考虑政府行为是否构成征收时，投资者因该行为受到经济上剥夺的强度和时间是决定性因素。"② 在 Siemens v. Argentina 案中，仲裁庭也明确表示德国与阿根廷的 BIT 中征收条款指向了具有征收效果的措施，而没有指向国家的意图。③ 在 Plama v. Bulgaria 案中，仲裁庭认为决定是否构成间接征收的因素只有措施的效果，而东道国出于何种意图不是决定性的。④

"目的论"的解释方法则是与"效果论"相对立的间接征收界定标准，采取此种解释路径的投资仲裁庭通常将东道国相关政策和措施的意图、动机和目的解释为间接征收的必要条件。在实践中，仲裁庭衡量东道国意图的角度也各不相同。在部分案件中，仲裁庭将"获取利益"视为东道国间接征收的主观要件。在 Olguin v. Paraguay 案和 Lauder v. Czech 案中，仲裁庭认为东道国政府以获取利益为目的对投资者的投资采取措施才能构成间接征收，即使相关措施对投资者的利益造成了严重打击，东道国政府主观上的疏忽也并不足以构成征收。⑤ 另外一部分仲裁庭则以"公共利益"为标准判断间接征收，Feldman v. Mexico 案仲裁

---

① Técnicas Medioambientales Tecmed v. United Mexican States, ICSID Case No. ARB（AF）/00/2, Award, paras.115-119.

② Telenor Mobile Communications AS v. Republic of Hungary, ICSID Case No. ARB/04/15, Award, para.70.

③ See Siemens A.G. v. The Argentine Republic, ICSID Case No. ARB/02/8, Award, para.270.

④ See Plama Consortium Limited v. Republic of Bulgaria, ICSID Case No. ARB/03/24, Award, para.192.

⑤ See Eudoro A. Olguín v. Republic of Paraguay, ICSID Case No. ARB/98.5, Award, July 2001, para.84; Ronald S. Lauder v. Czech Republic, UNCITRAL, Award, para.201.

庭表示东道国政府必须能够代表更广大的公共利益行事，如果任何受到不利影响的公司都能寻求赔偿，那么政府管理将不能实现。① 在 Saluka v. Czech 案和 Continental v. Argentina 案中，仲裁庭也都明确表示国家基于公共利益在治安权范围内的监管措施并不构成间接征收，也不需要向投资者作出赔偿。②

第三节　仲裁庭对待"一致性"问题的矛盾态度

国际投资条约解释保持一致的基础是仲裁庭在案件审理过程中遵循先例。在实践中，援引先例已经成为国际投资仲裁庭进行法律解释时的常态，虽然秘密性是投资者与国家仲裁从商事仲裁模式中继承的程序特性，但是随着国际投资仲裁案件的增长，已公开的裁决数量也逐年递增，加之国际投资仲裁透明度规则的不断完善，当前国际投资仲裁案件裁决基本以每周一项的频率向公众公开。学者 Fauchald 曾在 2008 年对 ICSID 仲裁案件的实证研究中进行了统计，在 98 个 ICSID 案件中有 92 个案件的仲裁庭在其法律解释过程中使用了先前的判例。③ 但与此同时，"遵循先例"并非国际法所承认的裁判原则，在《国际法院规约》第 38 条有关国际法渊源的规定中，判例仅仅是确认一般法律原则的辅

① See Marvin Roy Feldman Karpa v. United Mexican States, ICSID Case No. ARB（AF）/99/1, Award, para.103.

② See Saluka Investments BV v. The Czech Republic, under UNCITRAL Rules, Partial Award, para.262; Continental Casualty Company v. Argentine Republic, ICSID Case No. ARB/03/9, Award, para.276.

③ See Fauchald, The Legal Reasoning of ICSID Tribunals-An Empirical Analysis, *European Journal of International Law*, 19（2）, 2008, p.335.

助资料，且《国际法院规约》第 59 条明确规定 ICJ 裁决的约束力仅限争议双方当事国。《ICSID 公约》第 53 条同样对 ICSID 仲裁裁决的拘束力作出了明确的限制，因而"遵循先例"在国际投资仲裁机制下也并不能得到适用。英国学者 Weeramantry 将国际投资仲裁的上述状况描述为一种悖论，即仲裁庭在迫使其遵从先前裁决的先例体系缺失的情况下却广泛地援引其他仲裁庭的既往判决。① 在国际投资仲裁过去 30 年的发展过程中，仲裁庭在争议解决时也不断对条约解释和仲裁裁决的一致性问题进行着思考，但是由于先例拘束力的欠缺，不同仲裁庭在该问题上表现出了矛盾的态度，条约解释的不一致状况未能通过判例的广泛运用而得到有效改善。

在 1984 年作出裁决的 Amco v. Indonesia 案中，仲裁庭首次提及"先例"这个术语并分析先例的约束力及作用。② 自该案之后，援引先例的情形在投资仲裁实践中越来越多，以至于不少投资法学者开始讨论援引先例的实践是否构成一种造法实践，因为越来越多的学者倾向于主张"国际投资法事实上是一个在案例法推动下不断发展演进的法律体系"③。有部分仲裁庭十分肯定地认为自身有建立一致性判例和保证国际投资法律体系稳定性的义务，这些仲裁庭所援引的先例范围十分广泛，其中包括其他仲裁庭对不同的 BIT 中类似条款的解释，甚至还包括 WTO 或 ICJ 等其他国际司法机构的裁决。例如，在 Saipem v. Bangladesh 案中，仲裁庭十分强调其对条约解释的一致性的保障义务。仲裁庭承认其不受先例的约束，但仲裁庭认为自身必须充分考虑其他国际

---

① See J. Romesh Weeramantry, *Treaty Interpretation in Investment Arbitration*, Oxford University Press, 2012, p.116.

② See Amco Asia Corporation and others v. Republic of Indonesia, ICSID Case No. ARB/81/1, Award.

③ 刘笋：《论国际投资仲裁中的先例援引造法》，《政法论坛》2020 年第 5 期。

仲裁庭在先案中作出的裁决，有义务作出能建立案例一致性的裁决并有义务为投资法的和谐发展作出贡献，从而满足国家和投资者的合理期待。① 在几起针对厄瓜多尔的案件中，仲裁庭也表达了相同的理念，例如 Duke v. Ecuador 案中，仲裁庭有关条约解释一致性的表述与 Saipem v. Bangladesh 案毫无差别。② 在 ADC v. Hungary 案中，仲裁庭也指出应依赖在国际投资仲裁案例中发展出的原则，这些案例作为具有说服力的权威能够推动法律的整体发展，进而通过提升可预测性来保障投资者和国家的利益。③ 在 SAUR v. Argentina 案中，仲裁庭认为其有必要与相似的案件进行比较，通过法律解释和裁决的一致性促进仲裁机制的可预测性。④

此外，一些仲裁庭并没有明确表达其对条约解释和判例一致性的重视，并强调其不受先例的拘束。但这些仲裁庭在其法律解释过程中依然援引并采纳其他仲裁庭的条约解释结论，并以不同的理由来说明其做法的合理性。在 Metalclad v. Mexico 案和 Methanex v. United States 案中，仲裁庭强调其遵循的先例是令人信服并具有说服力的。⑤ 在 LETCO 案中，仲裁庭认为先例中的做法对本案具有指导意义。而 AES v. Argen-

---

① See Saipem S.p.A. v. People's Republic of Bangladesh, ICSID Case No. ARB/05/7, Decision on Jurisdiction and Recommendation on Provisional Measures, para.67.

② See Duke Energy Electroquil Partners and Electroquil S.A. v. Republic of Ecuador, ICSID Case No. ARB/04/19, Award, para.117. 此外，在 Nobel Energy v. Ecuador 案和 Burlington Resources v. Ecuador 案仲裁庭也在其裁决中强调其有责任保持判例的一致性。

③ See ADC Affiliate Limited and ADC & ADMC Management Limited v. Republic of Hungary, ICSID Case No. ARB/03/16, Award, para.293.

④ See SAUR International v. Argentine Republic, ICSID Case No. ARB/04/4, Decision on Objections to Jurisdiction, para.96.

⑤ See Metalclad Corporation v. The United Mexican States, ICSID Case No. ARB(AF)/97/1, Award, para.108; Methanex Corporation v. United States of America, under UNCITRAL Rules, 2005, Final Award of Tribunal on Jurisdiction and Merits, para.6.

tina案仲裁庭遵循先例的理由则是先例与当前案件具有极高的相似性。①另外，还有部分仲裁庭指出其之所以重视先例是由于仲裁案件的当事方在其申辩理由中援引了大量先例作为支持。

尽管在仲裁实践中多数仲裁庭都会在其裁决中对先例进行分析，但仍有许多仲裁庭表达了对于遵循先例的排斥，法律解释的一致性并未被他们视为仲裁庭自身的责任或义务。例如，在 Romak v. Uzbekistan 案中，仲裁庭指出："仲裁庭并没有被缔约国赋予保证仲裁判例一致性的任务，仲裁庭的任务其实是更加平凡的，其只需要通过合理并具有说服力的方式解决当事方的争议即可，而与此仲裁庭对未来的争端造成的影响并不相关。"② 在中国投资者发起的 Everyway v. Ghana 案中，仲裁庭在其条约解释方法的说明中指出其没有义务遵循先例，投资仲裁并非由先案裁决创设法律原则的层级化和体系化的争端解决机制，即使高度相似的条文也并不是完全相同的，不同 BIT 在文本上、上下文、条约目的和宗旨的差别都会导致条约解释结果的不同。③ 在两组国际投资仲裁庭对国际投资条约解释不一致的代表性案件中能够发现上述现象。例如，SGS v. Philippines 案仲裁庭认为 ICSID 的各个仲裁庭都应当根据可适用的法律来行使其管辖权，而适用的 BIT 相互之间是不同的，国际法上不存在先例制度，而仲裁庭之间也没有等级关系，最终此案仲裁庭作出了与 SGS v. Pakistan 案相冲突的裁决。④ 在 Enron v. Argentina 和 Plama v. Bulgaria 等案中，仲裁庭也强调了不同案件在事实、背景、

---

① See AES Corporation v. Argentine Republic, ICSID Case No. ARB/02/17, Decision on Jurisdiction, paras.23-28.

② Romak S.A. v. The Republic of Uzbekistan, PCA Case No. AA280, Award, para.171.

③ See Beijing Everyway Traffic & Lighting Tech. Co., Ltd v. Republic of Ghana, PCA Case No. 2021-15, Final Award on Jurisdiction, para.150.

④ See SGS Société Générale de Surveillance S.A. v. Republic of the Philippines, IC-SID Case No. ARB/02/6, Decision of the Tribunal on Objections to Jurisdiction, para.97.

协商历史等因素上的区别。① 在 CME v. Czech 案中，尽管案件事实与 Lauder v. Czech 案完全相同，所涉及的条约也具有极强的关联性，但仲裁庭仍坚持认为不同的 BIT 在约文上并非完全相同，因而仲裁庭应独立进行法律解释，不受其他仲裁庭裁决的影响。②

---

① See Enron Creditors Recovery Corporation（formerly Enron Corporation）and Ponderosa Assets, L.P. v. Argentine Republic, ICSID Case No. ARB/01/3, Decision on Jurisdiction on ancillary claim, para.25; Plama Consortium Limited v. Republic of Bulgaria, ICSID Case No. ARB/03/24, Decision on Jurisdiction, para. 190.

② See CME Czech Republic B.V. v. The Czech Republic, UNCITRAL, Final Award, para.202.

第二章 国际投资条约解释不一致性的理论困境

通过对国际投资条约解释不一致现象的系统性研究可以发现，不同仲裁庭之间相互矛盾的解释结果并非个例，国际投资条约中的核心性条款基本均存在解释上的分歧。国际社会对于上述现象可谓忧心忡忡，投资仲裁"合法性危机"理论的影响不断增强，国际投资实体法律规则和争端解决程序改革的呼声在近年来不断高涨。然而，改革的实际推进过程却并不如预期中那般顺利，国际法学者对于 ISDS 机制"合法性"问题的看法也产生了分化，国家间对于条约解释的不一致性问题的认知分歧逐渐暴露，在多方面意见的冲突和博弈之下，国际投资条约解释的不一致性问题陷入了理论困境。本章节将对国际投资条约解释不一致性的根源进行理论分析，并在此基础上对当前的理论分歧加以研究。

第一节 国际投资条约解释不一致性的根源

在现有的理论研究中，国际投资法学者在分析国际投资仲裁判决结果或条约解释不一致现象产生的原因时大多从国际投资条约的特征和仲裁机制的特点出发。此种思路下形成的观点固然有其合理之处，但笔者认为对成因的探讨不应局限于此，有必要朝更深层次追寻国际投资条约解释过程中产生不一致现象的根源。

一、法律解释中的固有矛盾

人类之所以会对法律文字的精确意义一再产生怀疑，最重要的原因是法律经常利用的日常用语区别于数理逻辑及科学性语言，其并不是具有明确外延的概念，而是多少具有弹性的表达方式。法律用语的这一特性导致某一特定的法律条文在其适用的过程中会产生多种可能的理解。"法律的任务就是划定每项法律规范的效力范围，如有必要，划定与其他规范间的界限。"① 然而，在对多种解释可能性进行取舍的过程中，会有对立的法律认知和价值判断相互竞逐。主观性与客观性、稳定性与变动性构成了法律解释和适用过程中两对不可回避的矛盾。这些不同的倾向影响着司法实践中法律解释主体的判断，是导致其对某一特定法律条文解释结果不一致的最根本原因。

1. 主观性与客观性的对立

"法律解释过程中主观性与客观性的矛盾来自法律规范本身的双重特征，法律是人类意志的产物，其本身带有法律制定者的主观意志，而法律解释的主体通常也具有'前见'，并可能将这种主观认识作用于法律解释的过程之中。"② 然而，法律规范虽然为立法者主观意志的产物，但其一旦脱离立法者并开始适用，就会发展出固有的实效性，成为一种客观的存在，其可能逾越法律制定者的预期，这种客观性也不因法律解释主体的不同而有所改变。对于法律解释过程中主观性与客观性的不同理解反映在各个法学派相互对立的学说和主张之中，更反映在法律解释的规则或方法的实际运用之上。

---

① ［德］卡尔·拉伦茨：《法学方法论》，陈爱娥译，商务印书馆 2015 版，第 193 页。

② 韩燕煦：《条约解释的要素与结构》，北京大学出版社 2015 年版，第 131 页。

"分析实证法学派重视并强调法律的客观性，认为应当单纯从成文法本身和法律条文内部关系出发来研究和解释法律，以 19 世纪产生于德国的概念法学派为代表，其主张排除法律解释者对具体案例的利益衡量和目的考量。"① 而与分析实证法学派对立的自然法学派与社会法学派在法律解释的问题上则充分体现了对于主观性的认识，在其学说之中，解释者不仅要解释"法律是什么"，还应解释"为什么"和"应该是什么"。20 世纪的自由法运动也凸显了这一特点，其对概念法学派进行了强烈的批评，"要求裁判者在审理案件的过程中重视直觉与情感这一类因素，并主张法官发挥主观能动性，应根据正义与衡平去发现法律，行使广泛的司法自由裁量权"②。

不同的法律解释主体在法律解释的过程中衍生出了不同的法律解释方法，虽然法学家们对这些法律解释方法所做的种类划分存在些许差别，但总体而言法律解释的规则或方法包括语义学解释、立法目的解释、历史解释、客观目的解释、体系解释和比较解释。这些不同的解释方法自身就隐含法律解释主观性与客观性的冲突。例如，语义学解释和体系解释就是从法律文本的语义和不同法律条文间的逻辑关系出发对规则的内涵进行剖析，不需要进行主观的价值判断。而立法目的解释或客观目的解释则需要从立法者或法律解释主体的意图和目的出发。解释规则的功能是使法律解释免于武断与恣意。"然而，法律解释规则又是具有原则性质的规范，这就意味着法官或法律适用者要根据具体案件在不同的规准之间进行衡量或平衡，从而引发解释结果的不确定性。"③ 美国

---

① 梁慧星：《民法解释学》，中国政法大学出版社 1995 年版，第 59—64 页。

② ［美］E.博登海默：《法理学：法律哲学与法律方法》，邓正来译，中国政法大学出版社 2017 年版，第 159 页。

③ 舒国滢、王夏昊、雷磊：《法学方法论》，中国政法大学出版社 2018 年版，第 350 页。

现实主义法学家卡尔·卢埃林在探讨美国成文法适用时曾经指出，美国法院可以使用的大量的解释规则包含有一系列反对命题和矛盾命题，而实际上人们能够发现某种法律解释的规则以支持法院所希望得到的任何结果。①

2.稳定性与正当性的对立

法律适用的目的是可预测性与正当性，法律解释作为法律适用过程中重要的一环同样应以此为最终目的。"然而，法律裁决的可预测性与正当性之间往往处于一种紧张关系或冲突关系。"② 这是法律适用过程中另一对难以回避的矛盾，裁判主体不同的价值追求会造成法律解释结果的不一致。罗斯科·庞德曾言道："法律必须是稳定的，但不可一成不变。"若某种法律制度缺乏合理的稳定性，那么它只能被视作对付临时问题而制定的应急工具，其自身将不存在逻辑上的自洽性和连续性，进而无法构建并指导人的行为模式。然而时间的推移会使法律秩序所承认的实质价值产生变化，反之，如果我们企图把法律当作一种永恒不变的工具而使用它，那么它也不可能针对瞬息万变的现实世界有效地解决问题。"当先例所倡导的价值判断与现今的价值判断产生冲突时，稳定性与正当性的矛盾就会显现。这种紧张或冲突也就是法律的僵硬性与弹性之间、法的形式理性与实质理性之间，以及法的安定性与正义之间的紧张或冲突关系的体现。"③ 在服从先例与正义间维持一种有益的平衡这一棘手的任务，通常由司法机关来承担。

---

① See Lewellyn K N, Remarks on the Theory of Appellate Decision and the Rules or Canons about How Statutes are to be construed, *Vanderbilt Law Review*, 3（3），2010.

② 舒国滢、王夏昊、雷磊：《法学方法论》，中国政法大学出版社 2018 年版，第372 页。

③ 同上。

在国内法体系中，对可预测性或稳定性的追求体现出了一定的优先性，先例往往构成了裁决理由的起始点。"遵循先例"（*stare decisis*）是普通法国家在法律适用过程中重要的原则之一，先例被赋予了拘束力，构成法律本身。深受罗马法影响的大陆法国家虽然不承认先例的约束力，但事实上都在司法实践中遵从着"判例一致性"（*jurisprudence constante*）原则，上级法院的判例会产生一定的权威性，从而对下级法院的判决产生重要影响。反映在上述原则中的法律的秩序功能，增强了法律的溯及力量与惰性力量，并使法律制度具有了某种程度的抗变性。为此，"司法程序中的衡平制度通过罗马法和英国法逐渐发展起来，这一制度用来弥补和修正法律和先例制度过于死板和僵化的缺陷"①。"但是这种所谓必要的修正需要在恰当的时间依照有序的程序进行，而且这种法律修正要保证给那些有可能成为法律变革的无辜牺牲者带去最低限度的损害。"② 前已备述，国际法体系之下并不存在国内司法体系中的层级制度和判例制度，因而对法律体系的可预测性与稳定性的维持完全依赖于法律解释者的自主判断，难以得到充分的保障。

二、条约解释规则中的不确定性

虽然在 1969 年的 VCLT 中条约解释的规则以条文的形式被固定下来，并在随后的司法实践中逐渐被国际法院承认为国际习惯法，但当我们反观条约解释规则条款的起草过程时，不难发现不同条约解释理论的对抗与冲突，这些冲突并没有在联合国国际法委员会（Interna-

---

① ［英］亨利·萨姆奈·梅因：《古代法》，高敏、瞿慧虹译，中国社会科学出版社 2009 年版，第 35—55 页。

② ［美］E.博登海默：《法理学：法律哲学与法律方法》，邓正来译，中国政法大学出版社 2017 年版，第 343—344 页。

tional Law Comission, 以下简称 ILC）的不懈努力下真正消融，而是以一种相互妥协的方式隐藏在了 VCLT 第 31 条至第 33 条的具体内容之中，为实践中条约解释结果的不一致性留下了隐患。

1. 有关"艺术"与"科学"的探讨

法律的确定性是联合国授权 ILC 对国际法进行编纂，特别是对条约法进行编纂的根本目的，"条约法的确定性则主要取决于条约解释规则的确定性"①。然而，在 ILC 对条约解释规则进行起草时却提出，"对法律文本的解释在某种程度上是一种艺术，而非科学"，这一论断成为有关条约解释的名言警句，被众多学者在条约解释的研究中所引用。早在 1949 年，ILC 就展开了条约起草的工作，但直至 1964 年，条约解释的问题才首次在 Humphry Waldock 提交的报告中被提及。在 ILC 的第 726 次会议上，Waldock 表示其正在开展有关该条约解释问题的工作，但令他感到焦虑的是他并不想深入逻辑领域和可能被称为"解释的艺术"。② 这引发了 ILC 对于是否需要和是否可能在公约中制定条约解释规则的激烈讨论。

李浩培先生将条约解释定义为"对一个条约的具体规定的正确意义的剖析明白"，但如果我们真正将条约解释视为一种无严谨规律可循的艺术，就意味着在实践中我们将无法对某一种条约解释结果是否是正确的进行判断，条约解释的过程就是解释者主观意志的自由发挥，那么条约解释的一致性和法律的稳定性无疑将成为乌托邦。

其实，对于条约解释究竟是一门艺术还是一门科学的探讨就是法律解释的主观性与客观性矛盾在国际法领域的体现。有学者在后续的研究

---

① See ILC, Yearbook of the International Law Commission, Vol. I, p.23, para. 34.

② See ILC, 726th Meeting: Law of Treaties,（A/CN.4/167），reproduced in YILC（1964），Vol. I: 20, para.4.

中对这一问题进行了重新解读，企图弱化这种泾渭分明的界定方法，认为 ILC 之所以提出条约解释是一种艺术，是由于条约解释不如科学那样可以通过一系列规则来预测出准确的结果。然而，现代数学和物理等学科中也存在许多具有不确定性的问题，我们不能以这一特征而对条约解释作出绝对的定性。① 条约的解释的确不存在一套机械化的方法来确定某种条文含义，但也存在一系列规则为条约解释的路径提供了一个总体指引，指引解释者能够最大可能地获得一个适当的条约解释结果，但却不能完全避免解释过程中的主观性，也无法保证解释结果的一致性。②

2. 条约解释通则中多种解释方法的共存与冲突

实际上，将条约解释定性为一门艺术的做法在另一方面反映了国际法委员会在起草条约解释规则的最初方案时所面临的尴尬境况。③ 在 VCLT 生效之前，对于条约解释的方法，不同学派的国际法学者之间存在着难以调和的尖锐矛盾。主观解释学派认为条约解释的重点在于探求缔约方的真实意图，将大陆法系中对于契约的解释方法应用于对国际条约的解释中，反对在解释条约时拘泥于文本的字面含义。而约文解释学派则认为围绕条约而发生的争议往往是在缔约时没有考虑到的，对于这些问题，缔约国之间绝对没有共同意思，因而应当根据条约用语的含义进行解释，缔约时的准备资料只是辅助性方法，在约文解释困难时被谨慎地适用。④ 此外，"目的解释学派强调条约的解释应当符合条约

---

① See Merkouris Panos, *Interpretation is a Science, is an Art, is a Science*, Social Science Electronic Publishing, 2010, pp.1-14.

② See Richard Gardiner, *Treaty Interpretation*, Oxford University Press, 2015, p.483.

③ See Merkouris Panos, *Interpretation is a Science, is an Art, is a Science,* Social Science Electronic Publishing, 2010, pp.1-14.

④ 参见李浩培：《条约法概论》，法律出版社 1987 年版，第 412—415 页。

本身所期待达成的目的，条约本身的目的和宗旨是解释过程中最重要标准"①。

对于 Waldock 有关编纂条约解释规则的态度，ILC 主席非常强势地指出将条约的解释视为艺术是推脱难题的油滑做法，即使条约解释是艺术，我们也需要探讨是否存在践行这种艺术的规则。此后，ILC 才逐渐形成了编纂条约解释规则的共识。但对于不同解释方法应当在规则中占据怎样的位置，不同解释学派又进行了激烈的讨论。ILC 成员最终达成的合意则是，在 VCLT 中纳入条约解释规则的目的并非要将所有关于条约解释的理论或学说吸收其中，而只是为条约的解释提供一个基本指导。

最终，条约的解释规则被确定在了 VCLT 第 31 条至第 33 条。从该规则的内容来看，三种条约解释的理论被整合于公约之中，第 31 条确立了以文本解释方法为基础，并参照条约目的与宗旨进行善意解释的通则，而主观解释学派所强调的缔约准备资料则在第 32 条中被规定为辅助性解释方法。② 第 33 条则针对多种语言的条约作准文本的解释进行了规范。ILC 在 1966 年对 VCLT 的评注中指出，利用解释原则或规则是自由裁量而非义务，解释通则作为一个整体解读，而不可将之视为一个确定了条约解释规范的法律等级。③"通则的单一性必然使得通则的各个要素成为一个整体，从而要求该通则适用的整体性。"④"条约法公约就像一个大花园，里面开满了代表不同解释方法的花。"⑤ 这

---

① Malcolm N. Shaw, *International Law*, Sixth Edition, Cambridge University Press, 2008, p.932.

② See David S. Jonas, Thomas N. Saunders, The Object and Purpose of a Treaty: Three Interpretive Methods, *Vanderbilt Journal of Transnational Law*, 43（3）, 2010.

③ See ILC Draft Articles on the Law of Treaties with Commentaries, p.218, para.（4）; ILC Draft Articles on the Law of Treaties with Commentaries, p.220, para.（9）.

④ 张乃根：《条约解释的国际法》（上），上海人民出版社 2019 年版，第 297 页。

⑤ 张生：《国际投资仲裁中的条约解释研究》，法律出版社 2016 年版，第 32 页。

并不意味着它们之间的冲突得到了有效调和，反而是将冲突的可能隐藏在了公约之中，秉持不同解释理论的主体都可以从中找到自己的依据。

三、国际投资法律体系的内在原因

1. 国际投资法的碎片化

"碎片化"（fragmentation）一词是国际法学者对国际法律体系发展状况的一种形象表述。随着国际社会的不断发展，国际秩序的参与者日益多样化，国际法向不同领域延伸扩张，不同主体的利益诉求和价值目标也呈现出多元化的趋势，全球性、区域性和双边性的机制相互交错。而众多的子体系之间并没有形成一种有序的、等级化的联系，彼此之间可能产生冲突和矛盾。自21世纪初期开始，国际法的"碎片化"成为ILC和国际法学者的重要议题。① 在2006年第58届会议的报告中，ILC指出："碎片化涉及机构性和实体性两方面的问题。"② 具体而言，机构性问题是指适用国际法的不同的裁判机构之间的管辖权和它们之间的层级问题，而实体性问题是指法律割裂成为高度专业化的模块，当它们相互之间发生冲突时应该如何处理的问题。而两种层面的碎片化带来的结果之一就是不同的裁判机构可能在争端解决过程中选择不同的解释路径来应对国际法管辖和实体层面的多元化状态，最终导致裁决的不一致性。"事实上，碎片化现象也在国际法各子体系内部有所体现，其中，

---

① ILC在2000年的第52届会议上决议就国际法"碎片化"问题成立长期研究项目。在2002年的第54届会议上决议成立名为"Fragmentation of International law: Difficulties Arising From The Diversification and Expansion of International Law"的研究小组。

② Report of International Law Commission on the Work of Its Fifty-eight Session, Capter XII, A/61/10, 2006, p.177.

国际投资法体系正呈现出最典型的碎片化结构。"①

从机构层面出发，国际投资法体系下并未形成类似 WTO 上诉机构的统一司法机构，而是以临时性仲裁作为争议解决的基本模式，仲裁庭之间以相互独立且平行的状态运转。1968 年在世界银行框架下制定的《ICSID 公约》催生了投资者与国家间的争端解决机制，国际投资条约或主权国家国内法中的授权性规范又为这一机制注入了活力。但是，ICSID 仅仅为投资仲裁提供了程序性规则并承担着案件管理的工作，而并不对各个仲裁庭的案件审理产生实质影响。

与此同时，许多国家在国际投资条约中允许投资者在 UNCITRAL 仲裁规则下解决争议，并允许投资者选 SCC、ICC 或 PCA 等仲裁机构。而仲裁机构不同于国内司法机关或多边公约下的国际司法机构。特别是对于商事仲裁机构而言，其往往存在扩大市场、承接更多案件的需求。以中国国内的仲裁机构为例，近年来深圳仲裁委员会和中国国际经济贸易仲裁委员会为扩大其自身的国际影响力，都颁布了投资仲裁规则，国际投资法律体系下的争议裁判主体处于不断增长的状态之中。仲裁机构间的竞争关系使得仲裁庭在实践中产生了通过条约解释来扩张其管辖权的倾向，进一步加剧了国际投资条约中管辖权条款不一致解释的可能性。② 此外，仲裁这种争端解决模式的根本目的是为个案中的当事方双方提供更便捷和高效的争议解决路径，法律体系的稳定性通常并不是其法律解释过程中的重要考量因素。

从实体层面出发，国际投资法在多边化和统一化的道路上遭遇挫

---

① 郑蕴、徐崇利：《论国际投资法体系的碎片化结构与性质》，《现代法学》2015 年第 1 期。

② 由于仲裁机构的性质不同于司法机关，其往往通过提供更加便捷高效的争议解决途径来承接更多案件，从而提高自身的影响力，投资者是仲裁的发起方，在管辖条款上进行扩张解释通常有利于投资者寻求救济，进而能够激励更多投资者申请仲裁。

折，呈现出错综复杂的区域化和双边化特征。自 20 世纪 40 年代至今，国际社会曾经多次尝试建立多边投资保护规则，但最后均以失败告终。① 目前，国际投资法律体系下的多边性公约仅有《ICSID 公约》和《多边投资担保机构公约》（*Convention Establishing the Multilateral Investment Guarantee Agency*，简称 MIGA）。双边或区域性投资条约已经成为国际投资法最重要的渊源。从 UNCTAD 官方网站公布的数据来看，截至 2024 年底，登记注册的双边国际投资条约多达 2841 份，其中处于生效状态的 BIT 数量为 2223 份，另外，含有投资条款的自由贸易协定共计 476 份，其中处于生效状态的条约共计 394 份。② 在双边化和区域化的规则发展模式下，主权国家可以根据缔约对象国家不同的现实情况对条约文本进行个性化的设计。在此法律规则背景之下，一个主权国家的政策、措施或其他国家行为将受到多个投资条约的规制。虽然许多国际投资条约依托于相同的范本，投资保护的规制和标准具有极高的相似性，但仲裁庭在条约解释的过程中通常仅仅从争议所涉及的基础投资条约本身出发，从而导致国际投资条约中一些共性的规则无法在具体内涵上达成一致。

2. 国际投资法律体系中的价值冲突

庞德曾经指出："法的价值问题是法律科学不能回避的问题。"前已备述，法学理论的流变充分揭示了法律解释过程中主观性与客观性的矛盾。实证主义法学倡导排除价值，尊重法律文本的权威，但其片面强调规范与概念，轻视道德和社会因素的做法在 20 世纪自然法复兴的过程

---

① See Stephan W. Schill, *The Multilateralization of International Investment Law*, Cambridge University Press, 2009, pp.31-35.

② 参见 UNCTAD 网站：https://investmentpolicyhub.unctad.org/IIA，访问日期：2025 年 1 月 1 日。

中遭受了诸多批判。在国际投资条约的解释过程中,仲裁庭的价值判断也是不可避免的。从 VCLT 的条约解释的规则来看,条约的目的、宗旨以及通过准备资料对立法者意愿的探究都涉及价值判断的问题。而数量众多的早期国际投资条约在语言上最为突出的特点就是模糊性,许多条文仅仅是原则性的规定,从条约用语出发难以获得精准的解释结果,这就为仲裁庭遗留了较大的价值判断的空间。

国际投资条约和 ISDS 机制本身蕴含着东道国与投资者的严重的"公私冲突"。在国际投资条约解释过程的背后,对投资者私人利益的保护和对东道国公共利益的维护两种价值取向之间存在着巨大的张力。双边投资协定或区域性自由贸易协定最初产生的主要目的就是应对发展中国家对西方投资者的征收和国有化,在很长一段时间内被视作资本输出国的发达国家用来保护本国投资者海外投资的工具。在国际投资条约发展的早期,为私人投资者提供保护的制度设计初衷符合西方发达国家资本输出国的共同经济利益。虽然作为资本输入国的发展中国家对这一体系多有不满,但出于吸引外资的实用主义的考量,接受了投资自由化的经济哲学,在 BIT 之下不断减少对外资自由流动的限制和障碍。这种保护投资者私有财产的价值取向强烈影响着国际投资仲裁争端机制,国际投资仲裁曾一度被国际法学者描述成一种"投资者友好型"机制。国际投资条约仲裁在程序设计上以国际商事仲裁为模板,这种争端解决机制以私法上平等主体间的契约自由为基础,并未充分考虑东道国作为主权国家的特殊身份。

然而伴随着金融危机的爆发和西方国家自身经济发展困境,这种较为单一的投资保护政策目的显现了与现实需求之间的不适应性。在近十五年来,老牌的西方资本输出国逐渐意识到双边投资条约并非"单行道",而确实是双边的,原本为保护私有财产而制定的投资保护标准也可以被其他国家以对待那些发展中国家的相同方式来针对其自身的政策措施。① 在国际投资条约的约束之下，东道国的国有化与直接征收等措施已不再常见。国际投资争议的主要对象已转变为东道国的立法和行政管理措施，可以说投资者与国家间的仲裁机制具有明显的公法性质，在实质上更接近于一种具有国际性质的行政诉讼。② 以近年来的案件为例，德国政府有关核能的行政决定，澳大利亚有关香烟包装的立法和西班牙撤销太阳能行业补贴的行政措施纷纷被纳入投资仲裁的管辖范围。而这些措施与东道国经济调控、基础设施、环境保护、国民健康等公共利益紧密相关。其他主权国家也开始重视投资仲裁给东道国政策空间带来的巨大冲击，企图对现有投资法律制度作出调整。主权国家通过将投资目标内向化、嵌入企业社会责任、扩张安全例外等方式，实现外国投资者的财产权利益和东道国经济主权利益之间的结构性转向。③ 仲裁庭在审理案件时，对于两种价值的取舍将会对条约解释的结果造成重要影响。

在实践中，投资者私人利益与东道国公共利益的冲突不仅反映在仲裁庭作为整体在最终裁决中的选择，还反映在具体仲裁员的价值判断当

---

① See Andreas Kulick, Invesment Arbitration, Investment Treaty Interpretation, and Democracy, *Cambridge Journal of International and Comparative Law*, 4（2），2015.

② 近年来，"全球行政法"和"全球治理"的概念产生并迅速发展，虽然相关理论依然存在争议，但以 Gus Van Harden 为代表的一批学者均主张国际投资法具有典型的全球行政法特点。See Gus Van Harden, Loughlin M, Investment Treaty Arbitration as a Species of Global Administrative Law, *European Journal of International Law*, 17（1），2006; Gus Van Harten, *Investment Treaty Arbitration and Public Law*, Oxoford University Press, 2008; Gus Van Harden, Investment Treaty Arbitration, Procedural Fairnessand the Rule of Law, Stephan W. Schill（ed.），*International Investment Law and Comparative Public Law*, Oxford University Press, 2010; Andreas Kulick, *Global Public Interest in International Investment Law*, Cambridge University Press, 2012; 参见徐崇利：《晚近国际投资争端解决实践之评判："全球治理"理论的引入》，《法学家》2010 年第 3 期。

③ 参见沈伟：《国际投资协定的结构性转向与中国进路》，《比较法研究》2024 年第 2 期。

中。实证研究显示，当前的国际投资仲裁模式下部分仲裁员通常具有明显的裁判偏好，例如，审理投资仲裁案件数量排名第一的知名法国仲裁员 Brigitte Stern 在其审理的 88 个案件中被申请人选任的次数高达 82 次，由此可以说明其在仲裁中具有明显倾向于保护东道国的裁判立场；而另一知名仲裁员 Charles Brower 在其审理的 55 件案件中有 50 次被申请人选任，其在案件审理过程中体现了明显的保护投资者的裁判倾向。① 这一方面与不同仲裁员的法律文化和职业背景相关，另一方面部分仲裁员也存在迎合客户的潜在意图。仲裁庭和仲裁员对待利益冲突问题的做法各异，从而造成了条约解释结果的不一致。

第二节　国际投资条约解释不一致性的理论批判及其演进

一、批判性理论的开端

20 世纪初期，国际投资条约仲裁案件数量出现了爆发式增长，国际投资法律体系和国际投资争端解决机制的特性逐渐在日益丰富的实践中显露出来。国际投资仲裁庭在 2000 年至 2005 年间审理的几组具有高度相关性和相似性的投资仲裁案件中作出了大相径庭的裁决结果。其中最具影响力的一组案件为 Lauder v. Czech Republic 案与 CMS v. Czech Republic 案。20 世纪 90 年代初期，美国投资者 Ronald S.

---

① See Malcolm Langford, The Revolving Door in International Investment Arbitration, *Journal of International Economic Law*, 20（2）, 2017.

Luader 通过其荷兰投资公司 Central European Development Coopera-
tion 在捷克投资经营了一家电视台，并通过合资经营等方式获得了运
营许可。然而在 1996 年，捷克的媒体委员会否认了 Lauder 单独运营
电视台的合法性，并对企业开启调查。在利益受到损害后，Lauder 以
其美国国民的名义和其荷兰控股公司的名义分别向捷克政府提请了仲
裁，主张捷克政府违反捷克与美国 BIT 以及捷克与荷兰 BIT。① 两起
案件分别依据《UNCITRAL 仲裁规则》在伦敦和斯德哥尔摩进行审
理。在同时进行仲裁的两起案件中，案件事实完全相同，相互关联的
投资者提出了相同的诉求，要求仲裁庭裁定东道国捷克违反了双边投
资协定中的公平与公正待遇条款、充分保障安全条款、非歧视条款和
国际法最低待遇标准，并主张东道国的措施构成征收。捷克与美国双
边投资协定和捷克与荷兰双边投资协定相关条款在语言表述上基本
相似，然而在最终裁决中，两个仲裁庭除对歧视性措施问题认定一
致外，对于投资者的其他主张都作出了截然相反的判断。与此同时，
以 NAFTA 等其他国际投资协定为基础的仲裁案件中也出现了类似
情形。

　　上述案件迅速引发了国际法学者的关注，但最初国际法学者普遍将
目光聚焦于上述案件中国际投资条约实体条款的真实含义之上，并将仲
裁裁决的不一致视为国际投资法领域内的一种新现象，表达了对此种
现象可能产生负面影响的担忧。例如，Brower 指出，不一致裁决的新
浪潮已苏醒并扩展至 NAFTA 之外的其他仲裁案件。② 知名仲裁员和国
际法学者 Kaufmann-Kohler 也认为条约解释和仲裁裁决不一致性可能阻
碍国际投资法的统一，也有可能带来国家与投资者对于争端解决体系信

---

① See Ronald S. Lauder v. Czech Republic, UNCITRAL, Final Award, paras.1-10.

② See Charles H. Brower, Structure, Legitimacy, and NAFTA's Investment Chapter,
Vanderbilt Law Review, 36（1）, 2003.

任度的降低。整个争端解决机制的可信赖性取决于一致性，裁决结果的不一致将会让使用者失去信心，长期来讲也危害争端解决机制本身的目标。①

随着理论界的批判与忧虑的不断涌现，ICSID 作为承接国际投资仲裁案件数量最多的机构开始关注其仲裁庭裁决和条约解释的不一致性问题，然而，ICSID 并不认为仲裁中严重的条约解释不一致性已经构成了 ICSID 程序的根本特征，不一致的仲裁案例并非普遍现象。ICSID 只是承认随着案件数量的增加，不一致性案例可能会进一步扩大。为了预防不同仲裁庭之间的冲突裁决对仲裁机制造成冲击，上诉机制的筹建事宜进入了 ICSID 的考量范围。ICSID 在其报告中指出只有在 ICSID 机制之下创建统一的上诉机制，才有可能增强条约解释的一致性，其同时注意到有些国家已经开始通过双边途径寻求构建 ISDS 上诉制度，但其认为这种做法并不能有效化解问题，反而将加剧争端解决体系的碎片化。② 在 ICSID 建立上诉机制的构想首先要以全体缔约国的同意为基础对当前的《ICSID 公约》进行修改。在初步规划中，ICSID 认为上诉机制依然应当采取仲裁的形式，需要以争端当事方的仲裁合意为基础，如果没有投资者与缔约国的同意则不能使用上诉机制。但对于这一问题的关注仅停留在了 ICSID 仲裁程序改革的建议性文本当中，并未带来实质性的影响。

---

① See Gabrielle Kaufmann-Kohler, Annulment of ICSID Awards in Contract and Treaty Arbitrations: Are There Differences? in Emmanuel Gaillard, Yas Banifatemi（ed.）, *Annulment of ICSID Awards,* Juris Pub, 2004, pp.189-219; Gabrielle Kaufmann-Kohler, Arbitral Precedent: Dream, Necessity or Excuse? The 2006 Freshfields Lecture, *Arbitration International*, 23（3）, 2007.

② See Possible Improvements of the Framework for ICSID Arbitration, ICSID Secretariat Discussion Paper, October 22, 2004.

二、国际投资条约解释的不一致性与 ISDS 机制的"合法性危机"

随着理论界对于国际投资条约解释和仲裁裁决不一致现象研究的深入，ISDS 机制面临"合法性危机"的观点从众多学说之中脱颖而出，迅速受到了广泛的关注和认可。回溯至"合法性危机"理论的源头，Charles N. Brower 等学者在 2003 年的学术研究中首先使用了"合法性危机"这一概念来分析仲裁裁决不一致性为 ISDS 机制带来的影响。[①]随后美国学者 Susan D. Frank 在此基础之上对国际投资仲裁裁决及条约解释的不一致性问题进行了系统性研究，并沿用了"合法性危机"这一说法来形容国际投资仲裁条约解释的不一致和裁决不一致所造成的后果。自此，ISDS 机制缺失合法性逐渐发展成为国际法学者对国际投资仲裁机制的一种批判性共识，提升国际投资争端解决机制的合法性成为国际投资法领域内最为热点的问题。[②]

合法性的概念在政治学和法学领域的研究中均被使用，但政治学中

---

① See Charles N. Brower, Charles H. Brower, II Jeremy K. Sharpe, The Coming Crisis in the Global Adjudication System, *Arbitration International*, 19（4）, 2003.

② See Ari Afilalo, Towards A Common Law of International Investment: How NAFTA Chapter 11 Panels Should Solve Their Legitimacy Crisis, *Georgetown International Environmental Law Review*, 17（1）, 2004; Erlend M. Leonhardsen, Looking for Legitimacy: Exploring Proportionality Analysis in Investment Treaty Arbitration, *Journal of International Dispute Settlement,* 3（1）, 2012; Lisa Diependaele, Ferdi De Ville, Sigrid Sterckx, Assessing the Normative Legitimacy of Investment Arbitration: The EU's Investment Court System, *New Political Economy*, 24（1）, 2019; Daniel Behn, Malcolm Langford, Trumping the Environment? An Empirical Perspective on the Legitimacy of Investment Treaty Arbitration, *The Journal of World Investment & Trade*, 18（1）, 2017；魏艳茹：《论国际投资仲裁的合法性危机及中国的对策》，《河南社会科学》2008 年第 4 期；郭玉军：《论国际投资条约仲裁的正当性缺失及其矫正》，《法学家》2011 年第 3 期；余海鸥：《全球行政法视野下投资仲裁机制（ISDS）的合法性研究》，武汉大学博士学位论文，2015 年。

的合法性与法学中的合法性在含义上存在差别。马克斯·韦伯和哈贝马斯将合法性定义为某种统治秩序被认可的价值，统治秩序需要满足某些根本标准从而能够获得人们的认同。在这一理论之下，合法性的本质即为"可接受性"，① 而合法性危机等同于信任危机，指统治秩序失去了民众的认可和服从，这与法学研究中"合乎规则或原则"的意义有所不同。Thomas Frank 将合法性的概念应用于国际法领域，其认为国际法相较于国内法明显缺乏强制力，而国家之所以遵守国际法就是由于国际法规则和其组织机构具有高度的合法性，合法性的含义就是指某一法律规则约束下的主体遵守这一规则的意愿和能力，这与政治学中的合法性理论具有一定相似性。② Thomas Frank 认为"合法性"这一概念之下又存在着多种具体要求，其中包括确定性（determinacy）和连贯性（coherence）两项内容，而这两项内容又与可预测性和可靠性存在着紧密的联系。③ 国际投资法学者关于 ISDS 机制面临"合法性危机"的论断之依据就在于此，条约解释和仲裁裁决的不一致现象破坏了国际投资法律体系的确定性与连贯性，从而引发了国家和投资者对于仲裁机制信任度的下降。

　　在 21 世纪的第一个十年中，虽然理论界对于国际投资条约解释不一致现象进行着持续不断的反思与批判，但国际投资条约的数量高速增长，投资者与国家间争端解决机制并未发生实质性的改变。"在很长一段时间内，国际投资法和投资争端解决机制对于其自身合法性的维护并没有跟上这种发展和变化节奏。"④ 直至 2013 年，上述情况开始出现

---

　　①　参见沈岿:《公法变迁与合法性》，法律出版社 2010 年版，第 10—11 页。

　　②　See Thomas M. Frank, *The Power of Legitimacy among Nations,* Oxford University Press, 1990, p.25.

　　③　See Thomas M. Frank, *The Power of Legitimacy among Nations,* Oxford University Press, 1990, pp.41-150.

　　④　Charles N. Brower, Stephan W. Schill, Is Arbitration a Threat or a Boon to the Legitimacy of International Investment Law? *Chicago Journal of International Law*, 9（2）, 2009.

变化。

　　首先，具有影响力的国际组织开始重视国际投资条约解释不一致的现象。在 2013 年的《世界投资报告》中，UNCTAD 指出条约解释的不一致性是 ISDS 机制的重要问题，并对建立投资争端上诉机制等问题提出了改革建议。① 在 2015 年的《世界投资报告》中，UNCTAD 再次强调了条约解释不一致性问题，并从实体法和程序法的双重角度为国际投资条约及争端解决机制的改革提供了一份全面的路线图，改革的核心目标就是提升国际投资法的系统一致性。② 在 2018 年的《世界投资报告》中，UNCTAD 则又一次指出增强国际投资法的连贯性，解决条约解释和裁决不一致性问题需要对于不同领域中法律结构和文本的区别有坚实的理解。③ 与此同时，OECD 也开始对国际投资条约解释不一致现象进行持续性研究，2013 年，OECD 在其系列论文中对于投资者利用公司股东身份就同一争端发起多项仲裁的问题进行了分析，指出这一现象是引发条约解释不一致的因素之一。④2016 年，OECD 又针对条约解释不一致的问题从国家间争端解决和缔约国联合解释等角度出发进行了研究。⑤

　　其次，欧盟作为世界最大经济体率先对 ISDS 机制的"合法性危机"问题做出了回应。2014 年 3 月，欧盟针对 TTIP 谈判和 ISDS 机制开展了公众意见在线咨询，2015 年 1 月，欧盟公布了公众咨询的最终结果。在调查中，绝大部分受访者对于投资者—国家投资仲裁机制的运行现状

---

① See UNCTAD, World Investment Report 2013, Global Value Chains: Investment and Trade for Development, 2013.

② See UNCTAD, World Investment Report 2015, Reforming International Investment Goverance, 2015.

③ See UNCTAD, World Investment Report 2018, Key Messages and Overview, 2018.

④ See David Gaukrodger, Investment Treaties as Corporate Law: Shareholder Claims and Issues of Consistency, OECD Working Papers on International Investment, 2013.

⑤ See David Gaukrodger, The Legal Framework Applicable to Joint Interpretive Agreements of Investment Treaties, OECD Working Papers on International Investment, 2016.

并不乐观，其中，ISDS 机制的合法性和仲裁庭对投资协定条款解释的不一致性是欧盟公民和企业最为担忧的问题之一。参与调查的对象建议欧盟在未来的谈判中通过上诉机制对 ISDS 裁决的法律正确性进行审查。[①] 以此为契机，欧盟企图通过双边投资协定对 ISDS 机制展开大幅度改革。

第三节　国际投资条约解释不一致性的理论分化与对立

前已备述，在 ISDS 机制"合法性危机"的观点提出后，国际法学者迅速形成了对于条约解释不一致现象的"批判性共识"，并将提升国际投资法律体系的稳定性和可预见性作为法律规则完善和争端机制改革的根本目标。然而近年来，部分国际法学者对于增强稳定性和可预见性这种单一的价值追求产生了怀疑，更为严重的问题是，在 2017 年底 UNCITRAL 启动的多边性 ISDS 机制改革工作中，不同国家在条约解释不一致性和国际投资法律体系的发展方向上暴露出了严重的分歧。

一、国际法学者理论观点的分化

Charles N. Brower 作为"合法性危机"理论的引领者在后续的研究中悄然改变了态度，2009 年，其在与 Stephan W. Schill 合著的文章中指出："当前国际投资仲裁机制并不存在缺乏合法性的问题，条约解释及

---

① See European Commission, Concept paper, Investment in TTIP and beyond – the path for reform. Enhancing the right to regulate and moving from current ad hoc arbitration towards an Investment Court, 2015.

仲裁裁决的不一致将随着国际投资法律规则的发展得到改善，并且仲裁机制总体而言是一个能够稳定国际投资法关系的具有合法性的机制，而非投资者友好型或置东道国管理权和公共利益于不顾。"① 此外，M. Irene，Ten Cate 和 Thomas Schultz 等学者对条约解释高度一致可能带来的负面影响进行了研究和分析，并对国际投资仲裁追求条约解释和裁决结果的一致性表达了反对态度。除上述具有代表性的文章著述，还有众多学者在 ISDS 机制改革的研究中表达了对条约解释一致性的不同看法。总体而言，当前学界对于国际投资条约解释不一致性问题的理论分歧和冲突愈发强烈，其从内容上可以划分为两个层次：首先，条约解释一致性所代表的价值取向与其他法律适用过程中的价值追求相互竞逐，学者对于不同价值的优先性和顺位存在分歧；其次，理论界对国际投资条约解释不一致性带来的影响也出现了不同的评价，"合法性危机"理论受到了挑战和质疑。

1. 条约解释过程中不同价值的位阶顺序

虽然司法一致性自身的固有价值获得了一定认可，但在国内法体系中，"人们阐释遵循先例这一原则时往往更侧重于一致性所带来的某些外在价值"② 。"司法一致性"这一概念首先代表了"平等"这一价值追求，即对相同的情形的案件应当作出相同处理。平等通常被视为公正的最基本内涵。在国际投资法领域，增强条约解释一致性的目标同样是为了实现不同投资者在相同情况下享有平等的待遇，东道国的相同或相似政策和措施是否符合条约义务得到平等的判断。在当前的仲裁实践中，阿根

---

① Charles N. Brower, Stephan W. Schill, Is Arbitration a Threat or a Boon to the Legitimacy of International Investment Law? *Chicago Journal of International Law*, 9（2），2009.

② Ten Cate, M. Irene, The Costs of Consistency: Precedent in Investment Treaty Arbitration, *Columbia Journal of Transnational Law*, 51（2），2013.

廷经济危机引发的一系列仲裁案件和捷克等东欧国家经济调整措施下的群体性仲裁案件均已表明，条约解释的不一致性使得面临相同境况的投资者无法获得同样的救济，因而部分学者将平等视为国际投资法律适用过程中亟待实现的价值目标。司法一致性具备的第二重外在价值为确定性和可预测性，前文已有分析，确定性是合法性的要素之一，其要求法律规则能够清晰而明确地界定投资者与东道国的权利和义务。仲裁庭对投资条约作出一致解释才能保证法律规则的效力边界是清晰的。在此基础之上，投资者才能够在权利受到损害后对仲裁的救济结果作出基本判断，东道国也能够对其行为的性质以及违反条约义务的后果作出预估，从而保证国际投资活动在国际法规则之下有序地开展。

然而，对于增强条约解释一致性持反对态度的学者则认为国际投资条约解释和适用的过程中还存在其他不可或缺的价值目标。一致性所倡导的是一种中立的价值，其往往仅关注结果的平等和相似性，而并不重视解释结果的实质内容。法律解释的一致性通常与司法模式联系紧密，国内法中的法官更类似于司法机构中的成员和非独立的裁判者，因而他们重视判决之间的连贯性，德沃金甚至曾将这些法官比喻为连环系列小说的作者。在普通法中，法官对于先例的遵循往往是在发挥其造法功能，而国际投资仲裁机制在本质上与主权国家内部的司法体系存在根本差别，仲裁庭无权通过判例创制投资法规则。[①] 仲裁庭在解释条约时的根本任务应当是独立地对约文作出正确的解释，准确性应当被视为条约解释的根本价值目标。而准确性与条约解释一致性之下所倡导的平等、确定和可预测性之间存在巨大的鸿沟，甚至处于相互对立的状态，"在国际投资法律体系下过度追求一致性有可能使得错误的条约解释无法及

[①]　See Thomas Schultz, Against Consistency in Investment Arbitration, in Zachary Douglas, J. Pauwelyn, and J.E. Viñuales（ed.）, *The Foundations of International Investment Law: Bringing Theory into Practice*, Oxford University Press, 2014, pp.297-316.

时得到修正"①。甚至有学者指出，"是主权国家自己发展出了双边和多边的条约网络，国家已经充分意识到他们会面对投资者发起的临时性仲裁，因而不能假想国家十分注重争端解决机制的可预测性。国家代表对于此问题最诚实的答案就是，如果最初或早期的判例对其有利，那么国家将更渴望通过形成事实上的先例制度增强可预测性，反之，国家出于利益考量则更希望忽略先例的影响，从白板出发解决投资争议"②。而将准确性作为条约解释的首要目标则可以保证仲裁庭对其解释结果不断进行调整，从而获得最为合适的答案。

2. 对"合法性危机"的质疑

在"合法性危机"理论的影响之下，条约解释不一致性减损了投资者与国家仲裁机制的合法性已经成为 ISDS 机制改革的核心理由。③ 然而近年来部分学者对于"合法性"概念是否适用于国际投资仲裁提出了质疑。合法性的概念最初用于解释某一特定的主权国家内部的统治秩序状态，对于司法体系而言，其含义是公众接受并遵守司法机构作出的裁决，因为公众相信裁决是根据普遍接受的法律原则和正当程序作出的。在美国，对于遵循先例最多的讨论都集中于对法官自由裁量权的限制，以防非由选举产生的法官对由选举产生的立法机构颁布的宪法性法律作出解释和裁定。美国联邦最高法院的合法性危机通常产生于有关政治争议的法律合宪性受到挑战的情形之下。例如，美国的 Planned Parent-

---

① Mark Feldman, Investment Arbitration Appellate Mechanism Options: Consistency, Accuracy, and Balance of Power, *ICSID Review - Foreign Investment Law Journal*,32（3），2017.

② Lucy Reed, The De Facto Precedent Regime in Investment Arbitration: A Case for Proactive Case Management, *ICSID Review - Foreign Investment Law Journal*, 25（1），2010.

③ See UNCITRAL, Possible reform of investor-State dispute settlement（ISDS）: Consistency and related matters, A/CN.9/WG.III/WP.150, 28 August 2018.

hood v. Casey 案对判例一致性与合法性的问题进行了阐述："最高法院如果推翻先例，那么法院行使司法权的能力以及一国最高法院运用法律规则的功能都将受到严重的减损，法院必须言行谨慎以使民众接受其判决，并相信判决是基于法律原则的，而非在社会和政治压力下做出的妥协。"① 而投资者和国家的投资仲裁是以当事人同意为基础，并以当事人意思自治原则为核心的争端解决机制，这种机制的合法性与国内司法机关的合法性应当具有显著的差别，因而有学者认为不能简单地进行概念移植。②

此外，部分学者认同合法性概念在国际争端解决机制中的可适用性，但其认为如果以合法性要求来评判国际投资争端解决机制，投资者与国家仲裁的运行和发展状况并未显现出合法性的缺失，以"合法性危机"来定义 ISDS 机制是缺乏根据的。首先，虽然当前的投资仲裁呈现出了条约解释和裁决结果的不一致性，但这并不意味着投资法律体系的确定性受到了损害。"由于国际投资条约文本本身就具有高度抽象性和模糊性的特征，条约解释的不一致性是一种必然的常态，而且仲裁机制下不一致性现象可以通过自我调整得到改善，国际投资仲裁实践的发展加速了投资法规则具体内容的明晰，例如公平与公正待遇条款和间接征收条款在适用过程中逐渐形成了一些评价标准，而不再是空泛的概念。"③ 而合法性的另一要素就是国际法主体对于争端解决机构裁决的接受和认可。仲裁机制为投资者提供了更加便捷的救济途径，并且能够督促缔约国遵守其在投资协定下的实体性义务，国际法主体对于仲裁机制

---

① Planned Parenthood of Southeastern Pa. v. Casey（91-744），505 U.S. 833（1992）.

② See Ten Cate, M Irene, The Costs of Consistency: Precedent in Investment Treaty Arbitration, *Columbia Journal of Transnational Law*, 51（2），2013.

③ Judith Gill, Inconsistent Decisions: An Issue to be Addressed or a Fact of Life? *Transnational Dispute Management*, 2, 2005.

具有较高的信任度，仲裁案件数量和包含仲裁机制的 BIT 缔结数量还在逐年增长。尽管主权国家对部分仲裁裁决并不认可，但其通过对投资条约进行细化的方式来应对这些问题。采取极端方式退出《ICSID 公约》的国家只是少数，且引发这一行为的根本原因往往是其国内的政治环境，因而"不能以这些个案来否定国际投资仲裁的合法性"①。"从现阶段投资条约仲裁暴露出的问题看，危机可能只是某种夸大其词的说法，以合法性缺失或不足来形容国际投资仲裁机制更为妥帖。"②

二、主权国家对国际投资条约解释不一致性的认知差异

在国际投资仲裁不断发展的过程中，一些遭受到严重冲击的主权国家曾经根据自己在仲裁实践中的经验对国际投资条约解释的不一致性问题发表过批判性言论，但是个别的意见并不能代表主权国家对于条约解释不一致性问题的真实态度。在 2018 年 UNCITRAL 第三工作组的 ISDS 机制改革会议中，参与会议的全体成员国政府代表对其关注的 ISDS 改革议题进行了深入探讨，并集中对条约解释的一致性、可预测性和正确性等问题交换了意见。根据 UNCITRAL 第一阶段的工作报告，欧盟与 22 个国家就上述问题表达了明确态度，而各国代表在会议中发言的具体内容反映出国际社会对于条约解释不一致性问题并未形成共识，而是存在较为严重的认知差异。

以对条约解释不一致性的态度为基准，可以将参与此议题讨论的国家划分为三大阵营。第一阵营对于条约解释的不一致性持强烈批判的

---

① Charles N. Brower, Stephan W. Schill, Is Arbitration a Threat or a Boon to the Legitimacy of International Investment Law? *Chicago Journal of International Law*, 9（2）, 2009.

② 郭玉军：《论国际投资条约仲裁的正当性缺失及其矫正》，《法学家》2011 年第 3 期。

态度；第二阵营认为条约解释不一致性是国际投资法律体系下的合理现象，并弱化其负面影响；第三阵营则对此问题持较为中立的态度。

表 2.1　不同国家对待国际投资条约解释不一致性的态度

	代表国家	基本态度	定性
第一阵营	欧盟、欧盟成员国、加拿大	批判	是系统性问题
第二阵营	美国、俄罗斯、日本	认可	是正常现象
第三阵营	中国、南非、澳大利亚	中立	需要改善

在 UNCITRAL 第三工作小组的维也纳会议过程中，对条约解释不一致性持批评态度的包括欧盟、部分欧盟成员国、加拿大、毛里求斯、摩洛哥。其中，欧盟对于条约解释不一致性问题发表了最为全面的意见，其认为仲裁实践中存在对相同条约用语的不同解释，此外，虽然部分国际投资条约存在文本上的差异，但仲裁实践不应通过不一致的法律解释和仲裁裁决扩大这种差异，因为许多 BIT 均以投资协定范本为基础，条约中的基本义务具有较高的相似性。欧盟进一步指出，上述现象已经成为 ISDS 机制的一个系统性问题，它源自当前的临时仲裁模式和上诉机制的缺失，现存的裁决撤销制度审查范围有限，不能有效纠正条约解释的错误。仲裁裁决的冲突降低了争端解决的可预测性，对于一个潜在的争议而言，当事方总能够准确找到对其有利的法律解释，并以此为根据发起仲裁，而律师团队需要对每种可能出现的仲裁裁决进行分析和准备，进而增加了仲裁成本。加拿大也指出存在对相同条约条文不一致的解释，这种不一致性减损了仲裁机制的"合法性"。① 西班牙、法国也明确指出条约解释的不一致现象减损了投资仲裁机制的合法性，并

---

① See UNCITRAL, Possible reform of investor-State dispute settlement（ISDS）Submission from the European Union, A/CN.9/WG.III/WP.145, 12 December 2017.

认为投资者滥用仲裁机制的问题需要通过多边方式加以解决。罗马尼亚则进一步指出条约解释不一致部分原因是由于第一代双边投资协定语言的模糊性，通过重新谈判来修改这些条约是需要花费大量时间的，建立统一的上诉机制则可以有效地使条约内涵加以确定。德国、奥地利、毛里求斯、摩洛哥等国家也认为需要针对国际投资条约解释的不一致性问题进行系统性改革。①

而以美国、俄罗斯和日本为代表的部分国家则保持完全不同的立场。在 UNCITRAL 第三工作小组会议中，这些国家认为条约解释的不一致是当前的国际投资条约体系和投资者与国家仲裁机制之下出现的合理现象。美国首先对于增强条约解释一致性的必要程度存有疑虑，其指出国家花费了大量的精力来设计条约义务，约文中微小的差别体现了缔约国法律和政策目标上的巨大差异，条约的解释规则要求解释者广泛地考虑条约上下文和目的宗旨等因素，因而追求一致性是不必要的，而对于完全相同的条款作出不同的解释并不是机制或系统的问题，任何司法体系都可能存在这样的问题，正确性才是更为重要的目标。② 俄罗斯表示当前仲裁裁决和条约解释的不一致性源于国际条约本身的特点，双边条约在条文内容上是存在差别的，而不是仲裁机制系统的问题，并明确指出这种不一致性可以被视为一种制度优势，使国际法主体能够充分利用这种区域差别特性来满足投资活动的多样性需求，并且应当保持

---

① See Anthea Roberts & Zeineb Bouraoui, UNCITRAL and ISDSReforms: Concerns About Consistency, Predictability and Correctness, EJIL: TALK!（June 5,2018）, https://ww w.ejiltalk.org/uncitral-and-isds-reforms-concerns-about-consistencypre dictability-and-correct-ness/, visited on 2 January, 2019.

② See Anthea Roberts & Zeineb Bouraoui, UNCITRAL and ISDSReforms: Concerns About Consistency, Predictability and Correctness, EJIL: TALK!（June 5,2018）, https://ww w.ejiltalk.org/uncitral-and-isds-reforms-concerns-about-consistencypre dictability-and-correct-ness/, visited on 2 January, 2019.

ISDS 机制当前的特点。① 以色列同样认为条约间的差异是缔约国有意
而为之，充分反映了主权国家促进和保护投资的不同方法，追求统一和
一致的待遇标准反而是一种退步。日本则进一步指出了追求一致性会带
来的一些负面影响，首先，当前的机制下仲裁庭没有让后案裁判者遵循
其做法的权威，即使通过 ISDS 机制改革建立了统一的上诉机构，也不
能保证其法律解释的准确性。其次，应当考虑到过度追求条约解释的一
致性将会对仲裁终局性和仲裁效率的负面影响。② 泰国承认条约解释的
不一致性会对仲裁机制产生一定影响，但其认为条约解释的准确性是仲
裁机制改革的根本目标。③ 巴林王国则主张国际仲裁实践中不一致的案
件仅占少数，不应因少数案件而替换整个仲裁机制。希腊认为国际法上
没有先例制度，先例不应该替代法律分析。④ 乌拉圭也认为条约解释的
不一致性并不构成严重的系统性问题。⑤

　　此外，还有部分国家对条约解释和仲裁裁决的不一致现象抱持中立
态度，支持对相关问题加以改善，但并没有对上述现象进行明确的批判

---

①　See UNCITRAL, Possible reform of investor-State dispute settlement（ISDS），Submission from the Government of the Russian Federation, A/CN.9/WG.III/WP.188, 30 December 2019.

②　See Anthea Roberts & Zeineb Bouraoui, UNCITRAL and ISDSReforms: Concerns About Consistency, Predictability and Correctness, EJIL: TALK!（June 5,2018），https://www.ejiltalk.org/uncitral-and-isds-reforms-concerns-about-consistencypredictability-and-correctness/, visited on 2 January, 2019.

③　See UNCTAD, Possible reform of investor-State dispute settlement（ISDS）Submission from the Government of Thailand, A/CN.9/WG.III/WP.162, 8 March 2019.

④　See UNCTAD, Possible reform of investor-State dispute settlement（ISDS）Submission from the Government of Bahrain, A/CN.9/WG.III/WP.180, 29 August 2019.

⑤　See Anthea Roberts & Zeineb Bouraoui, UNCITRAL and ISDS Reforms: Concerns About Consistency, Predictability and Correctness, EJIL: TALK!（June 5,2018），https://www.ejiltalk.org/uncitral-and-isds-reforms-concerns-about-consistencypre dictability-and-correctness/, visited on 2 January, 2019.

或肯定。例如，澳大利亚指出条约解释应当在准确性和一致性之间寻求平衡，可预测性是一种观念，所有国家和投资者都有此需求。埃及则认为国际投资条约实体规则的改变才能解决不一致性问题。新加坡则表示改革的最终目标就是增强可预测性和连贯性，可以采取广泛的手段。肯尼亚则提出应当思考在临时仲裁的情况下如何确定哪类裁决可以被视作保持一致的基准，并指出当前各国对于一致性问题存在各种不同意见。南非强调了投资仲裁对公共政策的冲击，并指出可以通过终止第一代国际投资条约等单边措施来解决不一致性问题。越南同样认为当前的改革建议各有其优缺点，根本目标是保证仲裁裁决不出现错误。① 中国政府在 2019 年向 UNCITRAL 提交的书面意见中对于这一问题的意见也是较为中立的，中国承认保持条约解释一致的重要性，并指出当前的仲裁体系对于裁决的审查和纠正存在缺陷。②

---

① See Anthea Roberts & Zeineb Bouraoui, UNCITRAL and ISDS Reforms: Concerns About Consistency, Predictability and Correctness, EJIL: TALK!（June 5,2018）, https://www.ejiltalk.org/uncitral-and-isds-reforms-concerns-about-consistencypre dictability-and-correctness/, visited on 2 January, 2019.

② See UNCITRAL, Possible reform of investor-State dispute settlement（ISDS）Submission from the Government of China, A/CN.9/WG.III/WP.177, 19 July 2019.

第三章 国际投资条约解释的一致性目标及路径选择

当前有关国际投资条约解释不一致性的理论分歧使国际投资仲裁机制的发展前景陷入了难以预测的状态，若要摆脱这种进退两难的改革困境，则需要对当前仲裁实践中的不同做法和各类理论观点背后的合理性进行深入探讨，在此基础之上对实践与理论中的分歧加以弥合，重新评估国际投资条约解释的一致性在国际投资争端解决中的定位。笔者认为，仲裁庭对国际投资条约的不一致解释可以划分为不同的类型，不同理论导向和价值追求的合理性在不同情形之下有所差别，扭转和矫正当前现状的必要程度也不可一概而论。此外，由于主权国家对国际投资条约解释不一致现象的认知差异，各国应对条约解释不一致性问题的举措也有所不同。本章节将通过类型化的方法明确国际投资条约解释的一致性目标，并对错综复杂的改革路径加以协调。

第一节 国际投资条约不一致解释的类型化

一、现有分类模式及其缺陷

学者在研究实践中国际投资仲裁裁决结果以及条约解释所展现出的不一致状况时，通常会对一些具有代表性的案例进行类型化的归纳与总结。例如，Susan D. Frank 认为仲裁裁决结果的不一致性可以划分为三种类型：第一种情况是不同的仲裁庭对同一条约中的相同条款结论不同；第二种情形是对于同样的事实、相关的当事人和相似的投资权利，不同仲裁庭在不同条约下作出不一致的裁决；第三种情况则是仲裁庭对于相似的商业情形和相似的权利在不同条约下得到不一致的裁决。[①]David M. Howard 在归类时的思路则有所不同，其以案件事实和投资者权利诉求为基准，将条约解释的不一致的案件概括为以下几类情形：（1）争议涉及相同的事实、主体和相似的投资权利；（2）争议涉及类似的情形和相似的投资权利；（3）争议涉及不同的主体、不同的情形，但投资权利相同；（4）明确反对先前投资仲裁裁决。[②] Reinisch 则单纯以案件事实为基准，将条约解释的不一致概括为两种情况：第一种是不同的仲裁庭对相似或同一类条约条文作出不一致解释，案件事实并不相同；第二种是同一争端在两个不同的条约下进行裁判，但最终获得不同的条约解释结论。[③] 而国内学者在这一问题上多受 Susan D. Frank 研究的启发，从案件事实的角度对裁决不一致的案例进行划分，例如刘笋教授就将实践中的情形划分为：（1）案件所涉事实相同、当事人相关联且投资权利相似；（2）案件所涉商业背景、投资权利相似；（3）案件

---

① See Susan D. Frank, The Legitimacy Crisis in Investment Treaty Arbitration: Privatizing Public International Law Through Inconsistent Decisions, *Fordham Law Review*,73（4），2005.

② See David M. Howard, Creating Consistency through a World Investment Court, *Fordham International Law Journal*, 41（1），2017.

③ See A. Reinisch, Proliferation of International Dispute Settlement Machanism: The Threat of Fragmentation vs. the Promise of a More Effective System? Some Reflections from the Perspective of Investment Arbitration, in Isabelle Buffard, James Crawford, Alain Pellet and Stephan Wittich（ed.），*International Law between Universalism and Fragmentation*, Martinus Nijhoff Publishers, 2008. p.221.

所涉当事人、商业背景不同，但所涉投资权利相同。①

前已备述，仲裁庭对条约解释的不一致是造成裁决结果不一致的首要原因，国际法学者在现有的研究中并没有将法律解释的过程与案件事实进行区分，多依据案件事实的相关性对投资仲裁裁决结果的不一致进行分类。以案件事实关联性为基准的类型化方法并没有把握住条约解释不一致性问题的实质，反而将单纯的条约解释问题复杂化。现有分类仅仅揭示了仲裁实践中一些典型案例的基本特征，对于探求条约解释的一致性目标和寻找准确有效的应对策略并没有明显的指导意义。

从条约解释的视角出发，我们不能将仲裁案件中的各种因素杂糅在一起，而是应当抛开案件事实，仅根据条约条款的特征来分析和看待解释的不一致现象。在此种思路之下，国际投资仲裁庭条约解释的不一致做法可以划分为两种类型。第一种类型是不同仲裁庭对同一条约中的相同条款作出相互矛盾的解释，第二种类型则是不同仲裁庭对不同的条约中的相似条款作出不一致解释。

二、相同条约条款的不一致解释

笔者从宏观层面对国际条约核心条款的不一致解释进行了研究，而当我们将视角聚焦于微观层面，则不难发现在投资仲裁实践中，仲裁庭在不同案件中对相同条约中某一特定条款作出不一致解释的情形时有发生。此类现象在多边国际投资条约、区域性投资条约和双边投资协定的解释中均有反映。

---

① 参见刘笋：《国际投资仲裁裁决的不一致性问题及其解决》，《法商研究》2009年第 6 期。

首先，由于多边公约与区域性公约的缔约国数量较多，仲裁实践中被援引的频率较高，因而出现相同条款不一致解释的概率也相应增加。在国际投资仲裁实践中最常出现的多边公约非《ICSID 公约》莫属，公约第 25 条作为判断仲裁庭管辖权的条款是绝大多数仲裁案件都会涉及的基础性条款，然而仲裁庭在对条文中的"投资"进行界定时发展出了不同的解释路径，前文已进行详细说明，故此处不再赘述。对于区域性协定而言，在北美地区的 NAFTA 与欧盟的 ECT 之下发起的仲裁案件数量众多，仲裁庭的解释分歧也十分常见。21 世纪初期，NAFTA 之下的一系列案件中公平与公正待遇条款与国际最低标准待遇关系的分歧是仲裁庭对相同区域性投资条约中相同条款解释不一致的重要例证。在 ECT 之下，公平与公正待遇条款与法律稳定性、投资者合理期待等要素之间的关系同样是不同仲裁庭争议的焦点。此外，ECT 中的等待期条款和拒绝授惠条款在仲裁实践中也都存在解释上的分歧。

其次，虽然一份双边投资协定仅能约束缔约双方，投资者根据同一份双边投资协定发起的仲裁案件数量有限，但实践中仲裁庭对相同双边投资协定中的特定条款解释不一致的现象也屡见不鲜，特别是当东道国对某一经济领域采取调控措施时，来自同一国家的投资者往往群起而攻之。例如，为应对突然爆发的国内经济危机，阿根廷政府采取了一系列稳定经济的政策和措施，但这些措施影响了一批 20 世纪 90 年代初美国投资者在阿根廷开展的投资项目。2001 年，利益受到影响的投资者纷纷在 ICSID 发起投资仲裁。在其中的 5 起代表性案件中，仲裁庭对《美国—阿根廷双边投资协定》下阿根廷是否可以根据第 11 条根本安全例外条款排除其行为的违法性，进而不承担对投资者赔偿责任这个关键问题产生了巨大的解释分歧，部分仲裁庭认为阿根廷不符合抗辩事由，而另一部分仲裁庭则承认了阿根廷援引安全例外的合理性。具体而言，仲裁庭对"紧急情况"（state of necessity）的解释产生了严重分歧。较早作出裁决的 CMS v. Argentina 案、Enron v. Argentina 案和 Sempra v. Argentina 案仲裁庭对国际习惯法上的必要防卫进行了分析，认为阿根廷并不满足该习惯法的要求，进而认为阿根廷不能根据 BIT 第 11 条排除其行为的违法性。[①] 而 LG&E v. Argentina 案、Continental v. Argentina 案仲裁庭则在解释第 11 条时采取了不同的解释方法，单独对第 11 条进行解释，认为阿根廷的措施构成例外性的必要措施。[②] 在同一时期，德国投资者也根据德国与阿根廷签订的双边投资协定启动了数个仲裁案件，仲裁庭在 Siemens v. Argentina 案、Hochtief v. Argentina 案和 Daimler v. Argentina 案中对最惠国待遇条款作出了不一致的解释，前两个案件的仲裁庭对最惠国待遇条款进行了扩张解释，将争端解决程序纳入最惠国待遇条款的覆盖范围之下 [③]，而 Daimler v. Argentina 案仲裁庭则强烈反对上述做法 [④]。

三、相似条约条款的不一致解释

国际投资条约解释不一致性的另一种表现是仲裁庭对不同国际投资

---

① See CMS Gas Transmission Company v. The Argentine Republic, ICSID Case No. ARB/01/8, Award, paras.373-378; Enron Creditors Recovery Corporation（formerly Enron Corporation）and Ponderosa Assets, L.P. v. Argentine Republic, ICSID Case No. ARB/01/3, Award, paras.303-313; Sempra Energy International v. Argentine Republic, ICSID Case No. ARB/02/16, Award, paras.344-354.

② See LG&E Energy Corp., LG&E Capital Corp. and LG&E International Inc. v. Argentine Republic, ICSID Case No. ARB/02/1, Award, para.2; Continental Casualty Company v. Argentine Republic, ICSID Case No. ARB/03/9, Award, paras.170-181.

③ See Siemens A.G. v. The Argentine Republic, ICSID Case No. ARB/02/8, Decision on Jurisdiction, 3 August 2004, para.103; Hochtief Aktiengesellschaft v. Argentine Republic, ICSID Case No. ARB/07/31, Decision on Jurisdiction, paras.59-76.

④ See Daimler Financial Services AG v. Argentine Republic, ICSID Case No. ARB/05/1, Award, paras.234-236.

条约中的相似条款作出不一致的法律解释。UNCITRAL 第三工作小组
的第 36 次会议结束后，秘书处在相关研究报告中采取了与本书相似的
方法对不一致性现象进行归纳，只是对于不同投资条约中相似条款的不
一致解释，UNCITRAL 又根据案件事实的关联性进一步划分为两种类
型：第一种类型之下，不同案件涉及相同的东道国措施和相关联的当事
方；第二种类型之下，不同案件则在事实上不存在直接的关联，只是案
件争议和诉求具有一定相似性。①Lauder 案和 SGS 案两组案件分属上
述两种类型。

在 Lauder 案中，投资者 Lauder 以其美国国民的名义和其荷兰控股
公司的名义分别提请了仲裁，主张捷克政府违反《捷克与美国双边投资
协定》以及《捷克与荷兰双边投资协定》，具体案情前文已有交代，此
处不再重复。② 在 Lauder 案中，投资者利用其通过第三国投资公司而建
立起的多层股权结构就同一事实发起两项仲裁，并拒绝合并审理程序，
利用两项不同的投资条约为自身寻求更有利的保护。虽然发起仲裁的
当事方在表面上是两个独立主体，但实际上却存在极为紧密的关联性。
而 SGS 案则与前者存在本质差别，这组案件中仲裁申请方均为 Société
Générale de Surveillance S.A. 公司，该公司分别与巴基斯坦政府和菲
律宾政府签订了装船前检验服务合同和进口检验服务合同，并在运营
过程中遭遇了东道国终止合同而使其合同下的权利受到损害的情况。
SGS 公司分别依据《瑞士—巴基斯坦双边投资协定》和《瑞士—菲律
宾双边投资协定》在 ICSID 提请仲裁。不同仲裁庭在案件审理过程中
对保护伞条款的不一致解释前文已有详述，此处需特别注意的是，虽
然 SGS 公司的两个案件由于仲裁申请方相同而时常被援引作为条约解

---

① See UNCITRAL, Possible reform of investor-State dispute settlement（ISDS）:
Consistency and related matters, A/C N.9/WG.III/WP.150, 28 August 2018, p.4.

② See Ronald S. Lauder v. Czech Republic, UNCITRAL, Final Award, paras.1-10.

释不一致的范例，但在这组案件中，投资者从事的两项投资活动之间并不存在高度关联性。相较于 Lauder 案和其他相同条约条款解释冲突的案例，虽然投资者的仲裁主张也具有一定的相似性，但此种类型的不一致解释结果所依据的法律规则大前提和案件事实小前提之间均存在明显差别。①

第二节　国际投资条约解释一致性目标的两分法

任何事物都具有两面性，国际投资条约解释的不一致现象亦是如此，并非仲裁庭对国际投资条约所有的不一致解释均会对国际投资法律体系的稳定性造成冲击并对仲裁机制的可信赖性有所减损。UNCITRAL第三工作小组在其会议报告中指出，条约解释的不一致现象应当区别看待，其中一部分属于合理的不一致性，国际投资法律体系的改革与完善应当针对不合理的不一致性展开。② 笔者认为，国际投资仲裁庭对相同条约条款的不一致解释以及双重救济下相似条约条款的解释冲突即属于不合理的不一致性，而仲裁庭对其他不同国际投资条约中同类条款的差别解释则属于国际投资法"碎片化"状态下正常且必然的结果。在上述判断的基础之上，投资争端解决过程中国际投资条约解释应追求的一致性目标也应区别对待。

---

① See SGS Société Générale de Surveillance S.A. v. Islamic Republic of Pakistan, IC-SID Case No. ARB/01/13, Decision on the Jurisdiction, paras.163-174; SGS Société Générale de SurveillanceS.A. v. Republic of the Philippines, ICSID Case No. ARB/02/6, Decision of the Tribunal on Objections to Jurisdiction, paras.115-129.

② See UNCITRAL, Report of Working Group III（Investor-State Dispute Settlement Reform）on the work of its thirty-sixth session, A/CN.9/964, 6 November 2018.

一、充分保证相同条约条款解释的一致性

仲裁庭对相同投资条约中特定条款的不一致解释是国际投资仲裁中存在的严重问题，相同投资条约条款的一致性需要在国际投资争端解决过程中得到根本保证。前已备述，在国际投资条约解释不一致性问题的理论困境之下，国际法学者对于条约解释过程中应倡导首要价值存在分歧，部分学者认为条约一致解释所代表的稳定性和可预测性与条约解释的准确性之间是此消彼长的对立关系。然而，这种论断过于绝对，追求条约解释的一致性并不必然导致条约解释准确性的减损，特别是在不同仲裁庭对相同条约条款进行解释的情况下，准确性与稳定性之间呈现出相互重合、彼此促进的正向关系。

首先，在法律规则基本逻辑层面，相同的条约条款作为一种客观规则并不会在不同的仲裁案件中因事实不同而自发地产生文义上的转变，在此基础之上，根据 VCLT 的解释规则，仲裁庭应当通过该条文的上下文、条约的目的和宗旨、缔约国的嗣后协议或嗣后实践展开进一步判断，在必要时使用缔约准备资料作为条约解释的辅助工具。对于相同条约中的相同条款，上述各个判断要素在内容上也并不会出现差异。在此条件下，不同仲裁庭应获得一致解释，如若出现相互对立的解释结果，则意味着其中必有一种解释结果是仲裁庭对约文的误解。此时，若对不一致的解释结果采取漠视态度，则必然会导致法律规则边界模糊化，甚至导致该特定条文与条约中其他规则之间发生冲突。因此，为保证条约解释的准确性，国际社会需要通过相关机制敦促国际投资仲裁庭在实践中对错误解释进行修正或排除。

其次，在条约解释的现实特点层面，由于部分国际投资条约用语存在过于抽象的特点，仲裁庭享有巨大的自由裁量空间，即使仲裁庭均严格按照 VCLT 中的解释方法，可能也难以得到唯一的答案，此时则需要

仲裁庭自行对影响解释的因素进行衡量和比较，在此基础上进行价值判断，从众多可能性中选择其认为最合理的条约内涵，不一致解释结果出现的可能性将大大增加，在条约解释完全取决于仲裁庭主观能动性的情况下，何为最准确的解释是难以判断的。但是，由于双边性和区域性投资协定的契约性质显著，此时，条约解释这一过程在实质上更接近于商事仲裁中仲裁庭对于商业合同的解释，符合缔约方真实意图的解释应被视为对条约条款最准确的解释结论。虽然刻意留白有时被缔约国作为一种保障其政策活动空间的缔约技巧，但面对影响其权力和公共利益且赔偿数额巨大的具体投资争议，缔约国也必然会积极在预留的空间之内寻找对其最为有利的结果。因而，面对仲裁庭对相同条约条款的不一致解释，需要引入更加权威的解释主体在实践中对不一致的解释结果做出取舍，以明晰条约的真义。

再次，在这一现象的效果和影响层面，虽然不同国家在 UNCIT-RAL 的 ISDS 机制改革工作会议中表现出了对于国际投资条约解释不一致性认知上的分歧，美国等国家将条约解释的不一致性视为双边机制下的合理现象，但美国也同样指出对于相同条约条款的解释分歧，主权国家应通过特定机制加以纠正。在其参与的投资争端解决实践中，面对仲裁庭对 NAFTA 等条约中特定条款解释的分歧，美国与其他缔约国也并

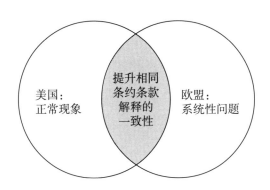

图 3.1 美国与欧盟对国际投资条约解释不一致现象的认知

未放任这种现象肆意发展，而是及时采取措施扭转这种局面。可以说，如图 3.1 所示，对相同条约条款解释一致性的保障实际上是欧盟与美国两大阵营对立与分歧中间的意见重合地带。

当然，对于相同的条约条款，也不可要求仲裁庭始终保持绝对的解释一致性。当国际投资环境和国际投资法律秩序发生重大变化时，投资法的稳定性与个案的法律解释准确性之间将不可避免地发生偏差。即使在普通法系国家的国内司法体系中，法院也并未十分严格并僵化地运用遵循先例原则，其偶尔也会出于对正义的追求而推翻先例。而国际投资活动正处于高速发展并迅速变化的状态之中，投资模式日益多样化，早期第一代投资条约中的部分规定可能已难以适应当前的投资活动的现实状况，而缔约国也无法及时对条约内容做出全面的调整和修改，此时仲裁庭出于对个案现实情况的考虑而作出与前案不一致的法律解释是无可厚非的，但仲裁庭在这一过程中仍需要对其解释提供明确且充分的理由。

二、合理对待相似条约条款的解释一致性

1. 重视不同投资条约中相似条款之间的客观差异

经过近百年的发展，国际投资条约内容不断丰富完善，众多主权国家在缔约实践中逐渐形成了对条约框架的基本共识，但是对于待遇标准等规则的具体内容，不同的投资条约之间依然存在不可忽视的差异。国际投资法律规则在多边化道路上遭遇的挫折也证实了不同经济水平的主权国家之间难以就投资保护标准达成完全一致的意见。尽管许多双边投资协定是在投资协定范本的基础之上形成的，众多国家也纷纷拟定了本国的范本，并以此作为与其他国家进行缔约谈判的起点，但是最终成品

与范本的相似性往往取决于谈判方的相对实力。① 此外，从纵向的时间维度来看，国际投资条约的内容也处于不断变化的状态，一国在不同时期缔结的新老条约对于相同问题的规定也存在明显差别。具体而言，不同条约中相似条款的客观差别体现在条款用语、条款上下文和条约目的与宗旨三个方面。

首先，条约用语上的微小差别将对条约解释的最终结果产生强烈的影响。以 SGS v. Pakistan 案和 SGS v. Philippines 案中的保护伞条款为例，该条款的核心内容要求东道国遵守其对投资者的任何义务，但是不同的 BIT 在措辞上并非完全相同。在瑞士与巴基斯坦签订的双边投资协定中，保护伞条款被表述为"缔约方应当持续地保证遵守其与其他缔约国国民在投资中达成的合意（commitments）"。而在瑞士与菲律宾签订的双边投资协定中，保护伞条款规定"缔约方应当遵守对另一缔约方投资者在其领土内进行的投资所具有的任何义务（obligation）"。在争议解决过程中，条约文本是仲裁庭进行法律解释的重要依据，其中"commitment"一词与"obligation"一词的差别是条约解释结果不一致的重要原因之一。SGS v. Pakistan 案仲裁庭认为保护伞条款中的"commitment"一词指代东道国对投资者所有的承诺，其中包括大量的国家合同以及国内法上的承诺，若将对这些承诺的违背全部上升为对条约的违反，会导致投资者待遇不合理地扩张。② 而 SGS v. Philippines 案则认为该案条约中的"obligation"仅仅是东道国对于投资者特定投资活动中的义务，将对合同义务的违反上升为对条约的违反并不会导致投资待遇的无限扩张。③

---

① See Christoph Schreuer, Diversity and Harmonization of Treaty interpretation in Investment Arbitration, *Transnational Dispute Management*, 3（2）, 2006.

② See SGS Société Générale de Surveillance S.A. v. Islamic Republic of Pakistan, ICSID Case No. ARB/01/13, Decision on Jurisdiction, paras.166-177.

③ See SGS Société Générale de Surveillance S.A. v. Republic of the Philippines, ICSID Case No. ARB/02/6, Decision of the Tribunal on Objections to Jurisdiction, para.121.

　　除条文用语本身的差别，不同国际投资条约中相似条款的上下文也存在明显差别，而根据 VCLT 条约解释规则第 31 条，仲裁庭在法律解释的过程中将不可避免地出现解释结果不一致现象。以"公平与公正待遇"为例，NAFTA 将公平与公正待遇放置在了国际最低标准待遇条款之下，第 1105 条第 1 款规定，"缔约方应当根据国际法基于另一缔约方投资者的投资相应的待遇，其中包括公平与公正待遇"。而在 ECT 中，公平与公正待遇则作为一种单独的待遇标准被放置在了公约第 10（1）条之中，该条款内容十分丰富，与公平与公正待遇并列的还包括持续的保护和安全、非歧视待遇和保护伞条款。由于上下文的差别，仲裁庭对该条款的解释路径也与其他国际投资条约有明显差别。本书第一章已对 NAFTA 的相关案件进行了详细探讨，可看到最低标准待遇和公平与公正待遇的关系被视作条约解释的焦点问题，最终形成了与最低标准待遇紧密相连的标准解释。而在有关 ECT 的案件中，仲裁庭则明确表示公平与公正待遇是独立的待遇标准，与国际最低标准待遇并无关联，仲裁庭的解释过程更强调对公平与公正待遇同非歧视待遇、东道国法律稳定性等内容的联系。[1]

　　此外，两个相似条款即使在用语上不存在明显区别，不同条约目的与宗旨之间的差异也将导致不一致的条约解释结果出现。条约的目的与宗旨是国际投资仲裁庭条约解释过程中的重要参考标准。仲裁庭在确定条约的目的和宗旨时常常会从条约序言入手，而早期双边协定作为西方资本输出国的法律工具，其条约序言中经常使用"促进和保护投资"这

---

　　[1]　例如在 2015 年的 Manidoil v. Albania 案中，仲裁庭在解释公平与公正待遇条款时主要分析了其与东道国透明度和提供稳定的环境等义务的联系。在 2016 年的 Charanne v. Spain 案中，仲裁庭在解释公平与公正待遇条款时重点论证了法律稳定性和投资者期待同公平与公正待遇条款的关系。在 2017 年的 Eiser v. Spain 案中，仲裁庭同样将法律解释集中于公平与公正待遇条款与东道国法律稳定性之上。

类字眼。在条约解释的过程中，仲裁庭时常以此为依据，认定条约的目的与宗旨就是保护投资者的利益，从而作出有利于投资者的判断。然而，随着新兴经济体的迅速崛起和其他发展中国家经济实力的逐步增长，资本单向流动的格局已发生了明显变化。在西方发达国家受到国际投资仲裁对本国权力和公共利益产生的强烈冲击后，其对于投资条约的内容进行了相应的调整。在双边投资协定和区域性自由贸易协定的序言中，缔约国增加了提升国民经济水平，保护健康、安全和环境等内容。此外，一般例外条款与国家安全例外条款在国际投资条约中的广泛运用也影响了仲裁庭对条约目的和宗旨的解读。因而对于不同时期和不同背景下制定的国际投资条约，难以要求仲裁庭作出完全一致的解释。

在 ICJ 等其他国际争端解决机构的案件中，相似条款之间的差异得到了充分的强调，例如在对尼加拉瓜军事行动和准军事行动案中，ICJ 强调来自不同国际法渊源的规则应当被独立地解释，即使不同规则内容相似。[①] 国际海洋法法庭也曾在实践中强调不同国际投资条约中的相同或相似条款不一定要得出一致的解释结果，因为条约的上下文、目的宗旨和嗣后实践以及条约的缔约准备资料都有可能存在差别。[②] 然而，在当前的国际投资争端解决实践中，部分仲裁庭则对不同双边投资相似条款之间的潜在差异掉以轻心，经常在条约解释过程中通过援引其他相似的国际投资条约条款来支持其条约解释结论。例如在 Plama v. Bulgaria 案中，仲裁庭意图对《保加利亚—塞浦路斯双边投资协定》中最惠国待遇条款进行扩张解释，其援引了东道国保加利亚与英国签订的另一份双边投资协定中的最惠国待遇条款，通过对比二者在用语上的相似性来支

[①]　See Military and Paramiltary Activities in and against Nicaragua（Nicaragua v. United States）, Merits, Judgment, June 27, 1986, I.C.J. Reports 1986, pp.95-96.

[②]　See the Mox Plant Case（Ireland v. Uninted Kingdom）, Order on Provisional Measures, I.M.L., December 3, 2001, para.51.

持其主张。① 在 Tokios v. Ukraine 案中，仲裁庭则在解释投资者定义时援引了与 ECT 以及与东道国和投资者母国均无关联的《美国—阿根廷双边投资协定》中的相似条款来丰富其论证过程。② 在未对不同条约条款的其他相关解释因素进行充分对比前，仲裁庭应当对上述做法保持谨慎的态度。

综上所述，不同国际投资条约中看似相近的条款在功能上可能存在巨大的差别，不论这种差别是否是缔约国有意为之，在条约解释的过程中都不应当忽略这一客观现实。WTO 争端解决机制下的条约解释一致性时常被视为国际投资争端解决的理想化目标，但在国际投资法律体系的自身特点之下，即使 ISDS 机制通过改革在程序规则上逐渐向 WTO 争端解决模式靠拢，"我们依然不应期待两种机制实现相同程度的一致性，仲裁庭必须审慎地对待缔约国通过精心协商而在不同条约条款上设计出的差异"③。要求不同国际投资协定中的条款在解释上实现高度一致性必然会导致准确性的减损，超出条约条文的本意，背离东道国制定条约时的预期。

2. 预防双重救济下相似条约条款的解释冲突

不同投资条约文本上的差异导致条约解释"准确性"和"一致性"形成难以协调的关系，为保证缔约国的真实意图得以实现，应当将准确性作为首选价值，但这并不意味着不同投资协定中相似条款的解释可以完全脱离管控，朝不同的方向任意发展。在一些特定情形下，仲裁庭对不同国际投资条约中相似条款的不一致解释将会对投资者与东道国法律

---

① See Plama Consortium Limited v. Republic of Bulgaria, ICSID Case No. ARB/03/24, Decision on Jurisdiction, 8 February 2005, para.204.

② See Tokios Tokelés v. Ukraine, ICSID Case No. ARB/02/18, Decision on Jurisdiction, April 2004, paras.34-35.

③ Jurgen Kurtz, *The WTO and International Investment Law: Converging Systems*, Cambridge University Press, 2016, p.256.

关系的稳定性造成强烈的负面影响。

在一项投资活动中，可能存在多个有权对东道国提起投资仲裁的主体。首先，在东道国境内新设一家企业是最为普遍的投资方式，虽然依据注册地标准该企业拥有东道国国籍，然而《ICSID 公约》第 25 条规定，在东道国企业受外国控制的情况下，当事方可以将该企业视为另一缔约国国民。因而从事投资活动的东道国企业在争议发生后可以发起投资仲裁，在实践中，此种情形多有发生。其次，投资活动本身具有复杂性，涉及自然资源开发、基础设施建设等事项的诸多重大项目需要由多方合作完成，投资公司在设立和运行的过程中往往会形成复杂的股权结构，不同股东可能拥有不同的国籍。在国际投资仲裁实践中，持股比例较高的控股股东或普通的非控股股东都可以被视为国际投资条约下的"适格投资者"，甚至一些间接股东也被纳入了"适格投资者"的范畴。由于股东具备通过国际投资仲裁寻求救济的资格，面对双边投资协定中或区域性自由贸易协定内容上的差异，投资者在投资活动开始前，甚至在与东道国发生争议后，往往会主动通过各种方式进行国籍规划，从而使自身具备在寻求救济过程中进行"条约选购"（Treaty Shopping）的能力。例如，"投资者可以采用第三国转投资的方式，首先在第三国设立中间公司，再通过该公司在东道国开展投资活动"[1]。例如，在近几年引发了巨大关注的 Philip Morris v. Australia 案，国际社会对于投资者通过国籍规划而滥用仲裁权利的做法进行了强烈批判。[2]

---

[1] 徐树：《国际投资仲裁中投资者的"条约选购"问题研究》，《国际经济法学刊》2013 年第 2 期。

[2] Philip Morris 作为一家在美国成立的世界著名烟草集团，在针对澳大利亚颁布香烟包装法的行为提起仲裁前，在全球范围内进行了企业结构重整，从而适用对其更为有利的中国香港与澳大利亚签订的投资促进和保护协定寻求救济，这一案件影响深远，一度动摇了澳大利亚对整个投资仲裁机制的信心。See Philip Morris Asia Limited v. The Commonwealth of Australia, PCA Case No. 2012-12.

国际投资活动中复杂的国籍状况所导致的结果就是双重救济的出现。① 面对东道国的政策措施对一项投资活动造成的影响，东道国企业和企业的股东均可根据其自身的国籍，依据不同国家与东道国签订的双边投资协定或区域性协定分别在多个机构进行投资仲裁申请，并以此来增加自身获得赔偿的可能性。而第三方资助的兴起则为投资者通过国籍规划同时发起多项仲裁提供了更为便利的途径，助长了双重救济情形的出现。② 在此类案件中，投资者会就同样的事实在不同条约下提出相同的权利主张，此时，不同仲裁庭之间若忽视案件背后的联系，对于不同条约中的相似条款作出不一致或相互冲突的法律解释，则会导致同样的事实产生多个相互矛盾的法律后果，从而对于法律体系基本的安定性造成冲击。对于东道国而言，面对相互冲突的法律解释，争端解决将完全失去意义，其依然无法对自身措施的合法性作出判断，进而难以根据争端解决结果对经济管理政策做出准确调整。并且，这种条约解释不一致造成的影响通常无法通过其他途径得到矫正。例如在 Lauder 案中，捷克政府企图通过国内法院推翻其中一项裁决，但由于仲裁案件当事人的差异，东道国法院无法根据未裁决或已决案件等原则建立管辖。虽然多数国际法学者认为，投资者利用国际投资法律体系的特点寻求利益最大化并非违法或不道德的行为，但这并不意味着国籍规划和条约挑选带来的负面影响可以被忽视，双重救济下的相似条约条款解释冲突是应当避免的。

---

① 也有学者将这种现象称为"平行程序"，但由于平行程序在国际投资法研究中多用来指代投资仲裁与东道国救济同时进行的情况，本书为明确研究对象，故使用"双重救济"这一表述方式。

② 由于第三方资助日益盛行，投资者的滥诉行为被大大激发。在相关协议之下，资助者会向投资者承诺其将承担相关仲裁费用及不利仲裁结果的风险，而在投资者获得损害赔偿后获得一定收益。因而投资者提请仲裁的行为被"商品化"，第三方对投资者的保障无疑有效减轻了投资者的仲裁成本和压力。

第三节　增强国际投资条约解释一致性的路径选择

不论"合法性危机"是当前国际投资仲裁机制的真实状态抑或是国际法学者的一种主观臆断，一个无可否认的事实是理论界与实务界都在重新审视 ISDS 机制，试图弥补国际投资仲裁机制下条约解释不一致的缺陷。在批判性思潮中，针对国际投资条约解释不一致性现象的改善措施不断涌现，但国际投资条约解释的不一致现象由多重因素造成，应对这一问题的具体方法也来源于不同的角度。加之主权国家对于条约解释不一致性问题存在认知分歧，在实践中形成了方向性不同的差异化对策。在明确了保证相同条约条款的一致解释以及防止双重救济下条约解释冲突的目标后，本节将对改善国际投资条约解释不一致性问题的可行方式进行梳理，并明确不同改革路径之间的关系。

一、增强国际投资条约解释一致性的三重路径

当前已出现的提升国际投资条约解释一致性的理论建议或具体措施可谓纷繁复杂，近年来 UNCITRAL 和 UNCTAD 均对相关改革措施进行了系统性研究，但其侧重点有所不同，例如 UNCITRAL 第三工作小组倾向于从多边角度更新和发展程序性规则，而 UNCTAD 则倡导对当前的国际投资条约内容进行调整。① 笔者认为，改善条约解释不一致现象的方法和措施可以划归至三条不同的路径：第一条路径着眼于仲裁庭

---

① See UNCTAD, World Investment Report 2015, Reforming International Investment Governance, 2015.

的法律解释过程，通过对仲裁庭条约解释方法的调整来影响条约解释结果；第二条路径是通过对国际投资条约实体性内容的精细化来限缩仲裁庭的自由裁量空间；第三条路径则是对当前的国际投资仲裁程序或争端解决模式进行调整。

1. 国际投资条约解释方法的调整

仲裁庭的条约解释方法对条约解释结果产生最直接的影响，然而"国际投资仲裁庭在案件审理的过程往往更加注重对于案件事实的分析，而轻视法律解释的过程"[1]。通过 Fauchald 和 Weeramantry 等学者的实证研究可以发现，仲裁庭在条约解释的过程中会参照各种不同的解释标准，解释方法上呈现出无章可循的状态。首先，VCLT 第 31 条至第 33 条的条约解释规则已在实践中获得了国际习惯法地位的认可，但众多投资仲裁在法律解释的过程中对 VCLT 解释规则报以漠视的态度。据统计，在 1990 年至 2011 年间由 ICSID 仲裁庭作出的 141 项裁决中，有 51 项裁决并未援引并适用 VCLT 的条约解释规则，而是借助其他法律原则或方法进行条约解释。[2] 其次，"许多援引 VCLT 的仲裁庭在具体运用相关规则时显得'漫不经心'，VCLT 第 31 条和第 32 条的规定多被视作一个格式条款，仲裁庭要么仅简单提及，要么就是直接复制，甚至出现了技术性误用"[3]。VCLT 第 31 条本身名为"解释的一般规则"（general rule of interpretation），这里"规则"（rule）一词采用单数而不是复数，表明这一条款要作为一个整体来适用，但仲裁庭在实践中会挑

---

[1] 张生：《国际投资仲裁中的条约解释研究》，法律出版社 2016 年版，第 37 页。

[2] See J. Romesh Weeramantry, *Treaty Interpretation in Investment Arbitration*, Oxford University Press, 2012, p.221.

[3] 张生：《国际投资仲裁中条约解释方面的问题及其完善对策》，《国际经济法学刊》2014 年第 1 期。

选条约解释的要素，过度依赖条约的目的与宗旨。此外，VCLT 规定了第 31 条和第 32 条之间的先后等级顺序，只有在第 31 条解释方法之下条约条款意义仍属不明或解释结果显属荒谬或不合理时，仲裁庭才应根据缔约补充资料进行进一步的解释，但是在仲裁实践中，许多仲裁庭并不会严格依照这种顺序适用条约解释规则。

"虽然传统的条约解释方法有诸多局限，要在传统解释方法上进行突破则并非易事，因而正确使用现有的解释规则才是解决问题的关键。"[1] 对于仲裁庭条约解释方法上的混乱和谬误，学者呼吁仲裁庭重视 VCLT 在条约解释方面的指导作用，正确并协调地适用条约解释规则。[2] 此外，有学者提出："国际投资条约解释应实现功能性一致（functional uniformity），这就要求不同仲裁庭在对相同或相似条约条款进行解释时都运用相同的解释方法。"[3]

另一种规范仲裁庭法律解释过程的理论建议则是在投资争端解决过程中创建先例制度。"国际法领域之所以未出现遵循先例制度，一定程度上是由于早期国际争端解决机制并未被广泛运用，争端解决机构的管辖范围通常限制在一些临时的、实体性的和具有特殊性的问题上。"[4] 而随着国际经贸交往的不断发展，目前国际投资仲裁机制的现实情况已大为不同，数量众多的投资争议在具体内容上显现出了一定的相似性和普遍性。Kaufmann-Kohler 教授曾参与诸多投资仲裁案件的审理，她

① 漆彤、窦云蔚：《条约解释的困境与出路——以尤科斯案为视角》，《中国高校社会科学》2018 年第 1 期。
② 参见张生：《国际投资仲裁中的条约解释研究》，法律出版社 2016 年版，第 192—200 页。
③ Joshua Karton, Lessons from International Uniform Law, in Jean E. Kalicki, Anna Joubin-Bret（ed.）, *Reshaping the Investor-State Dispute Settlement System: Journeys for the 21st Century*, Brill Nijhoff, 2015, p.62.
④ Stephan W. Schill, *The Multilateralization of International Investment Law,* Cambridge University Press, 2009, p.282.

认为尊重先案裁决并推动一个可预见的制度环境是仲裁员的道德义务。虽然当前的仲裁实践中，仲裁庭已对先案裁决表现出了高度重视，但如前文所述，一致性的判例尚未形成，"仲裁庭在法律解释的过程中更多的是在从事挑选先例的工作"①。在仲裁裁决不具有国际法渊源性质的背景下，同样不受先例约束的大陆法系国家所发展出的"判例一致性"（*Jurisprudence constante*）原则给予了国际法学者诸多启示。有学者提出可以依托 ICSID 发展指导性案例，也有学者提出可以通过修改《ICSID公约》来约束仲裁庭遵循先例，将仲裁庭背离先例的情况划入仲裁裁决可撤销的事由当中。在 UNCITRAL 第三工作小组的报告中，引入先例体系被视为提升国际投资条约解释一致性多边改革措施中的重要备选方案。②

2. 国际投资条约实体性规则改革

国际投资仲裁庭的自由裁量空间就是来自作为解释对象的国际投资条约的实体规则本身。实现条约解释的一致性目标最根本的途径就是对实体性规则进行改革，这种改革可以从两个层面展开。

第一，缔约国应当对条约用语进行精细化。虽然较为抽象的条约条款有时可能是缔约国有意而为，但通过前文的研究已明确这种法律语言的空泛与歧义对投资仲裁机制所产生的影响，立法技术上的不完备已严重威胁了投资争端解决中"相同事实相同对待"的基本法治原则。而在国际投资条约中，特别是在早期的欧式投资协定中，简略而粗陋的条文甚为常见，以早期法国和德国的投资协定范本为例，其内容仅有十余条，而以此类范本为基础签订的投资条约却数以百计，其中有众多条约

---

① 陈正健：《国际投资仲裁中的先例使用》，《国际经济法学刊》2014 年第 1 期。

② See UNCITRAL, Possible reform of investor-State dispute settlement（ISDS）- Consistency and related matters A/CN.9/W G.III/WP.150, August 2018.

仍处于生效状态。对于此类条约的改革迫在眉睫，欧盟在获得投资领域的缔约权后已全面开启了对于投资协定的更新换代工作。

第二，缔约国应当对条约的内容设置进行调整，通过增加或删减特定的条款来明确其缔约意图。例如，在近期缔结国际投资条约中越来越多地出现了例外条款和企业责任条款，例外条款的增设限制了传统投资待遇条款的适用范围，可以将缔约国政策目标外不合理的条约解释可能性加以排除。对于仲裁实践中产生过多争议的条款，缔约国也可以直接对其进行删减，从而根本性地消灭不一致解释现象。①

然而值得注意的是，条约规则实现何种程度的精确性需根据缔约过程中的现实状况加以区分，过于细致的条约条款在现实运行中亦有可能造成超出缔约国预期的困境。而且精细化的条约条款在缔约过程中往往会产生更大的立法成本，在不同缔约国存在分歧的情况下也难以实现，因此，缔约国需要在法律规则的灵活性与法律解释结果的确定性之间进行权衡。根据条约缔结的通常经验而言，缔约国在起草条约时会力求在缔约双方之间求得一个权利和义务的平衡点，由于国际经济交往迅速发展，瞬息万变，经过审慎设计的具有解释空间的模糊性用语也许更加符合缔约国的现实需求。因此，"对于国际投资条约的精准化也需要辩证客观地看待"②。

3.国际投资争端解决程序性规则改革

前已备述，国际投资法律的机制"碎片化"是造成条约解释不一致的重要原因，因而对争端解决程序进行调整是实现条约解释一致目标的

---

① See UNCTAD, World Investment Report 2015, Reforming International Investment Governance, 2015.

② 唐海涛：《论国际投资条约规则的精准化发展——以 CETA 和 TTIP 为视角》，《中国海洋大学学报（社会科学版）》2018 年第 1 期。

重要制度保障。由于理论界与不同主权国家对条约解释不一致现象的认知、理解与评估都存在差异，国际投资仲裁程序改革陷入迷雾，改革方向出现分歧。首先，在"合法性危机"理论的影响下，部分国家认为条约解释的不一致是 ISDS 机制的系统性问题，仲裁模式明显无法保障投资争议得到合理解决，因而需要对争端解决模式进行系统性改革。而将国际条约解释不一致现象视为投资法律体系下正常现象的主权国家则认为当前的投资仲裁模式依然值得信任，只需要以渐进的方式对程序瑕疵进行修补。国际投资仲裁案件的激增也使得 ISDS 机制的程序缺陷充分暴露，推动 ISDS 机制改革的政策主张和理论观点迅速发展。在政策层面，2017 年 UNCITRAL 第三工作小组专门就 ISDS 机制改革问题启动了多边谈判工作，ICSID 已完成对其投资仲裁规则的第六轮修改，主权国家也纷纷在双边或区域性经贸条约中对投资争端解决问题作出调整。在理论层面，国际投资法学界已出现多种有关 ISDS 改革趋势的理论观点，例如：从对当前仲裁程序的变革程度来看，ISDS 机制"渐进式改革""系统性改革""范式性改革"的三分法对现有主要的 ISDS 改革主张进行了较为全面的总结和归纳，产生了一定的理论影响；[1] 在系统性改革的路径之下依然存在三种不同的发展模式。其一为倒退模式，具体表现则是"卡沃尔主义"的复兴，部分国家主张摒弃现有的投资者与国家间争端解决机制，投资者投资权益发生损害后应寻求东道国当地救济，而国际投资条约下权利与义务的分歧只能交由国家间的争端解决机制。其二为上诉机制模式，此种模式并未完全推翻现有投资者与国家仲裁的基本程序规则，但是改变了仲裁庭裁决的终局性效力，统一的上诉机构可以对裁决中的法律问题进行复审，从而修正条约解释过程中出现

---

[1] See Anthea Roberts, Incremental, Systemic, and Paradigmatic Reform of Investor-State Arbitration, *American Journal of International Law*, 112（3）, 2018.

的错误，保证条约解释结果的一致。其三为投资法庭模式，此种模式依然允许投资者自行启动其针对主权国家的争端解决程序，但却消除了仲裁机制的本质特性，争端当事方无法自行选择仲裁机构、仲裁规则和仲裁员，而是通过两审终审制的常设投资法庭将争端解决司法化。从争端解决过程中的利益保护来看，部分学者指出当前的 ISDS 机制改革呈现出了投资者与东道国利益平衡的"去商事化"总体趋势；① 从争端解决模式的发展角度来看，现有理论认为 ISDS 机制的改革呈现出多元化的特点。②

二、不同路径下改革措施的可行性分析

1. 条约解释方法调整措施的局限性

在仲裁庭解释方法调整路径之下，正确使用条约解释规则与遵循先例两项改革建议依然停留在理论呼吁层面，虽然仲裁庭的条约解释方法对解释结果具有最直接的影响，但仲裁庭对习惯法解释规则和先案裁决的审慎态度更多地依赖于仲裁员对其自身的道德约束。

对于 VCLT 条约解释规则的适用而言，由于仲裁模式之下不存在可对法律问题进行复审的上诉机制，仲裁庭对条约解释规则的误用通常并不能引发相应的法律后果，以 ICSID 仲裁为例，当仲裁裁决作出后，仲裁当事方只能通过《ICSID 公约》中的撤销程序来寻求救济，而仲裁庭对 VCLT 的误用不在当前仲裁裁决的撤销事由之中。在仲裁实践中，

---

① 参见余劲松：《国际投资条约仲裁中投资者与东道国权益保护平衡问题研究》，《中国法学》2011 年第 2 期；蔡从燕：《国际投资仲裁的商事化与"去商事化"》，《现代法学》2011 年第 1 期；朱明新：《投资者—国家争端解决机制的革新与国家的"回归"》，《国际法研究》2018 年第 4 期。

② 参见王彦志：《国际投资争端解决机制改革的多元模式与中国选择》，《中南大学学报（社会科学版）》2019 年第 4 期。

部分东道国曾尝试以"仲裁庭明显越权"为由来纠正仲裁庭在 VCLT 条约解释规则适用上的错误，这一主张虽然引起了 ICSID 特别委员会的重视，但最终均未得到支持。例如，在 Lucchetti v. Peru 案中，东道国秘鲁认为仲裁庭未援引 VCLT 条约解释规则的行为构成"仲裁庭明显越权"，因而请求撤销仲裁裁决，虽然 ICSID 特别委员会成员 Berman 在单独意见中对于条约解释在仲裁裁决中的作用进行了充分论述，并认为仲裁庭不仅应当准确恰当地适用 VCLT 和其他条约解释相关规则，而且应当对自身条约解释过程和思路进行细致说明，但最终多数仲裁员坚持将撤销事由限制在仲裁程序缺陷上。① 此外，前文已对 VCLT 的形成过程进行了剖析，VCLT 中的条约解释的规则虽然具有国际习惯法的地位，但其本质就是对于各种解释方法的融合，自身带有不确定性。在国际投资条约条文过于宽泛而为仲裁庭遗留了巨大解释空间的情况下，对条约含义持不同立场的仲裁庭即使合理地运用了 VCLT 中第 31 条至第 33 条，它们依然能够在解释规则中寻找到支持各自不同主张的依据。

　　对于先例制度而言，其在当前的国际投资法律环境下同样面临着一定的阻碍。首先，由于联合国《国际法院规约》对判例的定性和《ICSID 公约》对判决约束力的明确规定，在仲裁机制之下创建普通法系之下"遵循先例"的判例法模式面临着巨大的规则障碍，这一目标只有通过全体缔约国的一致同意，对《ICSID 公约》进行修改才能实现，这项任务的艰巨性不言而喻。其次，先例的权威性往往依赖于司法体系中的审判层级制度，而在当前的投资仲裁模式下，平等且独立的仲裁庭之间难以确定判例的权威性，因而先例制度的构建亦存在程序方面的制度障碍。最

---

① See Industria Nacional de Alimentos, S.A. and Indalsa Perú, S.A.（formerly Empresas Lucchetti, S.A. and Lucchetti Perú, S.A.） v. Republic of Peru, ICSID Case No. ARB/03/4, Decision on Annulment, paras.99-116.

后，判例法制度之下，国际投资条约缔约国需要在一定程度上赋予争端解决机构造法之权力，但法官的造法职能在当前以国家意志为核心的国际法体系下明显难以获得大多数主权国家的认可和接受，由于投资仲裁裁决又与东道国权力紧密关联，国家对于赋予仲裁庭判决更广泛的约束力可能会出现拒斥心理。

从另一种角度来看，如图 3.2 所示，可以说条约解释方法的调整措施在一定程度上依赖于某些实体性改革措施与程序性改革措施，后者能够促使仲裁庭更加谨慎而严格地对待 VCLT 中的条约解释规则，并促进权威性先例的形成，进而实现国际投资条约解释的一致性目标。故本书将在后续的章节中着重对国际投资条约的实体性规则改革与投资争端解决机制的程序性改革进行分析。

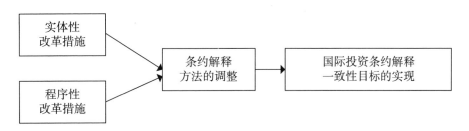

图 3.2　三种路径之间的关系

2. 实体性改革措施的逐步推进

在实体层面，国家对条约解释不一致现象的修正主要依靠双边性和区域化的途径逐步开展。在国际投资条约解释的不一致性问题出现后，美国分别于 2004 年和 2012 年两次对国际投资协定范本进行了修改，通过实体性规则的调整对条约解释不一致现象作出了回应，并通过对其投资法律规则模式的推广将带动新型投资法律规则的扩张，实体待遇更加明确、例外条款更加具体的美式投资协定已成为主流发展趋势。传统欧式投资协定"以简为美"的特征已全然消失，例如，在近期签订的《欧盟—加拿大自由贸易协定》（*EU-Canada Free Trade Agreement*, 以下简称 CETA）中，实体性规则已在美式 BIT 的基础上发展得更为细致。从实体内容来看，国际投资条约条文精细化的过程中虽然依旧以投资保护为主要基调，在国民待遇、最惠国待遇、公平与公正待遇和征收等传统议题上形成了相对一致意见，但相较于早期国际投资条约而言其条文设计明显加强了对东道国权益的保障。

UNCTAD 在 2018 年公布的《世界投资报告》显示，虽然国际投资条约数量爆发式增长的阶段已经过去，但自 2010 年起，双边投资协定和包含投资规则区域性自由贸易协定的数量依然稳步上升，2016 年新签订的国际投资条约数量为 36 项，2017 年新签订的国际投资条约数量虽然下降至 18 项，但亚洲和非洲间的跨区域投资条约谈判势头良好，欧盟也在积极推进与其他地区国家的投资协定谈判，美国、加拿大和墨西哥三国在 NAFTA 运行了 24 年后重启了新一轮谈判，通过 USMCA 对现行协定进行了更新。并且众多国家已经完成对第一代投资条约的替换，有超过 150 个国家开始构建新一代可持续发展型投资条约，在 2010 年以前被视为极具创新性的条约条款目前已得到了广泛运用。[①] 截至 2023 年，老一代国际投资条约所覆盖的国际直接投资活动比例仍有 49%，新一代国际投资条约所覆盖的国际直接投资活动比例为 16%，[②] 加速对于国际投资条约的更新换代是约束仲裁庭自由裁量空间的迫切需求。

3. 程序性改革路径下的矛盾与冲突

在渐进主义改革措施之下，美国等国家依然将以商事仲裁模式为基

[①] See UNCTAD, World Investment Report 2018, Investment and New Industrial Policies, 2018.

[②] See UNCTAD, International investment agreements trends: the increasing dichotomy between new and old treaties, IIA Issues Note No. 2, October 2024.

础的投资者—国家仲裁视作解决投资争议最合理的选择，当事人意思自治以及一裁终局的争端解决特征不应被抛弃。这些国家认为当前的ISDS 机制虽然存在诸多缺陷，但是其在实际上获得了投资者和缔约国的认可，能够有效保护投资者利益，有利于东道国吸引外资，较为高效地解决投资争议，"为现存的这些可以修改和调整问题而因噎废食并非合理选择"①。采取这一立场的国家认为通过国际投资协定及仲裁规则对国际投资条约解释权进行重新划分即可保障国际投资条约解释的合理一致性。

　　而在系统性改革的倡议之下，对争端解决机制改革的根本目标建立在投资仲裁"合法性危机"理论基础之上，采取这一立场的学者和国家认为缔约国联合解释等现有对仲裁机制的调整措施无法有效化解条约解释的不一致性问题，尤其无法实现不同条约中相似条款解释的不一致性，只有完全改变当前投资者主导的商事仲裁模式才能彻底消除条约解释的矛盾和冲突。

　　对于系统性改革之下"退回模式"而言，不同国家具体的操作方式也有所不同。巴西作为国际投资法律体系中的特例，始终对国际投资仲裁模式保持着警惕，至今为止，巴西从未与其他国家签订过包含 ISDS 机制的 BIT。南非则在近年来终止了大量其签订的 BIT。而厄瓜多尔、玻利维亚和委内瑞拉等国家则是通过退出《ICSID 公约》的方式来抵制仲裁机制带来的冲击。② 澳大利亚也曾在 2011 年宣布不再缔结包含 ISDS 机制的国际投资协定。政治化、卡尔沃主义复活实际是将投资争端解决的方式退回到了数十年前，完全违背了保护投资者与促进投资的

---

　　① 梁咏：《国际投资仲裁机制变革与中国对策研究》，《厦门大学学报（哲学社会科学版）》2018 年第 3 期。

　　② 2007 年 5 月 2 日，玻利维亚向 ICSID 递交了退出《ICSID 公约》的书面通知；2009 年 7 月 2 日，厄瓜多尔向 ICSID 相关机构提交了退出《ICSID 公约》的通知。

初衷，并不利于投资争端的公正、高效解决。巴西、南非等国在国际投资领域影响力有限，难以掀起"退回"机制的巨浪，而澳大利亚则在CPTPP中再度接受了投资仲裁机制。有学者指出："美国当前的政治环境透露出了反全球化的特点，美国退出了由其牵头制定的TPP，同时不断对WTO多边机制发出质疑，因而有可能在投资问题上走回头路。"① 但这种判断显然并不准确，美国作为投资仲裁机制的最大受益方，不会轻易割舍这一保护本国海外投资的利器，在最新签订的USMCA中，美国与墨西哥之间依然适用既往的投资仲裁机制。而在这份替代NAFTA的新协定中，美国与加拿大之间ISDS机制的空白才反映了投资争端解决程序改革中的冲突焦点。②

在对ISDS机制公共调查结果公布后，欧盟迅速展开了对国际投资法庭的构建，投资法庭制度下也包含了常设性的上诉机制。"CETA签署后，欧盟委员会认为该协定中的投资者与国家争端解决制度是与现有ISDS制度的一个大决裂，是目前为止最具有进步意义的投资者与国家争端解决体系。"③ 欧盟指出，在国际投资法双边性的背景之下，建立上诉机构是提升条约解释一致性最为有效的方法，相比之下，联合解释的路径并不能有效化解仲裁中的所有解释不一致性问题。欧盟2015年在与美国的TTIP谈判中同样提出了投资法庭的主张，但其建议遭到了美国的强烈反对，欧盟与美国的TTIP谈判至今未能在这一问题上达成协议。而加拿大通过CETA的签订加入了欧盟的系统性改革阵营，这极有

① Anthea Roberts, Incremental, Systemic, and Paradigmatic Reform of Investor-State Arbitration, *American Journal of International Law*, 112（3）, 2018.

② 在USMCA中，投资者与国家间的仲裁仅适用于美国和墨西哥之间的投资争议，而美国与加拿大之间并不适用投资者与国家的争端解决机制，而只能通过国家间仲裁来解决投资条约下的争议。

③ 朱明新：《投资者—国家争端解决机制的革新与国家的"回归"》，《国际法研究》2018年第4期。

可能是美加双方在 USMCA 中对 ISDS 问题留有空白的原因。

如图 3.3 所示，当前以提升条约解释一致性为重要目标的 ISDS 程序改革路径下，美国与欧盟各自所代表的渐进主义与建立投资法庭举措之间的冲突已成为改革过程中最主要的矛盾，而"退回机制"与渐进主义之间的矛盾对 ISDS 机制发展的影响有限，因此，笔者在后文中将着重对与 ISDS 机制发展前景休戚相关的投资法庭制度与渐进主义改革措施之间的冲突进行研究。

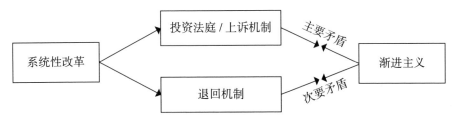

图 3.3 程序性改革下的冲突与矛盾

第四章　国际投资条约的实体性规则改革

　　随着投资自由化单一目标的瓦解，维护东道国公共利益的浪潮席卷而来，一些国际投资条约出现的变化倾向于强调东道国政府的合法性和规制权。国际投资条约实体规则的改革持续推进，2020 年以来新签署的 BIT 数量高达 121 项。① 明确和细化国际投资条约中的权利与义务，调整国际投资保护和实体待遇条款的结构关系是限缩国际投资仲裁庭自由裁量空间，进而扭转条约解释不一致现象的根本途径。在 UNCTAD 的倡导之下，可持续发展型的投资条约已成为实体规则改革的目标，在国际投资条约内容更新换代的过程中，各国在条约条款设置上的指导性原则和主要趋势表现为加强对主权国家权益的保障，对投资活动中的不同利益加以平衡。②

　　缔约国对条约内容的调整可以从不同层面展开，首先，在国内层面，主权国家可以制定新型投资协定范本，在规则制定过程中准确定位国家的政策目标，为后续缔结条约的谈判提供方向性的指导。其次，在双边或区域层面，对于内容过于粗陋的早期投资协定，国家可以单方面终止或退出公约，也可以通过合意终止早期的国际投资条约，通过重新谈判或修改条约来替换落后的国际投资法律规则。在国际投资法碎片化的背景下，这一点对于实现增强条约解释一致性的目标至关重要，

---

① 参见 UNCTAD 网站，https://investmentpolicy.unctad.org/international-investment-agreements，访问日期：2024 年 12 月 1 日。

② See UNCTAD, World Investment Report 2016, Investor Nationality: Policy Challenges, 2016.

UNCTAD 曾经敦促主权国家将注意力从签订新条约向重新对旧条约进行谈判。① 在近年来裁决的 ISDS 案件中，仍有大量案件是投资者依据老一代 BIT 发起的。② 国际投资法学者 Wolfgang Alschner 曾在相关研究中指出新老条约共存的现象导致新一代投资条约在解释和适用的过程中依然出现与老一代条约相同的解释结果，新一代国际投资条约实施的效果并不尽如人意，老一代条约持续生效会严重阻碍国际投资规则的创新。③ 最惠国待遇条款和仲裁先例依然会对新一代国际投资条约的解释和适用产生重要影响。虽然通过国际投资条约实体规则改革路径增强条约解释的一致性面临着一些阻碍，但伴随着国际投资条约的不断缔结，实体规则文本设计仍然是不可忽视的重要途径。本章节将分别从相同条约条款解释一致性的保障和双重救济下相似条款解释冲突规避两种不同角度对国际投资条约实体性规则改革的具体方法进行研究。

第一节　相同条约条款解释一致性的保障措施

美国和加拿大在 NAFTA 仲裁案件之下收获的经验推动了国际投资条约内容设置上的转变，在 2004 年两国相继颁布了内容更为精确的新型 BIT 范本。亚洲金融危机和 21 世纪初的阿根廷经济危机后，2008 年全球性的金融危机爆发，在此背景下，国际投资仲裁对于东道国权力和

---

① See UNCTAD, Phase 2 of IIA Reform: Modernizing the Existing Stock of Old- Generation Treaties, IIA Issue Note, Issue 2, 2017.

② See UNCTAD, International investment agreements trends: the increasing dichotomy between new and old treaties, IIA Issue Note, Issue 2, 2024.

③ See Wolfgang Alschner, *Investment Arbitration and State- Driven Reform: New Treaties, Old Outcomes*, Oxford University Press, 2022, pp.6-8.

公共利益的冲击加剧了国际社会对早期传统国际投资条约内容的不满。在此背景之下，众多主权国家开始重新评估现有国际投资条约规则之利弊，为更好地在条约具体内容中反映其在未来的目标与政策，众多国家纷纷开启了制定新一代国际投资条约范本的进程。

"在近年来缔结的双边投资协定或区域自由贸易协定中，缔约国已逐步对一些原则性的国际投资法律规范进行更加细致的表述。"[1] 根据UNCTAD 在 2016 年《世界投资报告》中的统计，在 1962 年至 2011 年的 50 年间世界各国签订的一千多份双边投资协定中，对"投资"这一概念作出明确限定的双边投资数量仅有 6%，而对于间接征收标准有所限定的双边投资协定数量也不超过 20%，而对于公平与公正待遇这一核心性条款内涵有所解释的条约数量仅占 2%。然而近年来，世界各国在新一代投资协定中对投资实体待遇的精细化步伐明显加快。在 2012 年至 2014 年间，双边投资条约的签订数量为 40 项，上述有关"投资""公平与公正待遇""间接征收"的精细化规则比例均大幅度提高，分别达到了 45%、53% 和 35%。[2] 通过对国际投资条约中实体性规则的不断调整，曾经在仲裁实践中引发巨大解释争议的抽象性条款真实含义日渐明晰，进而促使不同仲裁庭在解释相同条约规则时获得一致结果。

一、管辖权相关条款的调整

面对仲裁庭在管辖方面的不一致解释，主权国家主要可以通过细化国际投资条约中"投资"这一核心概念的内涵来防止仲裁庭肆意扩张管

---

[1]　Chester Brown, Kate Miles（ed.）, *Evolution in Investment Treaty Law and Arbitration*, Cambridge University Press, 2011, p.35.

[2]　See UNCTAD, World Investment Report 2016, Investor Nationality: Policy Challenges, 2016.

辖权。传统的国际投资条约对于"投资"采取开放式的定义，为各种不同类型的经济活动提供了非常宽泛的保护。这样的规定虽然有利于缔约国吸引投资，但仲裁实践已经表明这种开放式的投资定义将东道国置于无法预估的风险之中。前已备述，投资定义对于投资仲裁庭管辖权具有重要影响，《ICSID 公约》没有对投资的内涵进行说明，由于对多边公约进行修改的难度较大，因而澄清并限制双边投资协定和区域性自由贸易协定所覆盖的投资活动范围是国际投资条约更新换代过程中避免条约解释不一致现象必不可少的应对措施。

对于投资定义的精细化可以通过两条路径分别展开，首先，缔约国可以在投资条约中明确投资的基本特征和要素，前文提及的"Salini 标准"中资金的贡献、风险、持续时间和对东道国的经济贡献等要素已逐渐被确定在国际投资条约条款之中。在条约有明确规定的情况下，仲裁庭在案件审理过程中需要严格按照基础条约中既定的要素对争议事项进行评估，而不能任意选择不同的标准来解释和界定外国投资者的投资行为。

其次，列举具体经济活动的投资界定模式也是一种有效的约文精细化方法，并已经被越来越多的国家应用于缔约实践。当前国际投资条约中已经出现的投资列举模式可划分为开放式列举和封闭式列举。开放式列举通常明确指出条约条款中所列举的经济活动类型并非穷尽的，而仅仅是具有代表性的投资活动，美国 BIT 范本是此种列举模式的重要范例。而封闭式列举则在条约中穷尽了所有投资活动的类型，加拿大投资协定范本则采取了这一做法。笔者认为，上述两种已经出现的模式依然存在不可忽视的缺陷，在新兴产业和新兴经济活动不断涌现的今天，封闭式的列举方式明显缺少灵活性，而开放式列举则依然未能充分划清"投资"这一概念的边界，难以有效防范仲裁庭在条约解释过程中过度发挥主观能动性。面对上述困境，已经在国民待遇问题上广泛运用的

"开放式列举＋负面清单"的规则模式不失为一种更加合理的选择，缔约国可以在投资定义中明确排除其认为不构成适格投资的资产类型，以防止仲裁庭违背缔约国意志对"投资"概念进行不合理的扩大解释，同时又可以避免过度僵化，为新兴投资类型预留一定的扩展空间。目前已有少数国家开始尝试通过这种方法对"投资"进行重新定义，例如，中国与乌兹别克斯坦签订的双边投资协定第 1 条第 1 款就规定投资不包括源于销售货物或提供服务的商业合同的金钱请求权，而且不包括原始到期期限少于三年的债券、信用债券和贷款。

除对"投资"进行精细化定义外，面对保护伞条款的不一致解释对仲裁庭管辖范围造成的影响，国家也可以在条约更新的过程中及时进行调整。目前学者已有的统计结果显示，截至 2004 年，总共存在的 2500 多个双边投资协定中将近 40%的条约中都含有保护伞条款。[①] 而近年来，保护伞条款在国际投资条约中出现的比率明显下降，在 2015 年签订的 21 个双边投资协定中，有 16 项条约废除了这一存在巨大争议的投资保护条款，而在 2018 年文本已公开的 12 项新签订的国际投资条约中，已难以再寻找到保护伞条款的踪影。[②] 摒弃保护伞条款已经成为国际投资条约的主流趋势。中国在近年来与加拿大、澳大利亚和坦桑尼亚等国家签订的 BIT 也均已摒弃保护伞条款。

二、实体待遇条款的调整

面对国际投资条约中核心性实体待遇条款的解释不一致现象，部分主权国家已开始在新一代国际投资条约的内容上进行调整和修正，对其

---

① 参见张光：《论国际投资协定的可持续发展型改革》，《法商研究》2017 年第 5 期。

② 参见 UNCTAD 网站，https://investmentpolicyhub.unctad.org/IIA，访问日期：2019 年 1 月 18 日。

在条约下给予投资者及其投资的利益边界加以明晰。从晚近国际投资条约具体内容来看，最惠国待遇条款和公平与公正待遇条款内容上的变化尤为明显，故本书着重对这两个具有代表性的国际投资条约实体待遇条款的发展变化与改革方向进行探讨。

1. 最惠国待遇适用范围的重新考量

早期国际投资条约中的最惠国待遇条款通常仅仅通过简略的语言对最惠国待遇的基本意思进行说明。最惠国待遇条款赋予了投资者获得其他国际投资条约中更高保护标准的可能，如果投资争端中的东道国与投资者母国之外的其他国家签订了待遇更加优惠的投资条约，仲裁庭可能支持投资者援引其他投资条约条款来替代基础条约给予的投资待遇，若投资者以"摘樱桃"的方式挑选对其更为有利的条约条款来解决投资争议，无疑会使得缔约国的真实意图全部落空。近年来，双边投资协定或区域自由贸易协定投资章节中的最惠国待遇条款在内容上愈加丰富，缔约国为保证最惠国待遇适用范围的确定性，通常会直接在相应文本中附加明确的解释性条款。各国对于最惠国待遇条款进行调整的侧重点有所不同，在改革中可以采取的方法主要包括以下几种：（1）明确限定最惠国待遇条款不适用其他条约、产业或实体规则；（2）明确最惠国待遇不适用于争端解决程序问题；（3）明确"相同情形"的含义和判断标准；（4）删除最惠国待遇条款。

首先，本书第一章对于仲裁庭条约解释不一致的实证研究中已揭示出当前仲裁庭在实践中有关最惠国待遇条款最大的争议在于能否将此待遇适用于争端解决。缔约国可以明确约定缔约国投资者不能通过最惠国待遇条款来援引先前投资条约中程序性规则下的权利。NAFTA 第 11 章的最惠国待遇条款最早对争端解决的可适用性进行了排除，在新一代国际投资协定中，绝大多数缔约国通常会参照 NAFTA 做法明确约定最惠国待遇并不适用于争端解决的程序性规则。在 2018 年已公开的 13 项投资协定中，有 10 项投资协定都增加了上述限制。① 这种明确的限定方式将有效消除仲裁庭在实践中对相同最惠国待遇条款作出不一致解释的可能性。

其次，在近年来的部分国际投资仲裁案件中，仲裁庭对于投资者是否可以通过最惠国待遇条款来引入东道国与第三国 BIT 中所包含的，但案件争议所依据的 BIT 中并不存在的实体义务产生了一定的争议。② 有学者指出将最惠国待遇适用于国际投资条约实体义务"加剧了国际投资法律秩序的碎片化和不确定性，阻碍了国际投资条约的平衡化和更新换代"③。为保证新一代投资条约改革的内容能够得到有效适用，缔约国也可以明确约定最惠国待遇条款不适用于缔约国在其他国际投资中的实体性义务。例如，CETA 就明确指出缔约国在其他国际投资条约中承担的实体义务本身并不构成最惠国待遇条款下的待遇④，投资者在东道国没有实施具体措施的情况下，不能以东道国在其他协定中提供了更为优惠的投资保护措施为由指责东道国违反仲裁基础条约中的最惠国待遇条款。此外，缔约国还可以将某些特定的部门、产业或政策措施从最惠国待遇条款中切割出去。⑤

---

① 参见 UNCTAD 网站，https://investmentpolicyhub.unctad.org/IIA，访问日期：2019 年 1 月 18 日。

② See Teinver S.A., Transportes de Cercanías S.A. and Autobuses Urbanos del Sur S.A. v. Argentine Republic, ICSID Case No. ARB/09/1, Award of the Tribunal, paras.877-910; İçkale İnşaat Limited Şirketi v. Turkmenistan, ICSID Case No. ARB/10/24, Award, paras. 314-317.

③ 王彦志：《从程序到实体：国际投资协定最惠国待遇适用范围的新争议》，《清华法学》2020 年第 5 期。

④ 参见 CETA 第 8.7 条第 4 款。

⑤ See UNCTAD, World Investment Report 2015, Reforming the International Investment Regime: An Action Menu, 2015.

最后，还有少数国家选择直接将最惠国待遇条款从国际投资条约中删除。最惠国待遇一直被视为国际经济法的基石，在贸易法领域，其构成了WTO多边规则的支柱。然而国际投资法律体系与贸易法体系具有明显区别，主权国家目前希望通过双边性和区域性的条约结构来实现差别化的经济政策和目标，因而有些国家认为最惠国待遇条款在投资协定中的作用有限，删除最惠国待遇条款将更有效地推进国际投资条约内容的更新换代。2009年的《东盟、澳大利亚和新西兰自由贸易协定》、2011年的《马来西亚—印度全面经济合作协定》以及2019年《欧盟—新加坡自由贸易协定》中均未设置最惠国待遇条款。

2. 公平与公正待遇条款的限缩

公平与公正待遇条款极其宽泛和抽象的表述使得条约解释的规则和方法难以发挥作用，而其与国际习惯法之间含混不清的关系则进一步加剧了国际投资仲裁实践中条约解释的不一致性。在缔约进程中，部分国家面对上述现象对相关条款进行了不同的调整。UNCTAD曾在其研究报告中总结了公平与公正待遇条款改革中的四种供主权国家参考的条约规则模式，其中包括：（1）将公平与公正待遇等同于国际习惯法最低待遇标准；（2）穷尽式地列举出公平与公正待遇的具体内容；（3）列举出违反公平与公正待遇的具体情形；（4）从公约中删除公平与公正待遇条款。① 而纵观当前的国际投资条约，公平与公正待遇条款的主要发展方向可以划分为三种类型。

第一种类型为美国所倡导的"最低标准待遇＋不得拒绝司法"模式，公平与公正待遇依然放置在最低标准待遇条款之中，但其内涵得到

---

① See UNCTAD, World Investment Report 2015: Reforming International Investment Goverance, 2015.

了进一步明晰。美国和加拿大在 NAFTA 自由贸易委员会的联合声明发布后迅速在各自的双边投资协定范本中作出了回应。2004 年，两国在各自的范本中作出了相似的解释性规定："公平与公正待遇并不要求超出或高于该标准的待遇，也不创设额外的实体权利。"然而，虽然两国都明确了公平与公正待遇与最低标准待遇之间的关系，但国际习惯法上的最低标准待遇依然是抽象的概念，面对此种情形，美国双边投资协定范本相较于加拿大范本更进一步，为增强条约条款的确定性，对于公平与公正待遇的具体内容进行了更加详细的说明，指出缔约国的公平与公正待遇的义务包括根据世界主要法律体系中的正当程序原则和在刑事、民事或行政裁判程序中不得拒绝司法的义务。但值得注意的是，这种解释性说明使用了"包括"（includes）一词，属于开放式列举，而并未穷尽公平与公正的全部情形。此后，美国与其他国家签订的 BIT 基本都采用了这一模式，2012 年美国再次调整的双边投资协定范本依然延续了这一做法。一些受美式投资协定影响的国家也纷纷效仿，例如以 TPP 为基础的 CPTPP 有关公平与公正待遇条款的表述与美国投资协定范本完全一致，2018 年阿根廷与阿联酋签订的 BIT 中也出现了相似的条款。此外，虽然加拿大投资范本仅规定了公平与公正待遇与最低标准待遇的关系，但加拿大在近年来缔结的 BIT 中也经常采用上述美国模式。①

第二种类型则为欧盟在区域性协定中发展出的广泛列举的独立公平与公正待遇条款模式。以 CETA 为例，其第 X.9 条规定违反公平与公正待遇义务是指构成以下情形的一项或一系列措施：在刑事、民事或行政程序中拒绝司法；在司法或行政程序中根本违反正当程序，包括根本

---

① 例如，在加拿大 2008 年与哥伦比亚签订的自由贸易协定和 2014 年与韩国签订的自由贸易协定中，投资章节有关公平与公正的规定均采取了"最低标准待遇＋不得拒绝司法"的开放列举式模式，虽然在具体的语言表述上与美国投资协定范本有些许差异，但基本内容完全一致。

违反透明性；明显的专断；基于性别、种族或宗教信仰等明显错误的理由的有针对性的歧视；滥权对待投资者，诸如强制、威胁和骚扰；或者违反了缔约方根据本协定所通过的任何其他义务要素。当适用公平与公正待遇义务时，仲裁庭可以考虑一缔约方是否对投资者作出了特别陈述以诱使此种投资，而该特别陈述造成了正当期待，投资者依赖此种特别陈述而决定进行或维持投资，但该缔约方后来通过其他行为挫败了此种期待。此种条款将违反公平与公正待遇的做法严格限定在了列举的情形范围之内，列举的事项来源于国际投资仲裁庭的实践经验。当然，欧盟在缔约过程中通常会根据实际情况对列举的内容进行调整。此外，欧盟模式下的公平与公正待遇条款授权缔约国在条约生效期间，根据某一成员国的请求，对东道国向投资者提供公平与公正待遇的内容进行审查，根据情况扩大或缩小公平与公正待遇所包含的具体权利义务。

第三种类型则是在国际投资条约中取消公平与公正待遇条款。采取此种做法的国家通常会将不得拒绝司法等东道国义务设置为单独的条约规范，而并不将其作为公平与公正待遇下的附属内容。在2003年澳大利亚与新加坡签订的自由贸易协定中，两国就删去了有关公平与公正待遇的规定。近年来，有部分国家进一步对公平与公正待遇问题采取了回避的态度，印度在2015年推出的投资协定范本中就采取了这种做法，其范本第3条规定了投资的基本待遇，其中包括缔约国不得拒绝司法，不得不给予救济且极其恶劣地违反正当程序，不得以明显粗暴的方式对待外国投资或投资者。这些投资待遇实际上与仲裁实践中公平与公正待遇条款的解释相契合，但印度并未使用"公平与公正"这样的字眼来概括上述缔约国义务，印度在2015年后与其他国家签订的投资协定均采用了这种模式。在2018年哈萨克斯坦与阿联酋签订的BIT中，缔约国也使用了"投资的保护"来概括和公平与公正待遇相似的投资待遇。此外，还有部分国家将"公平与公正"的词汇放置于条约的序言之中，例如在中国与土耳其、吉布提和荷兰签订的 BIT 中，"公平与公正"的表述都出现在了条约的序言中，但在投资待遇的具体规则中并没有设置独立的公平与公正待遇条款。此种做法将缔约国为投资者提供公平与公正待遇的要求原则化，只有在条约中具体的投资待遇规则穷尽时，仲裁庭才可以使用公平与公正原则来解决争议。

公平与公正待遇条款三种不同的发展路径反映了不同国家间政策立场的差别。美式公平与公正待遇条款精细化的程度较为有限，仅仅缓解了仲裁庭有关公平与公正待遇与最低标准待遇关系的解释不一致现象，但开放式的设计使得仲裁庭在解释此类条款时仍有一定的自由判断空间。而欧盟倡导的列举式公平与公正待遇条款则将仲裁庭的裁量权限缩在了非常狭小的空间之中，条款中列举的事项越多，则投资者能够主张的权利就愈加宽泛，但给予投资者何种程度的保护将完全取决于缔约国的约定，公平与公正待遇条款的确定性效果很强，但同时也意味着其灵活性的减损①。而删除公平与公正待遇条款的做法则从根本上消除了仲裁庭作出不一致解释的可能性。随着国际投资活动向着更多新兴领域不断发展，东道国对投资的新政策和新措施也不断涌现，在此背景之下，缔约国在提升国际条约具体规则精细化程度的同时，也要为新型投资形式和问题的涌现与变化预留管制空间，保障自身的经济权益，针对不同的缔约对象和特定现实情况在确定性与灵活性之间寻求平衡。

三、间接征收条款的调整

征收条款所针对的是东道国非歧视但却对投资带来负面影响的管理

---

① 参见王彦志：《国际投资法上公平与公正待遇条款改革的列举式清单进路》，《当代法学》2015 年第 6 期。

措施，仲裁庭对间接征收条款的不一致解释引发了一个巨大疑问，即如何划分需要进行补偿的征收行为与不需要补偿的合法公共政策之间的界限。美国投资协定范本奠定了间接征收条款精细化的基础。2004 年，美国投资协定范本在附件中列举了仲裁庭在判断间接征收时应当考虑的要素，并明确了不属于间接征收的行为。美国近年来缔结的国际投资条约通常规定仲裁庭在决定缔约一方的行为在一个具体案件中是否构成间接征收时应当逐案分析、以事实为依据并考虑以下因素：（1）政府行为的经济影响。若缔约方的行为只是对投资价值产生不利的影响，并不能被认定为间接征收。（2）政府行为对投资预期的影响程度是明显合理的。（3）政府管理行为的目的和性质。若缔约方出于保护合法公共利益（如公众健康、重大安全和自然环境）的目的而采取非歧视性的措施，则不构成间接征收。此后众多国际投资协定都照搬了美国双边投资协定范本附件中的用语。2018 年生效的以 TPP 为基础的 CPTPP 依然延续了此种做法。

但欧盟在对国际投资条约进行大幅度改革的背景下对于间接征收进行了更加精细化的表述。在 CETA 和 TTIP 草案中，欧盟将东道国相关措施持续的时间列入了仲裁庭的判断要素之中。此外，缔约国约定保护公共利益的非歧视性措施不构成间接征收，但是此类例外条款均规定"特殊情况"（rare circumstances）下这一规定并不适用。虽然美国投资协定范本也有类似的条款，但是美国并未明确何为"特殊情况"。欧盟则对此问题作出了说明，"特殊情况"是指一项措施或一系列措施的影响非常严重，明显超出了该措施的目的。[①] 这段措辞表明，在区分合法的公共利益保护措施和征收时，东道国措施的目的是十分重要的判断要素。

---

① 参见 CETA 第 ANNEX 8-A 第 4 款。

第二节　双重救济下相似条款解释冲突的规避措施

双重救济之下国际投资仲裁庭适用的是不同的国际投资条约，投资者之所以通过国籍规划发起双重救济，也正是由于不同投资条约间或多或少存在差异，在国际经济活动开展过程中，众多跨国公司在正式启动海外投资前都会对拟投资的东道国法律体制和国际投资缔约情况进行详细调查，在这一过程中寻找签订了包含更高投资保护水平条约的国家作为理想的公司设立地。要求仲裁庭在条约实体待遇规则的解释过程中保持高度一致很有可能会忽视条约间客观存在的差别，违背缔约国本意，而通过国际投资法多边化实现投资待遇标准的统一在现阶段也并非易事。因此，在当前投资者与国家争端解决机制下，通过对于双边途径预防不同仲裁庭对同一争议的重叠管辖才是规避双重救济这种平行仲裁程序下相似条约条款解释冲突的合理之举。

一、对投资者的身份进行限定

投资者获得一项国际投资条约保护的前提是满足该国际投资条约对于"投资者"的身份要求。当然，如何界定条约的适用范围是缔约国政策定位和利益平衡的综合结果。早期的国际投资活动呈现西方发达国家资本向发展中国家单向流出的状态，发达国家意图通过国际投资条约为本国投资者提供更强有力的规则保障，而发展中国家则存在引进外资的迫切需求，因而许多国际投资条约对于投资者的定义十分宽泛，以设立地或注册地作为国籍判断的标准是国际投资条约中最为常见的做法。例如，2004 年加拿大投资协定范本和美国投资协定范本均规定"缔约方企业是指根据缔约一方的法律所组建的企业和位于缔约一方领土内从事经营活动的分支机构"。NAFTA 和 ECT 关于缔约方企业的定义同样为"根据公约签署国法律成立的公司或其他组织"。这种投资者国籍界定模式为投资者通过第三国转投资获得更有利的保护提供了法律基础。

对于采取注册地标准的国际投资条约，仲裁庭在实践中并不会主动适用"揭开公司面纱"理论。本书第一章已提及 Tokios v. Ukraine 案、Saluka v. Czech 案和 Rompertrol v. Romania 案，在这三起案件中，仲裁申请人均为被他国国民完全控股的中间公司，东道国在管辖权抗辩中均对申请人在双边投资协定下的"投资者"资格提出了质疑，但由于案件所依据的乌克兰与立陶宛双边投资协定、荷兰与捷克双边投资协定和荷兰与罗马尼亚双边投资协定均采取了"注册地"标准，因而仲裁庭均承认了申请人为基础投资协定下的适格投资者。Saluka v. Czech 案仲裁庭对东道国的抗辩表示同情，但其随后指出，仲裁庭不能强加给当事人一个不同于之前取得共识的"投资者"定义，其并没有自由裁量权去为投资者的身份加入其他要求。①

近年来，部分国家开始尝试对投资者的身份进行重新限定，除注册地标准外，国际投资条约中出现了另外两类判断投资者国籍的要素，其一为实质联系标准，其二为控制标准。

实质联系标准要求投资者在缔约国境内开展实质性经济活动或者对企业进行有效管理。当然各国对于实际联系的表述有所不同，例如，CPTPP 将缔约国企业定义为根据缔约国法律成立并在此开展商业活动的企业。而《欧盟与新加坡投资保护协定》的表述则更为精细，协定第1.2 条规定欧盟法人或新加坡法人是指依照缔约国法律成立并在缔约国

---

① See Saluka Investments BV v. The Czech Republic, UNCITRAL, Partial Award, para.241.

境内设有注册办公室、中心管理机构或主营业地，但仅设有注册办公室或主营业地并不能被视为缔约国法人，除非其在缔约国领土内进行实质性的商业操作。此外，德国、法国等国家则采取了住所地标准，住所地相对于注册地而言强调了企业与缔约国的实际联系，既可以指具有实际联系的主营业地，也可以指企业管理中心所在地，但"住所地"的含义并不十分确切，其同时也涵盖了企业的注册地，在仲裁实践中依然需要仲裁庭进行进一步解释。

实际控制标准则要求被缔约国国民有效控制的企业才能被视为缔约国投资者。但当前单独采用此种标准的国际投资条约数量较少，控制标准通常与实质联系标准共同出现，例如《日本与新加坡自由贸易协定》第72条规定缔约国企业是指依据另一缔约国适用法律成立或组建的公司，但是由非缔约国国民所拥有或控制且在另一缔约国未开展实质性商业运营的公司除外。欧盟与加拿大双边条约中，实际联系标准与控制标准则以并列关系纳入了投资者定义中，CETA第8.1条规定："缔约国企业是指依据该缔约方法律组成或组建并在该缔约方领土范围内开展实质性经营行为的企业；或依据该缔约方法律组成或组建并由该缔约方自然人或符合前述第1款的企业直接或间接控制的企业"。

实际联系标准与注册地标准相结合的模式要求适格投资者必须同时满足依缔约国法律建立并实际在缔约国开展经济活动两个要件，这对于限制条约所涵盖的投资者范围可发挥一定作用，但是对开展投资活动的企业而言，实际联系的构建并非难事，因为投资者只需要安排在第三国成立的中间公司在当地开展少量经营活动且定期在当地召开董事会等即可满足要求，投资者仍可以较为轻松地实现这些要求，顺利进行转投资，进而在产生投资争议时选择对自己更为有利的条约寻求救济。相比较而言，同时要求缔约方满足注册地标准和控制标准则能更为有效地限制第三国转投资之下的空壳公司的产生。例如A国投资者在B国设立中间公司，再由 B 国公司向 C 国进行投资，如果 B 国与 C 国签订的 BIT 规定适格投资者必须依据缔约国法律成立并由缔约国国民控制，则此时由于中间公司的控制人为 A 国国民，其无法以 B 国投资者的身份依据 B 国和 C 国签订的 BIT 提起投资仲裁。

值得注意的是，控制标准出现在投资条约中并不意味着适格投资者范围的限缩，例如，在荷兰和委内瑞拉签订的 BIT 中，投资者是指根据缔约国法律成立的法人或由缔约国国民直接或间接控制的企业。在中国与瑞士的 BIT 中也存在类似的规定。此时投资者满足其中之一要素即可获得投资者身份，控制标准实际上扩张了投资条约的保护范围，反而为企业进行条约挑选创造了便利条件。因而，如果缔约国意图通过控制标准消除双重救济之下的平行仲裁，需要在拟定条约内容时谨慎处理不同国籍判断要素间的逻辑关系。

虽然主权国家可以通过新一代条约的修改对投资者身份进行限缩，但是仍有部分国家出于本国经济利益的考量，在缔结国际投资条约时往往采取开放态度，尽可能为投资者创造便利，提供高水平的保护规则。而投资者也积极利用这一现实条件进行国籍规划，通过在这些国家轻易获得的新身份去寻求更为有利的投资政策。"采取这种做法的国家通常被投资者视为'条约天堂'。"[①] 其中最具代表性的国家莫过于荷兰，目前荷兰是世界上签订双边投资协定最多的发达国家之一，截至 2018 年，荷兰已与世界其他国家签订了 164 项国际投资条约，其中多数条约在投资者的定义上都采取了注册地标准与其他标准选择适用的模式。在宽松国籍政策的吸引之下，已有大量公司和企业将荷兰作为投资公司的注册地，并以此为中转站对其他国家开展进一步的投资活动，而不在荷兰境内开展任何实质性的经营，甚至不需要设立办公室并雇佣员工，与荷兰

---

① 黄世席：《国际投资仲裁中的挑选条约问题》，《法学》2014 年第 1 期。

不具有任何实质性联系。但是，当投资者与东道国发生争议时，投资者却可以轻易地同时根据其真正母国与东道国签订的 BIT 和荷兰与东道国签订的 BIT 同时发起两项仲裁，引发相似条约条款的解释冲突，致使同一案件事实可能最终出现相互冲突的法律后果。

以荷兰为中转国的国籍规划或挑选条约已经多次出现在国际投资仲裁的实践中，目前以荷兰投资者名义发起的投资仲裁案件已高达 134 件，仅次于美国，而荷兰作为东道国的投资争议数量却仅有 3 件。① 这引发了部分国际投资仲裁庭和国际社会的抨击与批判，但是荷兰这种在投资条约中对投资者或国民不设任何限制的缔约模式目前仍在延续，而大量包含类似规则的条约依然处在生效状态。这种现象不仅使得双重救济的平行仲裁现象难以消除，也会导致其他国家在投资条约改革中为平衡东道国利益与投资者利益所付出的努力被投资者轻而易举地规避。

二、订入拒绝授惠条款

在国际投资条约中对投资者身份进行限定的主要目的在于限缩国际投资仲裁庭的管辖范围，当投资者通过国籍规划就同一争议同时发起多项仲裁时，东道国可以提出属人管辖异议来遏制投资者滥用条约的行为。而当投资争端中的东道国无法通过管辖权阶段的第一道闸门有效遏制投资者的双重救济时，国际投资中的拒绝授惠条款（Denial-of-benefits Clause，也被称为利益决绝条款）可以作为第二道安全阀，在投资者与缔约国无实质联系的情况下，允许东道国撤回条约所授予的利益，进而

---

① 参见 UNCTAD 网站，https://investmentpolicyhub.unctad.org/ISDS/FilterByCountry，访问日期：2025 年 1 月 28 日。

终止仲裁程序。但在缔约实践中拒绝授惠条款仍存在不同的规则模式，进而导致仲裁实践中出现不同的适用结果，因此，主权国家在国际投资条约中设置该条款时应审慎精确地处理条文用语，以实现预防双重救济的目的。

1.拒绝授惠条款的规则模式

"拒绝授惠条款是指国际投资条约中规定的在特定条件下缔约一方保留拒绝给予另一缔约方投资者在条约项下部分或全部利益之权利的条款。"① 众多国际投资条约中都存在此类条款，但不同条约条款在内容上存在一定差异。

首先，对于拒绝授惠条款所覆盖的权利范围，存在两种不同的规定模式。第一种模式之下，缔约国拒绝授惠的范围包括整个双边投资协定或区域性自由贸易协定投资章节的所有内容，其中既包括实体待遇，也包括争端解决的程序性权利。NAFTA 第 1113 条规定当投资者满足特定条件时，缔约国可以拒绝授予其投资章节下的利益。美国 2012 年的投资协定范本第 17 条也作出了同样的规定。2018 年生效的 CPTPP 依然沿用了这一做法。第二种模式则是 ECT 所采取的特殊做法，ECT 中的拒绝授惠条款对于实体性权利和程序性权利进行了区分。当投资者符合特定情形时，缔约方可以拒绝授予该投资者公约第三部分的实体性权利。

在实践中，仲裁庭对于两种不同的条约模式进行了区别对待。第一种模式的拒绝授惠条款在适用过程中，仲裁庭会着重分析和判断该条款与仲裁庭管辖权的关系，但仲裁庭对这一问题的态度并不统一。例如，Waste Management v. Mexico 案仲裁庭认为 NAFTA 中的拒绝授惠条款

---

① 漆彤:《论国际投资协定中的利益拒绝条款》,《政治与法律》2012 年第 9 期。

会对管辖权产生影响，如果投资者的实际情况与条约拒绝授惠的要件相吻合，则 NAFTA 给予缔约国投资者的相关投资权利就应被撤回，因而争议所涉及的投资者将无权发起投资仲裁，仲裁庭也自然不享有对此争议的管辖权。① 而在 Pac Rim Cayman v. El Salvador 案中，《美国—多米尼加共和国 / 中美洲 / 美国自由贸易协定》（*U.S.—Dominican Republic-Central America Free Trade Agreement*, 简称 DR-CAFTA）对缔约国拒绝授惠的规定与 NAFTA 相似，但仲裁庭认为东道国援引该条款并不意味着其撤回了对于仲裁的"同意"，应当在假定仲裁庭有管辖权的基础之上对投资者是否满足拒绝授惠的要件进行判断。②

"ECT 之下的投资仲裁案件则并未出现上述争议，仲裁庭高度统一地认为 ECT 的拒绝授惠条款于管辖权无碍。"③Plama v. Bulgaria 案是第一个涉及拒绝授惠条款的案件，被申请国保加利亚提出了管辖权异议，其主张投资者只能对东道国违反 ECT 第三部分实体义务的行为提请仲裁，而保加利亚拒绝授予投资者在 ECT 第三部分之下的实体权利，因而仲裁庭不享有管辖权。但仲裁庭最终并未支持这一主张，并指出根据拒绝授惠条款的用语，缔约国可以拒绝的利益仅限于 ECT 第三部分，不包括投资者根据 ECT 其他章节有关投资者启动投资仲裁的权利，实体权利问题应在实体阶段进行裁决，而不影响仲裁庭的管辖权。④ 在 2014 年公布裁决的 Hulley v. Russian 案、Yukos v. Russian 案和 Veteran v.

---

① See Waste Management v. United Mexican States, ICSID Case No. ARB（AF）/ 00/3, Award, para.80.

② See Pac Rim Cayman LLC v. Republic of El Salvador, ICSID Case No ARB/09/12, Decision on the Respondent's Jurisdictional Objections, paras.4.18-4.23.

③ Loukas A. Mistelis, Crina Mihaela Baltag, Denial of Benefits and Article 17 of the Energy Charter Treaty, *Penn State Law Review*, 113（4）, 2015.

④ See Plama Consortium Limited, ICSID Case No. ARB/03/24, Decision on Jurisdiction, paras.147-148.

Russian 案中，仲裁庭均采取了同样的做法。①

其次，对于缔约国拒绝授惠的事由，不同投资协定也存在不同的规定。NAFTA 第 1113 条第 2 款则规定，如果投资者在缔约另一方境内无实质性商业活动，并且该企业由非缔约方或拒绝利益的缔约方的人拥有或控制，则缔约国可以拒绝授予该投资者或投资在此章节下的利益。在此规定下，缔约国可以拒绝利益的情形十分有限，投资者必须同时符合被非缔约国控制和在注册地无实质性经营活动两个条件。而在近期签订的许多投资协定中，一些缔约国则倾向于将控制要件和无实际经营要件拆分为独立的两种情形，只要投资者符合其中一项即可触发这一条款，从而降低了拒绝授惠条款的适用门槛。例如 2018 年 CPTPP、2018 年《新加坡与斯里兰卡自由贸易协定》和 2018 年《中美洲与韩国自由贸易协定》都采用了这一模式。

最后，在拒绝授惠条款的行使方式上，不同条约之间也存在差别。NAFTA 第 1113 条第 2 款要求利益拒绝方在使用该项权利前应事先通知或与另一缔约方进行共同磋商，这一程序要求被后续许多国际投资条约所采纳。在实践中，如果争议的东道国没有作出明确的通知而直接在仲裁中援引拒绝授惠条款，将难以获得仲裁庭的支持。也有部分国际投资条约并没有设置通知或磋商这类程序要求，例如 ECT、阿根廷与阿联酋 BIT、CPTPP 等条约均未对此作出要求。

2. 拒绝授惠条款在实践中产生的分歧

虽然拒绝授惠条款已普遍存在于国际投资条约之中，但东道国在

---

① See Hulley Enterprises Ltd. v. Russian Federation, PCA Case No. AA 226, Interim Award on Jurisdiction and Admissibility, paras.455-460; Yukos Universal Limited（Isle of Man）v. The Russian Federation, PCA Case No. AA 227, Interim Award on Jurisdiction and Admissibility, paras.456-459; Veteran Petroleum Limited v. The Russian Federation, PCA Case No. AA 228, Interim Award on Jurisdiction and Admissibility, paras.512-515.

援引该条款时仍出现了不少困难，国际投资仲裁庭对于该条款的具体适用存在不同看法，但总体上仲裁庭倾向于对该条款进行严格的限制性解释，在缔约过程中，国家应当尽快在国际投资条约的实体规则中对以下问题加以明确，以防止这一具有重要价值的条款被仲裁庭架空。

对于拒绝授惠条款的溯及力，国际投资仲裁庭并未形成一致的意见。对于这一问题，ECT 之下的仲裁庭通常认为东道国援引该条款仅仅可以对此后发生的投资活动产生效果，但对于已经提交仲裁的争议并没有溯及力。在 Plama v. Bulgaria 案中，仲裁庭指出利益拒绝权的存在与该项权利的行使存在差别，缔约国必须通过宣告或通知等方式明确表达其拒绝授惠的意志，根据 ECT 的目的与宗旨，为保护长期合作法律框架的稳定和投资者的合理期待，该行为只对此后发生的投资具有约束力，在仲裁开始后缔约国不能援引该条款追溯已经发生的争议。① 在近期公布裁决的 Veteran v. Russian 案、Hulley v. Russian 案和 Yukos v. Russian 案中，仲裁庭依然采取了同样的做法，为 ECT 中的拒绝授惠条款增加了运行条件。② 然而在一些其他投资条约之下进行仲裁的案件之中，仲裁庭则允许东道国在争端解决程序开始后援引该条款来撤销东道国对于投资者的义务，例如 Ulysseas v. Ecuador 案仲裁庭在其裁决中明确指出投资者已经明确知晓投资协定中存在拒绝授惠条款，那么投资者应当可以预先设想到东道国在这份双边投资协定生效期间随时有可能行

---

① See Plama Consortium Limited, ICSID Case No. ARB/03/24, Decision on Jurisdiction, paras.147-148.

② See Hulley Enterprises Ltd. v. Russian Federation, PCA Case No. AA 226, Interim Award on Jurisdiction and Admissibility, paras.455-460; Yukos Universal Limited（Isle of Man）v. The Russian Federation, PCA Case No. AA 227, Interim Award on Jurisdiction and Admissibility, paras.456-459; Veteran Petroleum Limited v. The Russian Federation, PCA Case No. AA 228, Interim Award on Jurisdiction and Admissibility, paras.512-515.

使这项拒绝授予其利益的权利。①

　　仲裁庭的这种做法受到了理论界的批判，学者普遍认为仲裁庭的裁决使拒绝授惠条款失去了可操作性，违背了缔约国的真实意图。② 面对仲裁庭的做法，部分国际投资条约缔约国开始在拒绝授惠条款中明确其可使用的时间。例如在 2012 年签订的《中华人民共和国政府和加拿大政府关于促进和相互保护投资的协定》中，两国明确约定缔约国可以在任何时间段内行使拒绝授惠的权利。2017 年《中国香港—东盟投资协定》第 19 条则更加明确地指出在仲裁程序开始后依然可以行使拒绝授惠的权利。

　　此外，对于拒绝授惠条款举证责任的分配，仲裁庭也存在解释上的分歧。在 Plama v. Bulgaria 案的实体审理阶段，仲裁庭认为应当由投资者证明其不符合拒绝授惠的要件。然而在 Amto v. Ukraine 案中，面对同样的 ECT 条款，仲裁庭则主张投资者只需证明其满足条约对于投资者的要求，拒绝授惠条款的适用是由东道国主张的，因而举证责任应当由东道国承担。③

---

① See Ulysseas, Inc. v. The Republic of Ecuador（PCA No. 2009-19, PCA Case No. 2009-19, Final Award, paras.164-174.

② See Michael Waibel, Asha K aushal, Kyo-Hwa Chung, Claire Balchin, *The Backlash against Investment Arbitration, Perception and reality*, Kluwer Law International, 2010, p.26; Zachary Douglas, *The International Law of Investment Claims,* Cambridge University Press, 2009, p. 470.

③ See Limited Liability Company Amto v. Ukraine, SCC Case No. 080/2005, Final Award, paras.63-65.

第五章　国际投资争端解决的程序性
规则改革

　　国际投资条约解释的不一致现象促使国际投资仲裁程序规则不断做出调整，与此同时，ISDS 机制的发展和完善是实现条约解释一致性目标不可或缺的制度保障。然而，ISDS 机制的改革并未如同国际投资实体规则改革一般在经验的积累和不断摸索中形成共识，而是在发展方向上出现了严重分歧，导致当前投资者与国家间仲裁机制的存废陷入了难以预测的境况。纵观现有改革实践和理论成果，目前国际社会就 ISDS 机制的发展方向仍存在较大的分歧。ISDS 机制背后有着两股相反的作用力同时对改革进程作出牵引，一方面国际社会希望通过多边平台寻求具有高度一致性的改革方案，另一方面主权国家通过不同渠道和路径维护各自认可但彼此间存在冲突与竞合的争端解决规则。笔者认为，根据不同改革发展动向中投资者、主权国家和争端解决机构之间联结方式与权力分配结构的不同，当前 ISDS 机制面临着中心化与去中心化两种模式选择。当前 UNCITRAL 第三工作小组的多边改革工作进展缓慢，对于 ISDS 机制最核心的结构性问题尚未取得明显突破，成员国对于中心化与去中心化两种争端解决模式的分野正是导致改革僵局的症结所在。本章节将以增强条约解释一致性为线索，对中心化和去中心化两种 ISDS 机制改革模式的选择进行探讨。本章节首先将中心化与去中心化这对概念在 ISDS 机制下的基本内涵进行介绍；其次对中心化与去中心化模式下改革措施的具体内容和基本架构进行研究，并在此基础之上分析二者对实现国际投资条约解释一致性目标的真实意义与作用；最后，进一步对 ISDS 机制改革分歧的产生原因加以探究，并对 UNCITRAL 多边改革工作可能出现的结果及其对条约解释一致性的影响进行分析。

第一节　中心化与去中心化在国际投资争端解决语境下的内涵

ISDS 机制是国际争端解决体系中极具特殊性的组成部分，在具体讨论 ISDS 机制的发展模式前，首先须明确中心化与去中心化这对概念在国际争端解决语境下的含义。国际法众多子领域中的争端解决机制各自发展出了不同的运作模式，中心化与去中心化可以用以描述特定争端解决机制下争端方与裁判机构之间的权力分配关系。中心化与去中心化模式的形成与特定国际法子领域内法律争议的属性紧密相关。总体而言，具有公法性质的国家间争端解决机制通常表现出了较强的中心化特征，而调整私人间商事关系的国际争端解决机制则呈现了明显的去中心化特征。

一、国际争端解决机制中心化与去中心化的概念内涵和具体表现

中心化与去中心化通常用以描述事物向中心汇集或向四周离散的结构特征。在中心化的结构下，各节点均与中心形成联结，中心对各个节点的运行具有较强的控制力。而去中心化则是一种不具备强制性控制中心的开放式、扁平化、平等性的系统结构。国际争端解决机制作为全球

治理体系的重要组成部分，中心化与去中心化同样可以应用于对争端解决体系下裁判机构权力分配和不同参与主体间相互关系的分析和阐释，在国际法学界，已有少数学者将这一概念应用在国际争端解决的理论研究中。① 中心化的国际争端解决机制是指在某一国际法领域内，解决相关法律争议的裁判权力集中于统一常设的争端解决机构，该机构选聘固定的裁判人员，适用相同的争端解决程序规则，形成具有较强体系性和一致性的争端解决体系。此种模式下，争端解决参与主体受制于统一程序规则的严格约束，对程序的干预或选择空间较小。而去中心化的争端解决模式则是指某一国际法领域内不在统一的争端解决机构，裁判权力相对分散，由数量众多且彼此独立的临时性裁判主体基于争端方的特殊约定，根据较为灵活的程序规则对争议进行裁决的机制。在此模式下，争端解决当事方对于程序问题享有较高的意思自治空间。换言之，中心化的国际争端解决机制兼具多边化和司法化的突出特点，而去中心化的国际争端解决机制则更加区域化和契约化。

在国家间争端解决领域，通过多边公约创设的常设国际司法机构通常具有典型中心化特征。ICJ 作为联合国司法机构，依照国际法解决各国向其提交的法律争端，虽然其诉讼管辖权建立在国家同意基础之上，但由于《联合国宪章》在现代国际法和国际社会中的重要地位，其已成为国家间争端和平解决的司法中心。截至 2021 年成立 75 周年时，ICJ 共处理了 154 个诉讼案件，涉及领土主权、海洋划界、单边制裁、非殖民化、不使用武力、外交和领事关系等重要领域的国际法事务。在《国

---

① See Ernst-Ulrich Petersmann, Justice as Conflict Resolution: Proliferation, Fragmentation, and Decentralization of Dispute Settlement in International Trade, *University of Pennsylvania Journal of International Law*, 27（2），2006；Anthea Roberts, "UNCITRAL and ISDS Reform: Visualising a Flexible Framework, Blog of the European Journal of International Law, 参见 https://www.ejiltalk.org/uncitral-and-isds-reform-visualising-a-flexible-framework/, 访问日期：2024 年 7 月 1 日。

际法院规约》和《国际法院规则》的作用下，ICJ 在争端解决机制中具有解释和适用国际法的权威地位，争端当事国需严格遵循相应的诉讼程序。虽然其判决仅对争端当事方产生拘束力，但 ICJ 注重判例和条约解释一致性，例如在 1953 年 Ambatielos（Greece v. UK）案中，国际法院指出"本院不会背离国际法中确立已久并被本院和常设国际法院先例所接受的原则"①。此外，《联合国海洋法公约》(*United Nations Convention on the Law of the Sea*) 下设立的国际海洋法庭（International Tribunal for the Law of the Sea）也是在多边机制下形成的具有较强司法特征的中心化争端解决机制。在国际贸易法领域，WTO 的争端解决机构则具有更为突出的中心化特征。成员方在 WTO "一揽子协定"下的利益受到损害时，只能请求 WTO 争端解决机构对其他成员方的贸易措施合法性作出判断，争端解决构建了强制管辖权和严格的裁判程序规范，通过上诉机制对初审专家组的法律适用错误进行纠正，并适用"反向一致"原则确保裁决效力。

在私人间的国际商事争端解决领域，以商事仲裁为代表的争端解决机制则具有显著的去中心化的特点。当前，在世界范围内，众多国家都建立了大量的商事仲裁机构，其中比较有国际影响力的仲裁中心包括国际商会仲裁院、斯德哥尔摩商会仲裁院、伦敦仲裁院、美国仲裁协会、新加坡国际仲裁中心和中国香港国际仲裁中心等。近年来中国境内的商事仲裁机构也迅速发展，数量已高达 270 家。以中国国际经济贸易仲裁委员会为例，截至目前，其案件涉及 83 个国家和地区，国际化水平极高。② 数量庞大的商事仲裁机构之间相互独立，并不存在层级关系。在某一特定仲裁机构下也并不设立常设裁判机构，而是基于商事主体的仲

① Ambatielos（Greece v. United Kingdom），ICJ Judgment, 19 May 1953, p.19.
② 参见仲裁网，https://www.china-arbitration.com/index/news/detail/id/2153.html，访问日期：2024 年 7 月 1 日。

裁协议，依据争端方对仲裁员的选择建立临时仲裁庭，这些仲裁庭仅负责裁决特定案件并且实行一裁终局，彼此之间也相互独立。虽然国际商事仲裁机构通常会制订专门的仲裁规则，但此类仲裁规则具有较强的任意性，争端当事方具有较大的程序选择权，可以对仲裁规则的内容进行减损或修改。

二、当前 ISDS 机制的去中心化特征及其成因

不同于传统的国家间争端解决机制或国际商事争议解决机制，ISDS 机制所处理的法律争议具有融合公法与私法的特殊属性，但 ISDS 机制在结构上则更接近于私人间商事仲裁的去中心化模式，这源于 ISDS 机制创设初期的"去政治化"历史背景、国际投资法实体规则的双边化发展趋势和投资争议本身蕴含的利益冲突，这些因素在促成 ISDS 机制去中心化结构的同时也为该机制埋下了矛盾和隐患。

在国际投资争端解决领域，当前以投资者—国家仲裁为基础的 ISDS 机制具有较为突出的去中心化结构特征。从投资争议解决参与主体的权力分配样态上来看，虽然《ICSID 公约》建立了国际投资争端解决中心，但此中心并非真正的裁判权力中心，而仅为对仲裁案件进行行政管理的中心。且在 ICSID 之外，PCA 和其他国际商事仲裁机构也可以处理投资仲裁案件。不同仲裁庭的运作依然建立在大量 BIT、东道国国内法或投资合同中构建起的投资者与东道国仲裁协议之上，争端解决具有高度独立性和明显的契约性。仲裁程序的商事化则赋予了争端当事方较大的意思自治空间，尽管仲裁机构为当事方提供了仲裁员名册和仲裁规则，但仲裁庭的管辖权、仲裁员选任、具体仲裁程序事项均基于争端当事方的仲裁协议和意思表示，处理投资争议的仲裁庭仅服务于个案，彼此间相互独立，不存在对其运行进行强力控制的上层主体。因

此，在投资争端解决机制之下，仲裁个案中的投资者与东道国之间形成了点对点链接的权力分散型网状结构，而非统一由特定裁判机构控制的权力集中型伞状结构。

在有关的理论研究中，去中心化的治理模式通常具有一些典型特征，包括复杂性、碎片化、高度自治、不存在公共与私人的明显区分等。① 当前，国际投资争端解决机制的现实情形与上述特点高度相符。首先，去中心化治理结构呈现复杂性通常是指其中存在多种因素相互作用，不同参与主体的目标和意图多样化，在不同因素相互影响下产生了稳定与变化之间的紧张关系。在 ISDS 机制运行和改革的过程中，能够受理投资仲裁案件的机构数量繁多且性质各异，具体裁决案件的仲裁员资质背景也复杂多样，争端当事双方的法律属性也不同于传统国家间机制或国际商事仲裁。在上述因素的共同作用下，国际投资争端解决的复杂性大大增强。其次，碎片化和自治性是去中心化体系中参与主体复杂多样的必然结果。"国际法的碎片化涉及机构性和实体性两方面的问题。"② 其中机构性问题是指适用国际法的不同的裁判机构之间的管辖权和它们之间的层级问题。当前的 ISDS 机制可以被视为国际法裁判机构性碎片化的典型例证，个案仲裁庭的独立自治和不同仲裁机构间的竞争关系，导致平行程序和仲裁庭管辖权冲突等问题难以化解。再次，根据所调整的法律关系性质之不同，法律规则和制度存在公法与私法的严格界分，背后的逻辑、价值和原则也蕴藏着巨大差异。而国际投资争端解决机制下投资者可直接在国际争端解决机构对东道国政府发起仲裁，这打破了传统国际公法与国际私法的调整界限。ISDS 机制设计之初着重

---

① See Julia Black, Critical Reflections on Regulation, *Australian Journal of Legal Philosophy*, 27, 2002.

② United Nations, Report of International Law Commission on the Work of Its Fifty-eight Session, Chapter XII, 2006, p.177.

考虑对投资者私人利益的保护，争端解决程序也高度保留了解决合同纠纷的商事仲裁机制属性。然而东道国与投资者之间实则具有管理与被管理的公法性行政关系特点，投资者在仲裁中所挑战的通常为东道国的公共政策，所适用的法律规则更是投资者母国与东道国签订的国际公法条约。这种私利与公益在同一争端下的混合关系正是当前去中心化 ISDS 机制的独特所在。

当前去中心化的 ISDS 机制出现的重要原因是投资争端解决"去政治化"的历史背景。在投资者—国家仲裁机制产生之前，投资者解决与东道国之间投资争议的路径仅有两条，其一是寻求东道国的当地救济，其二是由投资者的母国发起外交保护，这两条路径都具有与国家意志关联性极强的政治属性。东道国当地救济主要依赖于主权国家国内司法体系、行政部门或仲裁机构，由于这些部门受制于东道国国家意志的干预，投资者往往认为其难以通过这一路径获得公平的争议解决结果。① 当受到东道国国家行为侵害的投资用尽当地救济仍无法获得补偿时，投资者可以向其母国寻求外交保护，然而外交保护并不是主权国家对其国民负有的义务，而是主权国家的一项权力，因此投资者母国政府在决定是否要为投资者提供保护进而与东道国政府发生争端时会有多重考虑。如果提起国家间诉讼需要在外交、军事或地缘政治目标等方面做出妥协，投资者母国可能会因为投资争端之外的原因而不为投资者提供任何保护。② 在政治化的争端解决模式下，投资者在寻求救济过程中要受制于东道国及其母国的政治立场，投资者自身对于争端解决中的程序缺乏自主权和控制力。

---

① See Gabrielle Kaufmann-Kohler, Michele Potestà, *Investor-State Dispute Settlement and National Courts: Current Framework and Reform Options*, Springer, 2020, pp.17-20.

② See Andrew Newcombe, Lluís Paradell, *Law and practice of investment treaties: standards of treatment*, Kluwer Law International, 2009, pp.44—46.

ISDS 机制产生于发展中国家倡导国际经济新秩序与发达投资者利益保护冲突加剧的时代背景之下，加强对投资者私人权利的保护成为资本输出国的首要目标。因此通过去"去政治化"的争端解决机制保护投资者利益是根植于 ISDS 机制形成发展过程中的核心精神。所谓"去政治化"就是指将投资争议排除在政府间的政治范畴之外，世界银行总顾问 Aron Broches 曾反复强调："这就是制订《ICSID 公约》的首要目标。"①这种消除依赖于国家意志的政治因素，将寻求救济的主动权交予投资者的制度设计初衷是 ISDS 机制去中心化模式产生的历史根源。裁判权力高度集中的国际裁判中心往往需要依赖于国家间机制的授权，而国家间机制无法实现投资争议解决"去政治化"的目标。因此，投资争议解决借鉴了更加尊重争端方意思自治的商事仲裁制度，将争端解决的管辖基础建立在投资者和东道国的"仲裁合意"之上。

第二节　当前去中心化 ISDS 机制下条约解释一致性的保障措施

一、增强缔约国条约解释的作用

虽然国际投资条约约文的调整可以显著收缩仲裁庭的自由裁量和价值判断空间，但缔约谈判通常是漫长而复杂的过程，在此境况之下，国家对已经生效的国际投资协定进行进一步解释，阐明国际投资仲裁案件

---

① Aron Broches（ed.），*Selected essays: World Bank, ICSID, and other subjects of public and private international law*, Martinus Nijhoff Publishers, 1995, p.163.

所涉条文的真实含义，则可以更加高效地制约国际投资仲裁庭。投资条约的解释并不是仅仅仲裁庭的自言自语，而是应当被理解为投资仲裁庭与缔约国之间的建设性对话的过程。[①] UNCTAD 曾在其研究报告中指出，仲裁庭和缔约国在国际投资协定的解释中扮演不同的角色，他们共享解释之权力。[②] 在国际投资仲裁实践中，已有众多国家通过不同方式对争议所涉及的国际投资条约作出法律解释，缔约国条约解释对仲裁庭案件裁判的影响也日益显现。[③]

1. 非争端缔约国单方解释与缔约国联合解释

非争端方参与机制为投资者母国提供了在争端解决过程中对国际投资条约进行解释的可能性。早期的国际投资条约仲裁程序规则以传统商事仲裁程序为模本，秉承着保密性原则，投资者母国和多边投资协定中的其他缔约国无法就投资者与东道国争议所涉及的法律问题发表意见。20 世纪 90 年代，NAFTA 的投资争端解决规则改变了这一状况，协定第 1128 条明确规定，NAFTA 的缔约各方可以对条约的解释问题向仲裁庭提交意见。近年来，在提升国际投资条约仲裁的透明度成为国际社会的迫切需求的背景下，NAFTA 非争端缔约方参与仲裁的规则和实践被视作透明度机制的范本而被广泛参照。

在国际投资条约层面，美国和加拿大于 2004 年对其各自的投资协

---

① See Anthea Roberts, Power and Persuasion in Investment Treaty Interpretation: The Dual Role of States, *American Journal of International Law*, 104（2）, 2010.

② See UNCTAD, IIA Issues Note, Interpretation of IIAs: What States Can Do? No.3, 2011.

③ 例如，NAFTA 下成立的 FTC 于 2001 年首次对 NAFTA 第 11 章中公平与公正待遇的含义与适用作出了解释，这份声明对众多 NAFTA 案件产生了重要影响；2003 年，捷克与荷兰对于两国签订的双边投资协定颁布了一份协议备忘录，其条约解释的立场被 CME v. Czech 案仲裁庭所采纳。

定范本做出修改，明确赋予了非争端条约缔约方在仲裁程序中对条约解释问题提交意见的权利，两国在此后与其他国家签订的 BIT 中基本均采用了此类条款。① 与此同时，一些受到国际投资条约仲裁强烈冲击的中美和拉美国家也开始关注这一问题，DR-CAFTA 也引入了非争端方参与条款。在国际组织制定的仲裁规则层面，ICSID 于 2006 年对《ICSID 仲裁规则》做出修改，增设了第三方参与仲裁的条款。UNCITRAL 则于 2014 年颁布了《联合国贸易法委员会投资者与国家基于条约仲裁透明度规则》（*UNCITRAL Rules on Transparency in Treaty-based Investor-State Arbitration*，简称《透明度规则》）。在该规则当中，非争端条约缔约方参与仲裁的方式依其性质被区分为提交对条约的解释和提交对案件法律与事实问题的意见。对于前者，仲裁庭不得拒绝接受，而对于后者仲裁庭则可以自行判断是否准许。"《透明度规则》的设计具有明显的理论化倾向，将对条约的解释视为非争端缔约国权利，而非争端缔约国提交其他意见则不然"②。

除通过非争端方参与机制向仲裁庭提交单方条约解释之外，国际投资条约中出现了由全体缔约国对条约内容进行联合解释的规则，此类条款通常要求仲裁庭在案件审理过程中就国际投资条约特定的约文解释问题寻求缔约国意见，全体缔约国通过磋商等程序对约文的真正含义作出共同声明。缔约国联合解释规则又可以进一步区分为两种不同模式。其一是缔约国通过条约下建立的常设机构发布条约解释，其二是缔约国之间通过临时磋商对条约解释问题达成协议。

NAFTA 是通过常设机构进行条约解释的典范，FTC 由各缔约国的部长级代表组成，其主要任务即为解决由条约解释而引发的争

---

① 　与美国和加拿大两国签订国际投资条约的国家包括乌拉圭、哥伦比亚、智利、秘鲁、新加坡和韩国等国家。

② 　张庆麟：《国际投资仲裁的第三方参与问题探究》，《暨南学报》2014 年第 11 期。

议。①NAFTA 第 1132 条第 1 款规定当东道国主张仲裁案件争议措施属于 NAFTA 第 11 章保留或例外的范围时，在 NAFTA 缔约方的请求下，仲裁庭将此问题交由 FTC 进行判断。FTC 应当在 60 天内向仲裁庭提交一份书面解释。在仲裁实践中，FTC 曾于 2001 年 7 月和 2013 年 10 月针对 NAFTA 第 11 章有关条款发布解释声明。2001 年所作声明就国际投资仲裁中仲裁文件的公开以及 NAFTA 第 1105 条的最低待遇标准问题进行了解释。②2003 年声明则主要针对提请仲裁的通知以及非争端方参与的仲裁程序问题。③ 在 2016 年欧盟与越南缔结的自由贸易协定中也存在类似的条款，与投资章节相关的重要问题应当交由协定下设立的贸易委员会进行解释。④ 通常情况下，缔约方数量较多的区域性多边协定通常会采用此种模式，但也有少数双边投资协定参照此种做法。⑤

在多数双边投资协定之下，缔约国通常在投资仲裁案件中通过临时性磋商就条约解释问题作出联合声明。早在 1989 年加纳与荷兰签订的 BIT 中就出现了缔约国解释的专门条款，该协定第 12 条指出缔约方可以就协定中任何问题的解释请求与对方磋商，对方应当审慎考虑该请求并提供适当的磋商机会。2004 年修改后的美国和加拿大投资协定范本

---

① 2001 年 FTC 的解释声明显示委员会由美国贸易代表、墨西哥经济秘书和加拿大国际贸易部长组成。

② See NAFTA Free Trade Commission, Notes of Interpretation of Certain Chapter 11 Provisions, July 31, 2001.

③ See NAFTA Free Trade Commission, Statement of the Free Trade Commission on Notices of Intent to Submit a Claim to Arbitration, 2003; NAFTA Free Trade Commission, Statement of the Free Trade Commission on No-disputing Party Participation, 2003.

④ See *EU-Vietnam Free Trade Agreement*, Chapter 8, Article 16.

⑤ 例如，2004 年日本和墨西哥签订的自由贸易协定第 89 条规定条约解释由两国间的联合委员会作出。中国近期签订的 BIT 中也出现了类似的做法，在与智利和澳大利亚等国家缔结的自由贸易协定中也规定通过常设委员会处理条约解释问题。

中也存在由缔约方通过协商作出联合解释的规定。① 此外，也有一些多边国际投资协定未设立专门的条约解释机构，例如 DR-CAFTA 第 10.22 条以及《东盟、澳大利亚和新西兰自由贸易协定》第 27 条均规定仲裁中出现的有关投资条约解释的争议应当由全体缔约国进行商议，以求达成一致意见。

2. 缔约国解释权与仲裁庭解释权的冲突与协调

这种权力共享的状态却造成了实践中仲裁庭与缔约国之间在条约解释问题上的紧张关系，部分仲裁庭对于缔约国在仲裁过程中对国际投资条约作出的条约解释保持谨慎和怀疑的态度，缔约国条约解释效力和作用处于含混不清的状态之中。

首先，当前的国际投资仲裁规则仅承认非争端缔约方享有解释条约的权利，但并未对此类条约解释的效力进行明确规定。因而在投资者与国家间的仲裁实践当中，一些仲裁庭并不重视投资者母国在条约解释方面的作用，仅将非争端缔约国提交的条约解释内容列入判决文书，再转而依据其他条约解释的标准对约文含义进行考量。例如在 Adel A Hamadi Al Tamimi v. Sultanate of Oman 案中，美国政府作为投资者母国以第三方的身份对《美国—欧曼自由贸易协定》第 10.5 条的最低待遇标准进行了解释，但仲裁庭在其最终判决中则主要通过援引前案裁决等方式对于条文内涵加以界定，而并未充分讨论美国政府对于条约内涵的理解。②

---

① 美国在 2004 年后与澳大利亚、智利、新加坡、哥伦比亚等国家签订的双边投资协定或自由贸易协定中都包含缔约国作出联合解释的条款，加拿大与欧盟自由贸易联合会、智利、以色列等国家签订的国际投资协定中都出现了相同的条款。

② See Adel A Hamadi Al Tamimi v. Sultanate of Oman, ICSID Case No. ARB/11/33, Award, para.381.

其次，对于缔约国联合解释而言，国际投资条约通常会明确赋予其严格的拘束力，仲裁庭所作的任何裁定与判决必须与该联合解释保持一致。① 然而，在国际投资条约如此明确的规定之下，仲裁庭对待缔约国联合解释的态度仍然不尽相同。在 Mondev Int't Ltd v. USA 案中，仲裁庭接受了 FTC 声明对于最低待遇标准的解释，并表明其具有当然的拘束力。② 在 ADF Group Inc. v. USA 案中，仲裁庭指出没有比 FTC 作出的条约解释能够更加真实权威地反映条文含义的依据。③Chemtura Corp. v. Canada 案的仲裁庭也作出了同样的判断。④ 但是，Pope & Talbot Inc. v. Canada 案仲裁庭则对 NAFTA 全体缔约国作出的解释提出了挑战和质疑，认为 NAFTA 缔约谈判中并没有提及最低待遇标准与国际习惯法相关，从而认为 FTC 的声明更类似于条约修改，而非单纯的约文解释。⑤ 在 Merrill & Ring Forestry LP v. Canada 案中，仲裁庭也采取了类似的立场，主张对 FTC 的声明内容进行审查。⑥

---

① 例如，NAFTA 第 1132 条第 2 款规定："自由贸易委员会作出的解释对于仲裁庭具有拘束力，如果委员会没能在 60 天内作出解释，则由仲裁庭决定此问题。"美国 2012 年投资协定范本第 31 条也有类似规定，明确指出缔约国联合解释对于仲裁庭具有拘束力，且仲裁庭所作的任何裁定与判决必须与该联合解释一致。中国与古巴于 2010 年对两国投资促进与保护协定进行了修改，在协定第 9 条的投资者与国家间仲裁条款中特别增加了缔约国解释的问题，两国约定双方对解释问题的合意对于投资仲裁庭具有强制性。

② See Mondev International Ltd v. United States of America, ICSID Case No. ARB（AF）/99/2, Award, para.121.

③ See ADF Group Inc. v. United States of America, ICSID Case No. ARB（AF）/00/1, Award, para.177.

④ See Chemtura Corp. v. Government of Canada, Ad Hoc Arbitration under UNCITRAL Rules, 2010, para.120.

⑤ See Pope & Talbot Inc. v. Government of Canada, NAFTA Chapter 11 Arbitration, Award in Respect of Damage, para.23.

⑥ See Merrill & Ring Forestry LP v. Government of Canada, under UNCITRAL Rules, Award, para.192.

笔者认为，仲裁庭对于缔约国条约解释轻视和怠慢的态度并不恰当。仲裁庭当然享有条约解释权，但这种权力也仅仅来自缔约方的授权，仲裁庭的条约解释空间同样应取决于国际条约所划定的范围。① 如果缔约国在条约中对于其自身的解释权作出了保留，则国际投资仲裁庭的解释权限则应随之缩减。②

对于非争端缔约国的单方解释而言，尽管当前的国际仲裁规则缺乏对于其效力的明确规定，但这并不意味着仲裁庭可以轻视或忽略其在条约解释中的重要作用。缔约国通过非争端方参与机制提交的单方解释则可能构成 VCLT 第 31（3）条中的嗣后协议或嗣后实践，从而对于仲裁庭最终的条约解释结果产生影响。在有关 NAFTA 的 Canadian Cattleman v. USA 案中，仲裁庭就在其裁决中指出，国家以非争端方的身份单方提交的材料以及东道国提交的材料可能共同构成缔约国有关条约解释的嗣后协议。③ 对于嗣后协议的形式国际投资仲裁庭并没有严格要求，既可以是书面通知的互换，也可以是一致的口头宣言。虽然仲裁庭强调偶然的一致并不能达到协议的标准，两国应当有明确的达成协议的意图，④ 但仲裁庭最终在该案中认定墨西哥的非争端缔约方条约解释材料与美、加两国构成了确证缔约国对条约解释意思一致

---

① See Julián Marías, Relying upon Parties' Interpretation in Treaty-Based Investor-State Dispute Settlement: Filling the Gaps in International Investment Agreements, *Georgetown Journal of International Law*, 46（1），2014.

② See Alec Stone Sweet, Constitutionalism, Right, and Judicial Power, *Comparative Politics*, 32（3），2013.

③ See Canadian Cattlemen for Fair Trade v. United States of America, UNCITRAL, Award, para.186.

④ 在 Canadian Cattlemen v. USA 案件中，墨西哥以非争端方的身份提交了条约解释意见，但仲裁庭认为由于加拿大没有专门提交书面材料，尽管加拿大的其他单方行为在内容上与墨西哥作为非争端方所提交的材料和美国作为争端方的条约解释意思一致，也不能确证三国就条约解释问题达成了嗣后协议。

的嗣后实践。①

　　而缔约国联合解释机制实际上为国际投资仲裁庭的条约解释权的行使设置了硬性前提条件。对于投资者与东道国就国际投资条约约文含义产生的分歧，仲裁庭并不自始享有解释权，而是首先应当由国际投资条约的全体缔约国加以解释，如果全体缔约国对条约解释问题达成合意，即意味着缔约国之间对于约文的解释不存在争议，则仲裁庭无权再对条约进行解释。只有在缔约国之间无法就约文含义形成一致意见时，仲裁庭才获得自行解释条约的权力和空间。实际上，由于早期国际投资条约用语本身的抽象性与模糊性，仲裁庭判断一项解释是否因超越了条约原本含义而构成条约的修正并非易事。"公平与公正待遇""投资者""投资"等用语具有高度概括性，合法管理措施与征收之间界限难以划清，仲裁庭很难证据确凿地认定一项解释已明确构成对于条约的修正，因而仲裁庭对于缔约国联合解释进行审查所产生的影响与冲击是有限的。此外，若赋予仲裁庭对解释进行实质审查的权力，则仲裁庭需要以其自身对约文含义的理解作为判断基础，这也违背了缔约国解释机制限制仲裁庭肆意解释条约的初衷。从 Pope & Talbot Inc. v. Canada 案和 Merrill & Ring Forestry LP v. Canada 案的最终裁决结果中也可看到，仲裁庭对 FTC 声明构成条约修改的判断并不自信，如若仲裁庭忽视缔约国共同解释的强制约束力，则有可能构成《ICSID 公约》第 52 条中的"仲裁庭明显超越其权限"这一裁决撤销事由，因而仲裁庭在实践中需要十分谨慎地对待缔约国条约解释，防止其仲裁裁决被撤销。

---

① See Canadian Cattlemen for Fair Trade v. United States of America, UNCITRAL, Award, para.187.

3. 缔约国联合解释的独立性与程序正当性

在为数不多的援引 VCLT 第 31 (3) 条的仲裁案件中，有数起案件涉及缔约国根据国际投资条约作出的具有约束力的联合解释。例如，在 Methanex v. USA 案中，仲裁庭将 FTC 对于 NAFTA 第 1105 条所作声明放置于 VCLT 第 31 (3) 条的条约解释标准之下进行理解，将缔约国联合解释等同于仲裁庭进行条约解释的参考要素之一。[①] 在 Canadian Cattleman v. USA 案中，仲裁庭也采取了类似的做法，并指出 NAFTA 第 1132 条的缔约国条约解释程序规则并非构成 VCLT 第 31 (3) 条中嗣后协议的唯一方法。[②] 从仲裁庭的表述来看，其将缔约国根据国际投资条约共同发布的联合解释认定为 VCLT 解释规则中缔约国达成的有关条约解释的嗣后协议，因而又根据 VCLT 第 31 条中的其他解释标准对约文的含义展开进一步的分析。

全体缔约国通过不同形式的协商在国际投资仲裁过程中就条约解释问题达成一致意见，这确实容易使人将此与 VCLT 条约解释习惯法规则相联系。然而，仲裁庭在上述案例中的做法其实有失偏颇，已经超越了其被赋予的条约解释权限。明确赋予缔约国联合解释拘束力的国际投资条约条款事实上独立于 VCLT 条约解释之通则。ILC 在起草 VCLT 的过程中曾表明条约解释发生在两个层面：首先，唯一有效的条约解释是缔约国对条约作出的真实解释；其次，当缔约国之间就条约解释问题产生争议时，应当将问题交由第三方解决，由仲裁庭根据相关规则对约文作出解释。[③] 奥本海教授则认为缔约国间形成的此种真实解释应当超越条

[①]　See Methanex Corporation v. United States of America, under UNCITRAL Rules, Final Award of Tribunal on Jurisdiction and Merits, paras.17-18.

[②]　See Canadian Cattlemen for Fair Trade v. United States of America, UNCITRAL, Award, para.187.

[③]　See International Law Commission, Yearbook of the International Law Commission, 76th meeting, 14th July 1964, p.277.

约的一般解释规则。① 当国际投资条约争端解决程序规则中出现缔约国解释条款且缔约国根据该条款作出了联合解释时，仲裁庭应当直接采纳该解释，因为此时缔约国之间对于条约条文的含义并不存在争议，其条约解释的合意超越仲裁庭在一般解释规则下对约文含义的推理结果。缔约国解释也并不需要另行通过 VCLT 第 31（3）条的途径产生影响，仲裁庭此时也并不享有依据 VCLT 对条约进行解释的权利。从另一角度来看，国际投资条约中的缔约国联合解释机制也可以理解为相关缔约国间对于 VCLT 条约解释规则的一种修改。缔约国联合解释虽然在性质上属于在条约缔结后各国达成的有关条约解释协议，但国际投资条约赋予了其更强的效力。②VCLT 第 31 条中条约解释的各个要素原本不具有位阶顺序，但由于国际投资条约的规定，此时缔约国间有关条约解释的协议就在效力上超越了其他条约解释需考量的因素。因此，只有当国际投资条约对于缔约国解释问题或缔约国解释的约束力保持沉默时，仲裁庭才能够援引条约解释的国际习惯法，对缔约国的行为是否构成有关条约解释的嗣后协议进行判断，进而结合其他解释标准，对条约的真实含义进行综合考量。③ 因此，从保证相同投资协定中特定条款解释一致性的角度出发，在国际投资条约中设置对仲裁庭具有明确约束力的联合解释条款是更为合理的选择。

投资者与国家间的投资仲裁机制与纯粹国际公法领域的争端解决机制存在明显差异，争议一方为私人投资者，而另一方则为具有缔约国和

① See R.Y. Jennings, A. Watts, *Oppenheim's International Law,* 9th ed. Longman, 1992, p.630.

② See Anthea Roberts, Power and Persuasion in Investment Treaty Interpretation: The Dual Role of States, *American Journal of International Law*, 104（2），2010.

③ 例如，2004 年《中国—新西兰自由贸易协定》和 2009 年《中国—秘鲁自由贸易协定》并没有对缔约国解释的约束力进行明确规定，缔约国据此作出的共同解释则应通过 VCLT 第 31（3）条作用于仲裁庭的条约解释过程。

争端方双重身份的主权国家，这导致一些仲裁庭对缔约国在仲裁过程中作出联合解释的程序正义性颇有异议。由于 FTC 在 2001 年对 NAFTA 第 1105 条作出解释时，Pope & Talbot Inc. v. Canada 案的仲裁庭已经对该条文作出解释并认定加拿大的措施违反了公平与公正待遇，因而仲裁庭对于缔约国在此后作出的联合解释溯及该案较为反感，在最终判决中指责加拿大作为争端方参与缔约国联合解释有违程序公正。① 一些国际法学者对于缔约国联合解释机制的程序正当性也持否定态度。Rudolf Dolzer 教授与 Christoph Schreuer 教授认为："由于东道国是仲裁案件的当事方，其可能会拼尽全力与其他缔约国出台一个官方解释来影响其所参与的仲裁程序，这种做法与公平程序原则不相容，是缔约国联合解释机制的致命缺陷。"② 还有学者指出"任何人不得为自己裁判"是一项法律原则，东道国在仲裁程序中解释条约与此项原则相违背。此外，"缔约国在仲裁过程中作出的条约解释效力溯及已发生的国际投资仲裁案件，可能导致投资者的期待落空，损害投资者的权利，因而需要对缔约国联合解释的时机加以限制"③。在个别国际投资协定中也出现了对缔约国联合解释进行限制的条款，规定缔约国解释不得影响既存的投资者与国家间的争议仲裁案件。④

笔者认为，上述判断是有待商榷的，以此为由否定缔约国条约解释在保证条约解释结果一致性方面的积极作用并不恰当。首先，缔约国

---

① See Pope & Talbot Inc. v. Government of Canada, NAFTA Chapter 11 Arbitration, Award in Respect of Damage, para.47.

② ［德］鲁道夫·多尔查、［奥］克里斯托弗·朔伊尔：《国际投资法原则》（第二版），祁欢、施进译，中国政法大学出版社 2014 年版，第 32 页。

③ Tomoko Ishikawa, Keeping Interpretation in Investment Treaty Arbitration "on Track": The Role of State Parties, *Transnational Dispute Management*, 1, 2014.

④ 例如《欧盟—新加坡自由贸易协定》第 9.22（3）条。另外在挪威双边投资协定范本起草过程中，草案第 14（2）条和第 23（4）等条文中也建议对于采纳仲裁过程中由缔约国委员会作出的条约解释保持克制。

联合解释并非由作为争端方的东道国单独作出。在 BIT 中，联合解释是投资者母国与东道国共同作出的，并非单纯根据东道国在案件中的利益诉求而对约文进行片面解读。在区域性多边协议中，则更需要有多个国家通过磋商程序达成合意，而非由争端方东道国单独为自己参与的案件制定审理标准。其次，东道国除保护本国在仲裁案件中的切实利益外依然存在吸引外国投资的愿望和诉求，且随着经济全球化的发展，许多单纯资本输入国已逐渐转向资本输入与输出并存的双重身份国家，其在作出条约解释时也要顾及条约对本国投资者在海外投资的保护作用。考虑到缔约国联合解释对于后续案件的约束力，我们可以期待缔约国在对条约进行解释时会采取审慎而客观的立场，从而为本国贸易与投资活动的发展预留充足的政策空间。再次，作为争端方的东道国所具有的条约制定者身份并不应因其参与仲裁而消灭。在 Methanex v. USA 案中仲裁庭曾以国内法对缔约国解释加以类比，"如果立法者认为法院的解释误解了立法者的意图，由立法机关对此作出澄清是非常恰当的"[1]。此外，如果东道国与投资者母国因利益分化而不能达成条约解释上的一致观点，条约解释的权利将转移至仲裁庭手中。因而，缔约国联合解释并不违反"任何人不得为自己裁判"的法律原则。此外，从投资者角度出发，就其在投资协定下的实体性权利而言，缔约国作出的解释是对国际投资条约确切含义的明晰，而非对于条约的更改，同时这也是对投资者的权利边界的确认。假使投资者根据自身对约文的理解所抱有的期待与缔约国的真实意图相背离，投资者也并不可主张缔约国损害了其既有的权利。就投资者程序权利而言，其提请仲裁的行为使得其与东道国之间的仲裁协议形成，这也同时意味着投资者接受了国

---

① Methanex Corporation v. United States of America, UNCITRAL, Final Award on Jurisdiction and Merits, para.22.

际投资条约中仲裁程序规则条款。如果国际投资条约争端解决部分包含
缔约国联合解释机制，仲裁庭应当将其理解为投资者与缔约国在仲裁
程序上意思自治的结果，而非缔约国对于投资者仲裁程序权利的侵害。
综上所述，国际投资条约中效力明确的缔约国联合解释条款具有独立
性和程序正当性，可作为保证相同投资条约条款解释一致性的有效程
序机制。

二、通过国家间仲裁化解国际投资条约解释争议

缔约国条约解释机制虽然能够对仲裁庭的法律推理过程加以制约，
从而降低不同仲裁庭对相同条约条款作出不一致解释的可能。但缔约国
之间并不一定能在所有情况下都迅速就条约的内涵形成合意。特别是在
投资争端发生后，东道国与投资者母国很有可能因利益分化而产生条约
解释上的分歧。在此情形之下，国家间的仲裁机制能够发挥定分止争的
作用，进而为国际投资仲裁的条约解释提供指引，避免在当前投资者与
东道国在仲裁框架下发生条约解释不一致的现象。

1.国家间仲裁与投资仲裁的关系

虽然 ISDS 机制的兴起使国家间的争端解决机制在投资领域陷入沉
寂，但截至目前没有任何国家在国际投资条约中舍弃国家间的争端解决
条款。国家间仲裁条款通常规定缔约方关于该条约解释和适用的任何争
端如果无法通过磋商等方式有效解决，任一缔约方都可以将争议提交至
国际仲裁庭，仲裁庭将依据相关国际法规则作出具有约束力的裁决。"条
约的解释和适用"这一概念内涵十分丰富，当投资者与东道国发生投资
争议，投资者母国为投资者提供外交保护，针对投资与国家间争议提起
国家间仲裁，必然会涉及两国间国际投资条约的解释和适用，此时处理

国家间争议的仲裁庭与国际投资仲裁庭的管辖权会产生竞合。ISDS 机制创始的初衷之一就是实现投资争端解决的"去政治化"，因而《ICSID 公约》第 27 条明确规定："缔约国对于其国民和另一缔约国根据本公约已同意交付或已交付仲裁的争端，不得给予外交保护或提出国际要求，除非该另一缔约国未能遵守和履行对此项争端所作出的裁决。"这一条款排除了投资仲裁过程中东道国与投资者母国之间就同一事实进行仲裁的可能性。

然而，上述《ICSID 公约》规则的存在并不意味着国际投资条约中的国家间争端解决条款形同虚设，国家间仲裁依然具有十分重要的功能和价值。在 Chevron v. Ecuador 案中，仲裁庭认定厄瓜多尔未能为投资者提供保障权益的"有效途径"，因而裁定厄瓜多尔违反其与美国签订的 BIT。但厄瓜多尔认为仲裁庭对相关条款的解释有误，并试图与美国沟通协商，对该条款进行联合解释，然而美国并未对厄瓜多尔的请求作出回应。随后，厄瓜多尔在 PCA 对美国发起仲裁，请求仲裁庭对 BIT 中的"有效途径"提供权威解释。虽然仲裁庭以不存在争议为由拒绝了厄瓜多尔的主张，但仲裁庭指出如果厄瓜多尔与美国在有关该条款的解释问题上明确表达了不同意见，那么有关条约解释争议就会得以形成，此时国家间仲裁庭就会享有对此类争议的管辖权。[①]国家间的这一类"条约解释"的争议虽然由投资仲裁引发，但其在内容上区别于投资者与国家间的争议，《ICSID 公约》并不能阻碍国家间就抽象的条约解释问题进行仲裁。

此外，投资者与国家仲裁的争议通常是东道国的某一项国家行为对投资者造成的特定损害，而国家间仲裁则可以是对国家行为本身合

---

① See Republic of Ecuador v. United States of America, PCA Case No. 2012-5, Award, paras.208-233.

法性的判断和宣告。与上述 Ecuador v. United States 案有所不同，在 Mexico v. United States 案中，墨西哥政府直接针对美国禁止墨西哥投资者在美国境内提供跨境运输服务的措施提起了国家间仲裁，认为美国的国家行为违反了其在 NAFTA 之下所承担的条约义务。美国在案件开始审理后进行了管辖权抗辩，其认为墨西哥政府必须有证据证明美国的管制措施对特定的墨西哥投资者造成了有违 NAFTA 义务的具体损害或不利影响。但仲裁庭并未支持美国的主张，而是认为一项政策或措施本身就能够构成对投资条约的违反。① 此类国家间关于某一缔约国行为合法性的争议与特定投资者针对东道国措施对其投资活动产生损害而求偿的争议在内容上存在差别。因而，在投资者与国家进行投资条约仲裁的情况下，投资者母国依然能够根据投资条约启动国家间的仲裁。

在近年来签订的双边投资协定或区域自由贸易协定的投资章节中，有越来越多的国家在条约条款中对投资仲裁与国家间仲裁的关系加以明晰。例如，近期中国与加拿大、新西兰和新加坡等国家签订的 BIT 都明确约定有关投资仲裁的条款并不阻碍缔约双方运用国家间仲裁程序来解决协定解释或适用的争议。欧盟与越南签订的自由贸易协定中对这一问题的规定则更加清晰，投资章节第 3 节第 32 条首先设置了与《ICSID 公约》相似的表述，禁止投资者母国对已经提交投资仲裁庭的争议发起外交保护或国际要求，但紧随其后的第 32 条第 2 款则进一步指出上述规定并不排除国家间争端解决章节对一般性措施的适用。在此基础之上，当缔约国条约解释机制无法保障相同条约条款的解释一致性时，国家间仲裁可以作为另一条消除条约解释分歧的路径。

---

① 　See Mexico v. United States（in the Matter of Cross Border Trucking Service），USA-MES-98-2008-01,ITL031,Final Report of the Panel,paras.285-294.

2. 国家间仲裁裁决的效力

缔约国之间形成的联合解释对于国际投资仲裁庭具有严格的约束力，而国家间仲裁的裁决结果是在缔约国存在条约解释分歧的情形下由第三方作出的认定，此类裁决毫无疑问地对发生争议的缔约国具有拘束力，但对于国际投资仲裁庭而言，国家间的仲裁庭对国际投资协定中相关条款的解释结果对其产生的效力与作用尚不明确，需要进行更为深入的分析和探讨。当前国际法学界对这一问题存在不同看法。Anthea Roberts 认为，国家间仲裁庭有关条约解释的裁决结果对于投资仲裁庭而言具有高度说服力，形成一种可以被推翻的假定，即国家间仲裁庭的条约解释是正确并应当被遵守的。缔约国联合解释、国家间仲裁庭的条约解释以及投资仲裁庭的条约解释之间形成一种三层的等级关系，缔约国联合解释的效力位于顶端，国家间仲裁庭的效力低于前者，而国际投资仲裁庭的解释效力最低，仅仅具有一般说服力，当投资条约仲裁庭对特定条约条款作出的解释与前两者存在冲突时应当遵循前两种解释结果。① 然而有其他学者对此持不同意见，认为"国家间仲裁庭的条约解释与缔约国联合解释效力相同，都对国际投资仲裁庭具有约束力"②。"国际投资仲裁庭的目的是解决具体争议，其作出的条约解释是争端解决过程中的可能推论，而国家间仲裁庭存在的目的就是解决国际投资条约解释和适用上的争议，对条约特定约文的含义进行权威的解释，因而国家间仲裁庭条约解释结果的说服力并不弱于缔

---

① See Anthea Roberts, State-to-State Investment Treaty Arbitration: A Hybrid Theory of Interdependent Rights and Shared Interpretative Authority, *Harvard International Law Journal*, 55（1）, 2014.

② Clovis J. Trevino, State-to-State Investment Treaty Arbitration and the Interplay with Investor-State Arbitration Under the Same Treaty, *Journal of International Dispute Settlement*, 5（1）, 2014.

约国联合解释。"①

对于国家间仲裁裁决的效力，我们应当从国家间仲裁庭本身的性质和功能角度出发进行分析。条约在本质上不同于主权国家的国内立法，国际社会并不存在统一的立法机关，其在性质上更接近于主权国家间形成的一种契约，而 BIT 作为国际投资法最主要的法律渊源则具有更显著的契约性质。在此基础之上，国际投资条约解释的根本目的是探求缔约国之间有关权利义务的真实意图。如同合同当事方会对合同内容产生争议一样，缔约国也难以避免就投资条约的内涵出现分歧。此时条约条文真义的确定只能交由第三方进行判断，国际投资条约中的国家间争端解决条款明确赋予了仲裁庭确定条约真实含义的权力，其对条约内涵的判断在性质上等同于缔约方的真实意图。因而，笔者认为国家间仲裁庭有关条约解释争议的裁决结果所具有的说服力与缔约国之间的联合解释等同，对于解决投资者与东道国具体争议的国际投资仲裁庭而言，其无权对国家间仲裁庭针对特定条款已经作出的条约解释的正确性进行判断和审查，也不应以前者的条约解释存在错误为由规避权威解释的约束效果，因为缔约国并没有赋予其这项权力。

3. 国际投资仲裁与国家间仲裁的衔接机制

国家间仲裁庭对特定国际投资条约解释争议的裁决结果势必会对后续发生的依据该条约提起的投资仲裁案件产生明显影响，但是，当两种程序同时进行时，国家间仲裁在保证条约解释一致性方面的作用可能受到削弱，例如，在 Lucchetti v. Peru 案由 ICSID 仲裁庭进行审理的过程中，东道国秘鲁针对相关 BIT 中的条约解释争议向投资者母国智利提

---

① Andreas Kulick, Investment Arbitration, Investment Treaty Interpretation, and Democracy, *Cambridge Journal of International and Comparative Law*, 4（2），2015.

起了国家间仲裁，并同时要求 ICSID 仲裁庭中止投资仲裁程序，秘鲁政府认为国家间仲裁庭具有处理条约解释问题的优先权，因而投资仲裁庭应等待国家间仲裁庭的裁决。然而，在相应的国际投资条约对两种程序的关系缺乏明确规定的情况下，ICSID 仲裁庭认为秘鲁的请求并不符合《ICSID 公约》有关仲裁程序中止的事由，从而拒绝了秘鲁的请求，自行对相关条约条款进行了解释，导致国家间仲裁解决条约解释争议的作用落空。①

为了更好地实现国家间仲裁对国际投资仲裁庭条约解释的约束功能，保障相同条约条款解释的一致性，主权国家可以尝试在双边投资协定或区域性协定投资章节中设置国家间仲裁与投资仲裁的衔接机制，在强制性衔接机制之下，国际投资条约通常明确赋予国家间仲裁裁决对投资仲裁庭的强制性的约束力，进而重新分配缔约国、国家间仲裁庭和投资仲裁庭的条约解释权。此种衔接机制可以将缔约国联合机制作为国家间仲裁的规则基础。上文已提到，越来越多的国际投资协定之下出现了类似 NAFTA 之下 FTC 的专门委员会，处理争端解决中出现的条约解释和适用问题，当投资仲裁过程中出现条约解释争议时仲裁庭应当将争议提交至委员会，此时投资仲裁庭有义务中止程序，等待相关缔约国对条约内涵作出权威性决定。若此时缔约国无法形成意见统一的联合解释，则意味着国家间出现了有关条约解释的争议，此时东道国可以启动国家间仲裁程序。国际投资条约可以更为明确地规定投资仲裁庭必须等待国家间仲裁有关条约解释争议的处理结果，从而实现两种程序的连接与对接。"这一机制可以将特定争议事项强制性导向缔约国或国家间仲裁庭，从而保障缔约国或国家间仲裁程序对投

---

① See Empresas Lucchetti, S.A. and Lucchetti Perú, S.A. v. Republic of Peru, ICSID Case No. ARB/03/4, Award, paras.8-10.

资仲裁程序的先决和过滤作用。"① 当然，此种衔接机制势必会导致投资者与国家争端解决程序的拖延，虽然国家间仲裁程序解决缔约国之间出现条约解释争议，但值得注意的是，国家间仲裁的案件审理期较长，强制要求投资仲裁庭等待国家间仲裁的结果会对投资争端解决的效力造成负面影响。因而，主权国家在谈判与缔约的过程中需要对此进行权衡与取舍。

在缔约实践中，部分国际投资条约中已出现了上述衔接机制，但可以看到该机制的适用范围十分有限，通常仅限定在金融审慎例外条款的解释和适用争议。例如，早在 21 世纪初，NAFTA 文本中就已存在此类强制性衔接机制，第 1415 条要求投资者与国家间有关金融服务的争议必须先交由 NAFTA 之下成立的 FTC 进行处理，在 FTC 平台之下，美国、墨西哥、加拿大三国将对争议所涉及的 NAFTA 相关条款进行联合解释。如果 FTC 未能在 60 天内对条约中的金融审慎例外条款的解释形成一致性意见，此时投资仲裁庭依然不能对争议事项单独进行裁判，若作为投资争议方的东道国有意通过国家间仲裁处理条约解释的争议，那么此时投资仲裁庭须等待前者对于金融审慎例外条款的解释和适用之判断，国家间仲裁庭所作出的相关裁决对投资仲裁庭具有强制性约束力。在近期的国际投资条约中，中国与加拿大的 BIT 中也设置了与 NAFTA 相似的条款。② 在国际投资法律体系发生价值转向，力求东道国与投资者利益平衡的背景下，国家可以尝试将此类衔接机制的适用范围进行适

---

①　徐树：《国际投资条约"双轨"执行机制的冲突及协调》，《法商研究》2017 年第 2 期。

②　参见《中华人民共和国政府和加拿大政府关于促进和相互保护投资的协定》第 20 条第 2 款。该条款规定当投资仲裁庭收到东道国的金融审慎措施抗辩时，仲裁庭应中止仲裁程序，向缔约双方寻求关于此问题的书面报告；如果缔约双方 60 天内不能达成共同决定，那么任一缔约方应在 30 天内将此问题提交给国家间仲裁庭解决。国家间仲裁庭的裁定对投资仲裁庭具有约束力。

当的扩大，将与东道国重大公共利益相关的条约争议事项归入其中，防止投资仲裁庭对相关条款作出不一致解释。

第三节　ISDS 机制中心化改革的深层动因与具体表现

伴随着 ISDS 去中心化结构缺陷的不断暴露，当前的 ISDS 机制改革方案体现出了中心化趋势，其中欧盟投资法庭显著增强了 ISDS 机制的司法属性，UNCITRAL 的改革方案则促动了 ISDS 机制的多边化发展。中心化的结构模式下，裁判机构对于国际投资条约解释的一致性和裁判的稳定性将有更高的追求，但中心化改革的具体实施无法一蹴而就，改革过程中须对不同的需求进行平衡，且将不可避免地经历漫长的过渡时期。

一、ISDS 机制中心化改革的深层动因

1. 去中心化模式自我修正的局限性

去中心化模式下的应对措施意欲在仲裁过程中由缔约国和国家间仲裁庭限制投资仲裁庭的解释权限，从而保证不同仲裁庭在解释同一条约条款时受到权威性解释的约束，修正当前不合理的条约解释不一致现象。保持去中心化模式的小幅度程序性改革与国际投资条约中的实体性改革措施相结合，为条约解释的一致性目标的实现提供了多重保障。首先，通过对条约内容的增减与精细化，约文的内涵将更加明确，仲裁庭的解释空间可以得到有效限缩。倘若前者仍不足以排除仲裁庭在条约解释上可能出现的分歧，则缔约国可以通过单方解释或联合解释的方法对

仲裁庭进行制约。其次，通过对投资和投资者定义的限制，双重救济下的条约解释不一致现象可以在一定程度上得到消减。最后，在缔约国之间对条约内涵发生争议时，缔约国还可以通过国家间仲裁来保证条约解释的一致性与确定性。在多道关卡的共同作用之下，条约解释不合理的不一致性在理论上可以得到较为有效的抑制。

　　然而，在实际操作中，上述诸多应对措施需要依赖于国际投资条约缔约国的"主观能动性"，对于条约解释问题采取何种态度最终取决于国家意志。只有国家积极对实体投资法律规范作出适当调整，并主动在仲裁过程中对条约解释问题加以控制，条约解释的不一致性现象才能及时避免。倘若主权国家对上述问题采取消极态度，则条约解释结果出现冲突的可能性依然存在。例如，就缔约国联合解释机制而言，如果国际投资条约中没有明确的联合解释条款，投资者母国可能会出于保护投资者的目的与东道国产生利益分化，此时如果投资者母国消极地不作为，那么缔约国之间无法达成联合解释，同时可能致使国家间争端解决程序也无法发挥确证条约真实含义的作用。Ecuador v. United States 案就充分反映了这种可能性，厄瓜多尔对于国际投资仲裁庭在 Chevron v. Ecuador 案中的条约解释有异议，在仲裁庭裁决作出后，厄瓜多尔请求与美国进行磋商，希望就两国 BIT 中为投资者权益保障"提供有效途径"这一条款颁布联合解释，然而美国对于厄瓜多尔政府的请求置之不理，并未及时给予任何回应。随后，厄瓜多尔在 PCA 发起了国家间仲裁，要求仲裁庭对两国关于《美国—厄瓜多尔双边投资协定》的第 2 (7) 条的纠纷进行裁定。美国则提出了管辖权异议，认为由于美国没有对厄瓜多尔的条约解释进行积极的反对，因而两者之间并不存在有关条约解释的冲突，而且国际投资条约也并没有为美国设定必须对厄瓜多尔的单方解释进行回应的义务，因而仲裁庭不具有管辖权。最终，仲裁庭支持了美国的主张，以不存在争议为由否决了自身的管辖权，因而有关 BIT

条款只有厄瓜多尔的单方面解释，无法有效约束后续的投资仲裁庭的条约解释。①

从仲裁庭角度来看，在仲裁过程中其始终是条约解释的主角，虽然国际投资条约条款日益缜密，但由于条约解释方法的多样性和不确定性，仲裁庭依然有可能通过不同手段获得其意欲实现的解释结果。虽然在缔约国控制不断强化的国际投资法发展背景下仲裁庭对待条约解释的态度必然会更加审慎，但其依然有可能突破这些约束而作出错误的仲裁裁决，致使不合理的条约解释不一致现象无法根除。

2. 去中心化模式下不一致裁决救济机制的缺失

当部分仲裁庭试图突破去中心化改革措施的制约而导致仲裁裁决结果出现分歧时，若其中错误的条约解释能够通过后续的程序得到有效纠正，那么我们则可以期待当前的 ISDS 机制在持续的调整中逐步实现预期的条约解释一致性。然而，在当前的争端解决框架之下，能够对错误裁决和不一致性解释进行救济的方式十分有限。联合国 ILC 曾在一份仲裁程序草案中表示仲裁的终局性是仲裁实践的本质特征之一，但仲裁机制同时也需要一种特殊救济来维护裁决的司法特性和获得当事人同意仲裁庭管辖的意愿。出于对仲裁裁决终局性的保障，裁决的审查和救济程序通常都是为应对仲裁程序偏差而设计的。

首先，当国际投资仲裁裁决出现偏差或错误时，仲裁当事方可以依据仲裁规则中的矫正机制申请对仲裁裁决进行修改，但是仲裁规则对于可修改的事由进行了非常严格的限制。对于 ICSID 仲裁庭作出的裁决，通常只有关于案件事实的问题才能作为修改仲裁裁决的基础。根据《IC-

---

① See Republic of Ecuador v. United States of America, PCA Case No. 2012-5, Award, paras.208-233.

SID 公约》第 51 条和《ICSID 仲裁规则》第 50 条的规定，当出现了可能影响仲裁裁决的新事实时，当事方可以请求修改仲裁裁决，但要有证据证明在裁决作出时仲裁庭和申请人并不知晓该事实，并且该项事实被遗漏并非由于申请人的疏忽造成的。而对于非 ICSID 仲裁案件，只有裁决中十分明显且微小的技术性错误才能被修正。例如，《UNCITRAL 仲裁规则》第 38 条明确指出当事方可以请求仲裁庭对仲裁裁决中的计算错误、文书排印错误或其他类似性质的错误或遗漏进行修改。由此可见，在当前的投资争端解决机制之下，仲裁庭在条约解释方面的错误不在仲裁裁决修改的范围之内。

其次，对于 ICSID 仲裁庭作出的投资仲裁裁决，当事方可以根据《ICSID 公约》启动仲裁裁决撤销程序。公约第 52 条第 1 款对于撤销裁决的事由进行了列举式规定，其中包括：(1) 仲裁庭组成不当；(2) 仲裁庭明显越权；(3) 仲裁庭成员存在贪腐行为；(4) 严重背离了仲裁基本程序规则；(5) 裁决庭未在仲裁裁决中陈述其所依据的理由。在实践中，真正发挥作用的事由主要是仲裁庭明显越权、严重背离仲裁程序规则和未说明裁决理由这三项。其中，"仲裁庭明显越权"这一撤销理由与条约解释错误之间的关系在实践中引发了诸多争议，"仲裁撤销程序不仅无法保证条约解释的一致性与稳定性，反而又进一步造成了《ICSID 公约》撤销条款的解释不一致现象"[1]。前文提及的美国投资者诉阿根廷的一系列案件中，不同仲裁庭对于"必要措施"这一问题的判断产生了分歧，阿根廷政府认为对其不利的 CMS 案、Enron 案和 Sempra 案仲裁庭的条约解释构成了明显越权，因而针对上诉三个案件发起了仲裁撤销程序。CMS 案撤销委员会强调撤销机制并非上诉机制，法律适用过程

_____

[1] D. Dohyun Kim, The Annulment Committee's Role in Multiplying Inconsistency in ICSID Arbitration: The Need to Move Away from An Annulment-Based System, *New York University Law Review*, 86 (1), 2011.

中的解释错误并不属于仲裁庭明显越权。① 撤销委员会最终则因为仲裁庭对"必要措施"的解释和适用错误而撤销了 Enron 案和 Sempra 案两项仲裁裁决。②ICSID 委员会类似上述案件的争议还有许多，不少撤销委员会在早期的案件中忽视了撤销机制的严格适用界限，倾向于将法律解释的错误作为明显越权来对待。③ 但后续的撤销委员会已扭转了这一趋势，避免审查仲裁裁决的实质问题。④ 例如，在 2015 年 Tza Yap Shum v. Peru 案的撤销程序中，仲裁委员会认为条约文本含义非常清楚时，仲裁庭背离文义可以构成严重越权，从而撤销仲裁裁决。而仲裁庭的解释在文义范围之内，解释是否适当在上诉机制中可以由上诉机构判断，但 ICSID 委员会不具有此权利，最后委员会认为仲裁庭的扩张解释不构成明显越权。根据 ICSID 的数据统计，截至 2018 年，在 605 件 ICSID 仲裁案中当事方提出撤销申请的案件数量为 121 件，而 ICSID 委员会最终撤销的仲裁裁决的案件数量仅为 17 件，其中 5 个案件裁决被完全撤

---

① See CMS Gas Transmission Company v. The Argentine Republic, ICSID Case No. ARB/01/8, Decision of the Ad hoc Committee on Argentina's application for annulment, paras.128-136.

② See Enron Creditors Recovery Corporation（formerly Enron Corporation）and Ponderosa Assets, L.P. v. Argentine Republic, ICSID Case No. ARB/01/3, Decision on the Application for Annulment of the Argentine Republic, paras.112-126; Sempra Energy International v. Argentine Republic, ICSID Case No. ARB/02/16, Decision on the Argentine Republic's Application for Annulment of the Award, para.126.

③ 例如 MHS v. Malaysia 案的临时委员会在裁决中对"投资"的含义重新进行了解释，认为原仲裁庭对投资的解释有误，其不行使管辖权的行为构成明显越权。Tidewater v. Venezuela 案的临时委员会则明确表示其承认判例一致性原则，仲裁庭不尊重当事人对准据法的约定或在法律适用上出现错误都属于明显越权。

④ 在 2010 年以后，ICSID 很少出现被撤销的仲裁裁决。临时委员会通常认为仲裁庭越权是指其对于没有管辖权的案件进行了裁判，或者没有仲裁庭适用准据法进行裁判，但临时委员会无权去检验仲裁庭管辖权相关条款法律解释的正确性。此外，临时委员会还强调仲裁庭的越权必须满足"明显"的要件。

销，12 个案件裁决部分撤销。① 相较于 WTO 争端解决机构上诉程序的运行状况，ICSID 仲裁案件的撤销概率极低，缔约国意图通过仲裁裁决的撤销程序来扭转仲裁庭条约解释过程中出现的问题是不切实际的。

而对于非 ICSID 仲裁裁决，当事人只能根据《承认及执行外国仲裁裁决公约》（*the New York Convention on the Recognition and Enforcement of Foreign Arbitral Awards*，以下简称《纽约公约》）请求国内法院给予仲裁裁决承认与执行。在这一过程中，国内法院将对国际投资仲裁庭的裁决进行审查，其审查的内容侧重于争议事项的可仲裁性与仲裁程序的正当性问题，对于案件的实体性问题无权进行审查。值得注意的是，由于国内法院需要对争议可仲裁性进行审查，因而在复审过程中，国内法院往往会对国际投资条约中管辖权条款的解释问题进行分析和判断，但是，由于国内法院的性质并非独立于主权国家的第三方裁判机构，其对投资条约解释的正确性和客观性难以得到保证。此外，国内法院仅针对请求承认与执行的个别裁决进行审查，因而并不会对条约解释一致性问题给予过多重视，甚至还会加剧条约解释的混乱状况。例如在"尤科斯案"中，PCA 仲裁庭对于相互关联的三起投资仲裁案件作出了一致的裁决，然而在荷兰海牙地区法院的复审过程中，法院对于 ECT 第 45(1) 条的"限制条款"作出了与仲裁庭截然相反的解释，引发了理论界的热议。② 截至 2018 年底，非 ICSID 投资仲裁裁决在承认与执行过程中被国内法院审查的案件共计 87 件，其中被部分撤销或完全撤销的案件有 15 项。③ 虽然在《纽约公约》的规则之下，国内法院享有对管辖权进行

---

① See ICSID Annual Report 2018, September 6, 2018, p.31.

② See Judgment of the Hague District Court, C/09/477160 / HA ZA 15-1, paras.5.6-5.3.1.

③ 参见 UNCTAD 网站，https://investmentpolicyhub.unctad.org/ISDS/FilterByFollowUpProceedings，访问日期：2019 年 1 月 21 日。

审查的权利，但其对条约解释一致性的促进作用并不明显，而对于国际投资条约中实体条款的解释错误，承认与执行国法院也依然无能为力。

3. 中心化结构与国际法治价值追求的高度契合

构建具有一致性和稳定性的规则体系，从而促进人类经济社会的有序发展是国际法的基本价值追求。虽然现代国际法具有典型的国家本位特征，以国家的利益诉求为规范确立的起点，以国家意志和意愿作为其效力的依据，以国家行动作为其发挥作用的主要动力，而不存在凌驾于国家之上的政府。"但无政府状态并不意味着国际社会的无序，特别是对于现代国际社会而言，国家之间相互依赖，有着基本的共同利益观念和追求，一定的行为规则和制度被创设，因而无政府的国际社会中存在一定程度的秩序。"[1]"自《威斯特伐利亚和约》时代起，国际社会便基于国家主权形成了通过条约创设统一规则从而集体保障缔约方之间和平的多边体制"[2]，构建起了现代国际关系和国际法的基本格局。对于争端的解决，《威斯特伐利亚和约》第 123 条规定："如果发生任一规定被违反时，受害者首先应告诫违反者不要采取敌对行动，并将案件提交一个友好人士组成的组织或采取通常的司法程序。""第二次世界大战的深重苦难和残酷动荡则促发了国际社会的'立宪时刻'。"[3]在第二次世界大战结束前夕，著名国际法学者汉斯·凯尔森（Hans Kelsen）曾提出建立一个各国接受其普遍强制管辖权的国际法院，所有国家负有义务"声明放弃战争和报复作为解决冲突的方法，将它们所有争端无例外地递交该法院裁决，并以善意执行之"。《联合国宪章》第

---

① 杲沈洁、肖冰：《国际争端解决机制的司法化困境及其改革进路》，《外交评论》2023 年第 5 期。

② 张乃根：《国际法上的多边主义及其当代涵义》，《国际法研究》2021 年第 3 期。

③ 何志鹏：《立宪时刻：国际法发展的困境与契机》，《当代法学》2020 年第 6 期。

一条即明确联合国应构成一协调各国行动之中心，通过有效集体办法实现维持国际和平及安全的宗旨。国际经贸领域在战后则形成了以国际货币基金组织、世界银行和 WTO 等国际组织为核心的具有典型中心化特征的经济秩序，最惠国待遇原则作为制度普遍性的保障，构成现代国际经贸条约中的基石，即使在松散的双边性国际投资法律体系中也依然如此。

国际组织对于国际经贸规则多边化的推进为 ISDS 机制中心化改革提供了助力。虽然 ISDS 机制改革的中心化并不等同于争端解决规则的多边化，前者的核心关注并非缔约成员的数量问题，而在于中心或多边机构与其分支、成员和其他参与者之间的权力分配和控制关系，但统一多边规则的发展是中心化的争端解决机制形成的必然路径。第二次世界大战后，为尽快恢复国际经济秩序，众多国际组织积极推动国际经贸规则的统一。在国际投资法领域，国际组织也持续积极推动投资规则的多边化进程。例如，在《关税与贸易总协定》（*General Agreement on Tariffs and Trade*，以下简称 GATT）谈判过程中曾出现过将投资规则和贸易规则纳入同一多边框架的构想。OECD 在 20 世纪 80 年代又进行了国际投资规则多边化的尝试，并形成了包含国家间争端解决与 ISDS 机制的《多边投资公约》（草案）。① 虽然 OECD 草案中并未构建统一的争端解决机构，但争端解决程序控制权相对集中在主权国家手中。在联合国系统下，UNCTAD 和 UNCITRAL 近年来均对 ISDS 机制改革给予了诸多关注。UNCTAD 对国际投资条约及争端解决机制进行了为期数年的系统性研究，2013 年起，其在每年发布的《世界投资报告》均对国际投资协定的改革提出了系统且详细的建议，设立一个常设的国际投

---

① See Stephan W. Schill, *The Multilateralization of International Investment Law*, Cambridge University Press, 2009, pp.55-66.

资仲裁法庭以及统一上诉机制的主张也频繁地出现在相关改革政策文件
之中。① 尽管目前 UNCTAD 之下并未形成过具有强制性约束力的法律
文件，但其为国际社会提供了良好的多边交流与沟通平台。相较之下，
UNCITRAL 在国际经贸统一规则制定方面更具成功经验，《联合国国际
货物合同公约》和《纽约公约》等商事仲裁领域多边规则和示范法均为
典型例证，虽然目前第三工作小组并未将中心化的 ISDS 机制明确为改
革目标，但如前文所述，UNCITRAL 成员国已在此平台下深入探讨了
中心化的改革进路。此外，WTO 的中心化争端解决机制在维护条约解
释一致性方面的显著效果为 ISDS 机制改革起到了示范作用，在 WTO
上诉机构停摆前，有学者指出可以将投资争端的解决并入 WTO 体系之
下。②"从 1648 年至今，国际争端解决机制司法化历经法律从无到有、
由少及多，组织机制从松散到紧密，制度约束从弱到强的演进"③。在当
前的改革进程中，ISDS 机制的中心化发展模式则更加符合现代国际法
治对于秩序、稳定与和谐的期待。

二、欧盟投资法庭的基本架构及其对条约解释一致性的保障功能

欧盟是通过增强 ISDS 机制的司法属性而推动中心化的改革先锋。
欧盟委员会通过《欧盟运行条约》（*Treaty on the Functioning of the Euro-*

---

① See UNCTAD, World Investment Report 2015, Reforming International Investment Governance, 2015.

② 参见杨国华：《论世界贸易与投资组织的构建》，《武大国际法评论》2018 年第 1 期；[尼泊尔] 苏里亚·P.苏贝迪：《国际投资法：政策与原则的协调》，张磊译，法律出版社 2012 年版，第 222 页。

③ 呆沈洁、肖冰：《国际争端解决机制的司法化困境及其改革进路》，《外交评论》2023 年第 5 期。

pean Union）第 207（1）条获得了成员国授权的对外缔结投资协定的排他性权利，并开始了一系列投资协定谈判，欧盟在 2014 年启动了对于 TTIP 中 ISDS 机制的公共意见咨询，在此期间欧美双方的 TTIP 的谈判暂时处于搁置状态，根据公共咨询和调查的结果，欧盟在 2015 年 5 月发布了一份关于"由临时性仲裁转向投资法庭"的概念性构想，① 并将其中的投资法庭模式应用在了随后颁布的 TTIP 投资争端解决草案之中，随后在 2015 年 10 月正式确定草案具体内容并转送至美国方面。在同时进行的其他投资协定或自由贸易协定谈判中，欧盟开始与他国协商构建常设性国际投资法庭。2016 年 10 月，欧盟率先与加拿大达成合意，并正式签署了包含投资法庭制度的 CETA，这意味着欧盟的设想正式成为现实，欧盟委员会特别指出新的投资法庭制度是与过去 ISDS 机制的决裂，是迄今为止最具进步意义的争端解决体系。②《欧盟与新加坡投资保护协定》在 2018 年 10 月正式签署，此后《欧盟与越南投资保护协定》签署。投资法庭制度通过双边途径持续扩展，欧盟明确表示其最终目标是在一段时间内替换所有与其他国家签订的投资条约以及其成员国与他国签订的所有投资条约中的 ISDS 机制，进而根本性地以现代化、高效率、透明、公正的投资争端解决体系替换陈旧的临时性仲裁机制。③

虽然欧盟并未正式形成一份包含投资法庭制度的协定范本，且目前已签署的 CETA 和《欧盟与新加坡投资保护协定》有关投资法庭的具体

---

① See European Commission Concept paper "Investment in TTIP and beyond – the path for reform. Enhancing the right to regulate and moving from current ad hoc arbitration towards an Investment Court", published on 5 May 2015.

② See European Commission, Investment Provisions in the EU-Canada Free Trade Agreement（CETA）, 26 September, 2014.

③ See European Commission, EU finalises proposal for investment protection and Court System for TTIP, http://europa.eu/rapid/press-release_IP-15-6059_en.htm, 访问日期：2019 年 11 月 1 日。

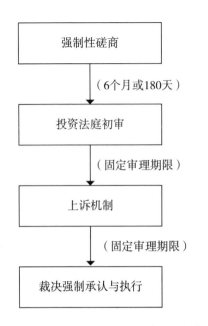

图 5.1　欧盟常设国际投资法庭程序框架图

细节有所差异，但通过目前已公开的条约文本以及 TTIP 谈判过程中形成的草案性文件，常设法庭制度的基本框架与制度特征已较为清晰，其基本运行模式如图 5.1 所示。

首先，欧盟主张的投资法庭制度设置了强制性的磋商程序。在传统投资协定的 ISDS 机制中，通常存在一个 3—6 个月的等待期条款，但并不要求投资者与缔约国必须在等待期内进行协商或谈判。而欧盟投资法庭则借鉴了 WTO 争端解决的程序规则，投资者与东道国政府之间在产生争议后必须进行磋商，只有在规定的时间内（这一期限通常为 6 个月左右）未能就争议事项达成合意，才能启动正式的投资者与国家间争端解决程序。并且，投资者向投资法庭提出的申诉请求只能是双方磋商过程中涉及的争议事项。

其次，投资者与国家间的争议将由常设法庭进行审理。在仲裁机制下，当事人意思自治是最基本的程序特征，投资者与东道国可以挑选审理案件的仲裁人员，并在一定限度内对仲裁程序规则进行变更和调整。在投资法庭模式之下，当事人意思自治原则已被完全排除。在审理人员方面，审理案件的法庭成员将由法庭随机指派，投资者与东道国无权选择法庭成员，具体审理案件的法庭的三名成员分别来自缔约双方和第三国。常设投资法庭本身有固定数量的成员，具体成员由缔约国进行推选，投资法庭法官需要具备在其本国国内司法机关任职的资格或相关资质，并应具备国际法的专业知识和素养。虽然常设法庭成员并非如同 ICJ 大法官或 WTO 上诉机构成员那样担任全职，但其有固定任期，并必须保证及时履行其职责。在审理程序方面，国际投资条约为投资法庭规定了严格的审理期限。① 此外，新一代欧盟投资协定借鉴了《联合国国际货物销售合同公约》的规定，对条约解释的方法作出了明确要求，投资法庭成员必须根据 VCLT 中条约解释的习惯法对投资协定进行解释，并发布中期报告。此外，投资法庭制度中还包含了强制性的透明度措施。

再次，投资法庭设立了上诉机制。上诉法庭的运行模式与初审法庭类似，采取常设法庭模式，由缔约国提名固定的成员，对于个案采取指派审判人员的模式，有固定的审理期限。上诉法庭对初审法庭裁决中的事实问题和法律问题进行复审，其有权支持、修改或推翻初审法庭的裁决。上诉法庭修改或推翻初审裁决的理由包括：（1）法律适用或解释存在错误；（2）对于事实或相关国内法的解读存在明显错误；（3）出现《ICSID 公约》第 52 条关于裁决撤销的情形。

最后，欧盟主导的投资法庭在裁决内容和执行方式上也有其突出特点。在裁决内容方面，当前绝大多数国际投资条约都没有明确规定仲裁庭在裁决中可以对投资者提供的救济方式，在现有的国际投资仲裁案例中，当东道国被确认违反国际投资协定后，仲裁庭通常会裁定东道国对投资者进行金钱赔偿。欧盟国际投资法庭规则对于仲裁庭可以发布的裁决内容进行了明确限定，仲裁庭可裁决东道国对投资者给予金钱赔偿或任何可行的利益，或以征收发生前的市场价值为准返还投资者财产。在执行方面，如前文所述，当前投资仲裁机制下，仲裁裁决的执行需要划

---

① CETA 规定初审法庭需在争议提交起 24 个月内作出裁定，《欧盟与新加坡投资保护协定》则规定法庭需在争议提交后 18 个月内作出裁定。

分为两种情形，《ICSID 公约》第 54 条设定了强制承认与执行规则，缔约国应当将根据《ICSID 公约》作出的仲裁裁决视为其国内法院的最终裁决，国内法院无权对仲裁裁决进行审查。而对于非 ICSID 仲裁庭作出的裁决，则需要根据《纽约公约》中仲裁裁决承认与执行的方式经受承认与执行国国内法院的审查。在 TTIP 草案以及已签署的两项投资协定中，欧盟都借鉴了《ICSID 公约》的做法，建立起了强制性的裁决承认与执行机制。

总体而言，欧盟投资法庭制度能够有效弥补去中心化 ISDS 机制改革措施存在的漏洞，有效实现保证相同条约条款解释一致性目标。首先，投资法庭中上诉机制的创建可以有效弥补仲裁机制之下条约解释不一致裁决救济制度的缺陷。有关建立投资仲裁上诉机制的理论探讨自 21 世纪初仲裁案件数量激增之时起就已出现。上诉机制设立的根本目的就在于保证国际投资条约解释的正确性与一致性，而国际投资仲裁上诉机制之所以能发挥这样的积极作用，是因为上诉机构一方面可以通过对裁决实质内容的审查对错误裁决进行排除，从而制衡国际投资仲裁庭的自由裁量活动，防止过度的司法能动主义；另一方面，由于上诉机构与初审仲裁庭之间的层级关系，上诉机构能够强化正确裁决的权威性，对于构建判例体系起到推进作用。其次，投资法庭的程序规则明确要求法庭成员在解释条约时严格遵守 VCLT 中的条约解释方法，这为条约解释方法的正确使用提供了具有约束力的规则保障，当法庭成员违反这项程序规则而作出背离约文真实含义的法律解释时，上诉机构能够以确凿而充分的理由纠正不一致的条约解释结果。此外值得注意的是，在欧盟的常设投资法庭制度在对仲裁机制进行中心化系统性改革的同时，也并未完全排斥去中心化 ISDS 模式下的条约解释一致性保障措施。例如，《欧盟与新加坡投资保护协定》第 3.13 条就将缔约国条约解释机制引入了投资法庭程序之中，协定下成立的特别委员会对该协定的解释和适用负责，当有关条约解释的严重问题出现时，委员会将对相关条文的含义进行解释，其作出的决定对投资法庭具有严格拘束力。曾有学者对投资法庭权力过于集中从而脱离缔约国的控制表示担忧，但缔约国条约解释机制的引入实际上有效保障了国家对投资法庭法律适用过程的监督权。然而，当前欧盟通过双边途径推广国际投资法庭的方式在限制条约选购和消除不同投资条约条款解释冲突方面的作用并不明显。

三、UNCITRAL 多边改革方案

在 UNCITRAL 目前已经取得的改革成果中，通过多边路径促进 ISDS 机制中心化的改革趋势显著体现。首先，UNCITRAL 计划通过多边条约框架来实施改革成果，从而保证 ISDS 机制改革的系统性，进而实现增强条约解释的一致性这一重要 UNCITRAL 改革目标。在多边公约中，UNCITRAL 将对 ISDS 机制的目标、模式、机构设置和治理体系的等问题作出统一规定。多边条约的具体模式目前存有两种选项：其一是在具有法律约束力的框架性公约中确定 ISDS 改革的基本目标、基本原则、机构设置和治理体系等问题，在此基础之上配合议定书来进一步明确具体的 ISDS 机制细节；其二是制定单一的多边国际公约，再通过公约附件的形式确定其他具体义务。① 其次，多边投资法庭和统一上诉机制是 UNCITRAL 当前的重要改革选项。多边投资法庭在程序设计上与欧盟当前力推的投资法庭制度具有相似性，在两审终审制的多边机制下选任固定的裁判人员，制定强制性的程序规则，是一种高度中心化的

---

① See UNCITRAL, Possible reform of investor-State dispute settlement（ISDS）Multilateral instrument on ISDS reform, A/CN.9/WG.III/WP.221, 22 July 2022.

改革方案。目前，UNCITRAL 已对常设法庭的裁判人员选任问题形成了初步草案。① 而构建上诉机制的主要目的则是为当前一裁终局的投资仲裁提供救济途径，从而纠正存在法律适用错误的仲裁裁决，促进争端解决结果的一致性。目前上诉机制的构建存在多种路径，可以依赖双边性国际投资条约或具体投资合同，但这种模式依然是去中心化 ISDS 机制基础上的修正。建立统一的多边上诉机制则能真正促进裁判权力向上诉机构集中，推动 ISDS 机制的中心化。最后，中心化的改革趋势也体现在其他改革事项中，例如，最新颁布的《行为守则》考虑到了对未来可能出现的中心化多边司法机制下裁判人员的公正性与独立性要求。② 正在谈判中的多边咨询中心建设也体现了通过协商一致的多边机制为发展中成员方提供投资争端解决技术帮助，从而促进国际投资争端解决一致性的中心化的意图。③

第四节　ISDS 机制中心化改革的发展前景分析

　　UNCITRAL 第三工作小组的谈判与协商程序至今已开展了七年多的时间，在历次会议中不同国家对待 ISDS 机制改革的态度已较为明确，

---

①　See UNCITRAL, Possible reform of investor-State dispute settlement（ISDS）- Standing multilateral mechanism: Selection and appointment of ISDS tribunal members and related matters, A/CN.9/WG.III/WP.213, 8 December 2021; UNCITRAL, Appellate and multilateral court mechanism, A/CN.9/WG.III/WP.185, 29 November 2019.

②　See UNCITRAL, Code of Conduct for Judges in International Investment Dispute Resolution.

③　See UNCITRAL, Possible reform of investor-State dispute settlement（ISDS）-Draft statute of an advisory centre, A/CN.9/WG.III/WP.236, 27 November 2023.

中心化与去中心化改革支持者的阵营划分已趋于明朗。尽管欧盟对于条约解释不一致现象的认知和评价存在过分夸大的嫌疑，但通过对欧盟投资法庭基本架构的研究和分析可以判断，常设性投资法庭体系能够有效矫正当前投资仲裁模式的制度缺陷，提升国际投资条约解释的一致性。然而在 UNCITRAL 的 ISDS 机制多边改革工作中，美国坚持认为系统性中心化改革措施并无必要。因而，本节旨在对美国拒斥中心化改革的原因进行剖析，并在此基础之上对 UNCITRAL 引领的多边性改革磋商和谈判可能出现的结果进行预估，对其利弊加以权衡。

一、欧美 ISDS 机制改革立场分化之原因

美国在国际投资法律规则发展过程中具有一定的影响力，NAFTA 以及美国双边投资协定范本一直是其他国家在投资条约内容制定过程中的重要参考依据，国际社会对国际投资仲裁机制的批判以及改革设想早在十几年前就已出现，但美国在近期参与制定的最大规模投资条约 TPP 中依然只对当前的投资争端解决机制进行了微调，并未进行改变去中心化仲裁本质的系统性的改革，在 UNCITRAL 第三工作小组的意见征询过程中，美国也表达了对于欧盟投资法庭强烈的抵触情绪，在 2017 年的 UNCITRAL 委员会会议中，美国认为 UNCITRAL 开展这项工作的根本目的就是劝说其他国家接受欧盟主导的投资法庭机制，美国联合日本明确表达了当前的 ISDS 机制无须进行中心化改革的观点。在 UN-CITRAL 明确表态不以投资法庭作为既定工作目标后，美国才同意参与第三工作小组的改革议程。[①] 笔者认为美国采取此种保守态度并与欧盟

---

① See Anthea Roberts. Incremental, Systemic, and Paradigmatic Reform of Investor-State Arbitration, *Americam Journd of Intemafional Law*, 112（3），2018.

产生严重分歧的原因主要包括以下三点。

首先，在美国的政策考量之下，国际投资条约中 ISDS 机制的根本目标始终在于保护投资者，尽管近年来东道国权益在国际投资法律制度构建中备受关注，但对于美国而言，其投资政策的根本目标并未发生偏移。截至目前，涉及美国的国际投资仲裁案件共计 182 件，其中有 166 项是美国投资者对其他国家发起的仲裁，而仅有 16 个案件是以美国作为被申请方的仲裁。在以美国为被申请东道国的案件中，所有仲裁庭最终都作出了有利于美国的裁决。国际投资争端解决机制对东道国权力的冲击被理论界和诸多主权国家所诟病，其中阿根廷经济危机下的仲裁案件时常被作为抨击 ISDS 机制的典型事例，但值得注意的是，阿根廷所面对的接连不断的仲裁案件绝大多数是美国投资者所提起的，对于美国而言，国际投资仲裁的定位依然类似于一种保护其海外投资利益的单边工具，其本国公共政策在实践中受到的冲击甚微。但对于欧盟而言，情况则有所不同，近年来，欧洲经济发展状况不容乐观，欧盟成员国在经济政策上的举措容易对外国投资者造成负面影响，欧盟成员国被提请仲裁的频率不断增高，捷克、波兰、西班牙和匈牙利等国家是作为东道国被仲裁的大户。① 以西班牙为例，自 2012 年起，投资者针对西班牙一系列相同的能源改革措施发起了 42 项仲裁，在已经作出裁决的 6 起案件中，争端解决所依据的投资条约均为 ECT，投资者援引的条约条款基本相同，但仲裁庭在 4 起案件中认定西班牙违反 ECT，而在 3 起案件中认定西班牙并未违反 ECT，仲裁庭对相同条约条款解释上的分歧十分明显。大量相同条约条款的不一致解释不仅危害了欧盟投资法律体系的稳定性，也对于其成员国的公共利益造成了强烈冲击。而德国作为

---

① 截至 2019 年，捷克、波兰、西班牙、匈牙利四国作为东道国被投资者提请仲裁的案件数量分别是 38 件、29 件、45 件和 16 件。

曾经的 ISDS 机制的创造者与倡导者，在面对外国投资者针对其环境保护与公共安全保障措施而提起的高达 45 亿欧元的投资仲裁请求时，也发生了态度上的骤变，成为欧盟成员国中最有力的 ISDS 机制抨击者。①正因如此，欧盟在 ISDS 机制改革中更加强调投资仲裁的公法性质，力图收回国家对于争端解决体系的控制权。相较于欧盟的投资法庭，当前以商事仲裁为基础的投资仲裁模式能够为投资者提供更加宽广的自主选择权，对于投资者而言更为便利，在不同政策目标作用下，美国与欧盟的选择自然背道而驰。

其次，美国与世界银行联系紧密，世界银行总部设在美国首都华盛顿，美国也是世界银行的第一大股东，而世界银行又采取以认购股份为依据的加权投票制度，因而美国在世界银行的影响力大于其他国家，并享有一票否决权。ICSID 作为世界银行下的组织机构，其行政委员会主席由世界银行行长担任，而世界银行行长长期由美国公民担任。虽然根据《ICSID 公约》，ICSID 重要事项的表决采取平权表决机制，但美国依然可以利用其影响力在投资仲裁机制运行和发展等问题上抢占主导地位。而欧盟当前倡导的双边性国际投资法庭制定则已经呈现出完全摆脱《ICSID 公约》管制的趋势。此外，在当前推动 ISDS 改革的 UN-CITRAL 之下，欧盟及其众多成员国都享有平等的表决权，因而在谈判和规则制定的过程中占据优势地位。国际投资法律体系的多边化依旧遥遥无期，而国际社会对于当前 ISDS 机制的批判此起彼伏，欧盟在此时机之下率先推开投资仲裁体系改革的大门，并通过双边途径拉拢加拿大

---

① 在日本的海啸引发福岛核电站泄漏事故之后，德国出于公共安全考虑，陆续关停了本国境内的核电站，其中包括瑞典 Vattenfall 公司投资的两家核电站。2012 年，该公司在 ICSID 提请仲裁，要求德国政府赔偿 47 亿欧元的投资损失，这一案件是引发德国民众对 ISDS 机制质疑的重要因素。See Vattenfall AB and others v. Federal Republic of Germany, ICSID Case No. ARB/12/12.

等国，这种做法无疑是在 ICSID 之外另起炉灶，挑战美国在国际投资法律体系内话语权的一种尝试。①

最后，近年来美国国际政策发生偏移，"反全球化"已经成为美国国际经贸政策背后的主导理念。美国曾作为多边机制的主导者创建了影响力较大的多边贸易组织。自 WTO 成立后，从克林顿政府到奥巴马政府，美国一直维持了对 WTO 多边规则的基本遵从，但是经济全球化和以 WTO 规则为中心的多边贸易体制也大大改变了美国的国内经济结构，在美国获得巨大利益的同时，却未能实现国内利益的合理分配，从而导致了贸易保护主义的抬头。② 近年来，美国政府已多次公开表达对 WTO 多边机制的不满，并公然采取与 WTO 规则相违背的贸易做法。其在贸易领域的行为逻辑也必然反映在其对投资规则的相关举措之中。欧盟以多边性的常设投资法庭作为其改革的最终目标，并在法庭的运行机制上充分借鉴 WTO 争端解决模式，这必然招致美国的反感与抵触。且欧盟目前已将在以往紧紧跟随美国脚步的加拿大拉入了 ISDS 机制中心化改革的阵营之中，若美国在系统性改革问题上有所让步，ISDS 机制势必将朝着欧盟的预期迅速发展，美国在当前双边性和区域性投资规则和 ICSID 仲裁机制下所享有的灵活性将难以得到保障。

二、ISDS 机制中心化改革进程中的平衡与取舍

国际争端解决机制的发展并非仅崇尚某种单一的逻辑，当前 ISDS 机制改革陷入僵局，其深层根源在于 ISDS 机制的构建和运行过程中存在着相互矛盾的价值追求，除条约解释一致性这一需要重点关注的改革

---

① 参见王燕：《国际投资仲裁机制改革的美欧制度之争》，《环球法律评论》2017 年第 2 期。

② 参见何力：《美国"301 条款"的复活与 WTO》，《政法论丛》2017 年第 6 期。

事项外，中心化改革方案的构建还面对着其他不同要素之间紧张对立关系的难题，需要在矛盾的两个方面中寻找平衡或有所取舍，但通常难以两全。

第一，协调性与灵活性。在中心化的改革倡议之下，ISDS 机制的协调性成为关注的重点。而在传统的去中心化投资条约仲裁机制下，投资者可以充分利用 BIT 和仲裁庭分散独立的灵活性，采用第三国转投资的方式进行国籍规划，例如投资者首先在第三国设立中间公司，再通过该公司在东道国开展投资活动。凭借这种复杂的股权结构，投资者可以通过股东身份在不同的 BIT 中进行"条约选购"，甚至就同一争端依据不同 BIT 同时发起两项仲裁。这种被投资者视为优势的灵活性同时引发了仲裁庭的管辖权冲突、平行程序和双重救济等问题，甚至会导致同一争端在不同的仲裁庭裁决中产生矛盾冲突的裁决结果，使得东道国无法判断其投资管制行为是否符合国际法，损害法律的安定性。以投资法庭为核心的中心化改革方案被视作增强机制协调性的理想模式，多边常设投资法庭可以通过体系化的结构明确投资法庭的管辖权，有效防范投资的平行程序的发生，并通过上诉机制形成具有一致性的判例体系。但与此同时，中心化 ISDS 机制的司法特性在限制投资者滥用仲裁权利的同时也会大幅度削弱传统商事仲裁中尊重当事人意思自治所带来的程序灵活性。

第二，普遍性与针对性。在当前去中心化的投资仲裁模式下，由争端方选任的仲裁员通常仅关注个案的争议解决，甚至存在迎合客户需求的做法。前文已提及，当前去中心化仲裁模式下部分仲裁员通常具有明显的裁判偏好，这导致 ISDS 机制本身无法肩负起从宏观角度解决国际投资法共性问题的责任。而中心化的 ISDS 机制则能够在争端解决过程中更加系统性地处理国际投资法律面临的普遍问题，例如投资者利益保护和东道国政策空间的平衡，在法律解释层面发挥更为突出的普遍性作

用。由于存在固定的裁判人员和层级化的初审与上诉机制，裁判过程中
能够弥合国际投资具体规则在适用过程中出现的法律解释分歧。中心化
的争端解决机制在裁判个案的同时注重裁判机构发展法律和维护争端解
决机制合法性的功能。此外，囿于国际投资实体规则的双边化特点，中
心化的 ISDS 机制下裁判者依然需要正视不同 BIT 文本上的区别，因而
其对于国际投资争端解决普遍性问题的解决能力仍然可能会受到制约。
在这一背景下，裁判机构过度追求一致性和普遍性也可能引发条约解释
准确性和个案公正失去保障的后果。[①]

第三，稳定性与创新性。中心化的投资争端解决机制能够为国际投
资法律的适用提供更强的稳定性。这种稳定性体现在两个层面。首先，
通过中心化的 ISDS 机制对于判例一致性的维护，主权国家能够更为准
确地对其管理政策和措施的合法性作出判断，依据国际投资法下的义务
对其行为进行调整，进而为投资者创造更加稳定的投资环境。其次，中
心化的争端解决模式依托于多边公约，相较于契约属性更强的双边条
约，多边机制下国际社会共识性规则对于成员国的约束作用更强，成员
国会更加审慎地对待其违反多边义务的法律、经济和政治后果。在稳定
性得到充分保证的同时，囿于多边机制庞大复杂的规则体系，当中心化
ISDS 机制面对投资法新发展时，其创新性将受到负面影响。多边条约
的修改问题较为复杂，根据 VCLT 第 41 条，只能在两种情形下对多边
条约做出修改：1.原条约有许可修改的明文规定；2.虽无明文规定，但
做出修改并未为该条约明文禁止且不影响其他当事国享有该条约上的权
利或义务，不违背条约目的和宗旨。[②] 在实践中，许多多边公约缔结之
初已约定了较为苛刻的修改条件。《ICSID 公约》下的 ISDS 机制虽不属

---

① See Mark Feldman, Investment Arbitration Appellate Mechanism Options: Consistency, Accuracy, and Balance of Power, *ICSID Review*, 32（3）2017.

② 参见李浩培：《条约法概论》，法律出版社 1987 年版，第 466 页。

于中心化的结构模式，但由于多边公约的性质，其在 ISDS 机制改革过程中已面临了公约规则修改的难题，而只能通过仲裁规则的修改进行小幅度调整。而 WTO 多边贸易体制实体规则谈判进展缓慢和上诉机构停摆则更为突出地反映了中心化机制的规则创新困境。

三、ISDS 机制中心化改革的可行性分析

当前 ISDS 机制改革正处于焦灼状态，不同阵营国家展开了激烈的角力。欧盟与美国作为在资本流动中占据重要位置的两大经济体，彼此间也正在进行新一代区域性协定的谈判，而投资争端解决机制发展方向的分歧恰恰是双方达成合意的主要障碍。USMCA 作为 NAFTA 的替身仓促问世，然而由于加拿大在 ISDS 机制改革问题上已将天平向欧盟倾斜，新一代协定中并未设置美国与加拿大之间的投资者与东道国争端解决规则。此外，ICSID 也通过仲裁规则的修改对去中心化的 ISDS 机制继续完善。虽然 UNCITRAL 力图对当前的分歧与冲突加以弥合，但目前的多边进程尚处焦灼状态，改革方向尚未明确。在此背景之下，ISDS 机制改革的最终结果存在多种可能性，其对国际投资条约解释一致性目标的实现也将产生不同影响。

UNCITRAL 主导的中心化改革方案中，投资法庭方案在缺乏美国、日本和巴西等国家支持的背景下，难以实现理想的高度中心化结果，只能通过选择性加入的诸边公约形式在部分 UNCITRAL 成员国之间建立。与此同时，由于欧盟目前已经在其国际投资条约中成功推行了投资法庭制度，欧盟与其他国家间的投资争端解决"小中心"已经处于既存状态，且欧盟在获得投资领域的缔约权后已全面开启了对于投资协定的更新换代工作，未来在与其他国家签订的 BIT 中也将一直持续推进双边或区域投资法庭制度。因此，ISDS 机制改革虽然在 UNCITRAL 的多边平台

展开，但中心化的改革方案实施之初仍将面临诸边化和区域化的多中心共存状态。在这种多中心状态下，改革所期待的争端解决协调性、普遍性和稳定性难以在短期内达到理想水平。"国际争端解决机制从'契约'到'准司法'的发展路径构成人类和平解决国际争端的进步方向，但在实践中，在相当长的一段历史时期内，各类国际争端解决机制的多样性和争端解决多种法律道路多元共存局面将是长期现象。"①ISDS 机制真正实现中心化需要经历从多中心向单一中心过渡的漫长过程。

1. 投资法庭与投资仲裁的共存

由于当前去中心化改革阵营并不愿再向前迈进，若欧美双方长期僵持，UNCITRAL 主持的多边改革工作极有可能止步于半途，成员国仅仅就美国所支持的缔约国联合解释等机制形成合意，而难以实现多边性的系统性改革目标，进而形成投资法庭与投资仲裁共存的局面，欧盟将继续通过双边性协定对投资法庭制度进行扩张，美国则坚守当前的投资仲裁机制。受制于大量已生效的 BIT 和《ICSID 公约》，投资法庭制度可能面临与投资仲裁制度长期共存和相互竞争的局面，投资者基于国际投资条约、东道国国内法或投资合同，可能获得在两种机制间进行选择的权利。若想要保障多边投资法庭对投资争议的管辖权，则需要 UNCITRAL 通过特殊的条约安排明确成员国加入多边投资法庭体系时，废止既往 BIT 中允许投资者将争议诉诸 ICSID、其他仲裁机构和双边投资法庭的承诺。

在两种机制共存状态下，投资者利益受到东道国政策措施的侵害时，投资者需要根据其母国与东道国签署的特定投资条约所采纳的模式寻求救济。当争议的基础性条约指向投资法庭机制时，投资者与东道国

---

① 赵宏：《从"契约"到"准司法"——国际争端解决的发展进路与 WTO 争端解决机制改革》，《清华法学》2023 年第 6 期。

须适用两审终审制的争端解决机制，投资者的意思自治权将受到严格的限制。而当基础性条约指向仲裁机制时，投资者依然享有挑选仲裁机构、仲裁员和仲裁规则的权利。而在欧盟与美国之间，两国投资者与对方国家的争议如何处理则取决于 TTIP 谈判的最终结果，如若双方无法就争端解决问题达成合意，谈判结果可能如同 USMCA，仅对投资实体问题和国家间争端解决作出规定，从而转向"退回机制"，此时双方投资者只能寻求当地救济或通过其母国启动国家间的外交保护程序。而美国与数个欧盟成员国之间的双边投资协定或自由贸易协定尚处在生效状态，多数协定包含投资仲裁机制，倘若 TTIP 在未来生效后并未终止原有投资条约的效力，则欧盟与美国投资者依旧可以使用投资者与国家间的仲裁程序寻求救济。①

投资法庭与投资仲裁共存的结果对于欧盟的投资法庭发展而言并无益处。首先，即使在投资法庭模式下，投资者依然掌握争端解决机制的启动权限，投资者意愿是决定投资争议管辖权的重要因素，前已备述，投资法庭制度强调国际投资争端解决的公法性质，并非投资者友好型机制，对投资者的吸引力不佳，而目前欧盟投资者也依然在频繁使用投资仲裁作为寻求保护的手段，更加具有司法特征的投资法庭能否在短期内获得广泛接受仍有疑问。而投资者对于现存仲裁制度的路径依赖性也可能会促使投资者进行条约挑选，规避投资法庭制度，进而致使投资法庭无用武之地，徒增成本，却无法实现创设之初想保障投资条约解释一致性的目标。其次，如果欧盟与美国无法就这一问题达成一致意见，则投资法庭的争端解决模式只能通过双边或有限的区域性协定加以扩张，而双边和区域性协定之间将不可避免出现差异，那么就可能导致以下两个

---

① 美国与瑞士、保加利亚、捷克、波兰、斯洛伐克等国的双边投资协定尚处于生效状态。

问题的出现：其一，不同投资法庭本身的运行模式和程序规则会或多或少存在差别，截至目前，欧盟仅有的几份有关投资法庭的条约及草案中就已经出现了细节上的偏差，例如 2015 年最初的 TTIP 建议文本与后续签订的 CETA 和欧盟与新加坡双边投资协定中投资法庭的组成细节和审理程序等方面都存在差别；其二，虽然上诉制度具有明显的解释一致性保障功能，但欧盟与其他国家所签署的各份投资协定相互并无关联，与当前的双边和区域性投资条约并无本质区别，因而依然无法有效扭转现有的投资法律体系碎片化特征。这也意味着在多边投资法庭形成之前，各投资法庭只能保证其所作出的裁判在适用协定之下的条约解释一致性。[1] 在双边模式下，投资法庭依然只能解决相同条约条款解释不一致的问题，对于规避双重救济下条约解释的冲突效果甚微，而与此同时，新型争端解决机构的不断涌现甚至还会加剧国际投资法律体系的碎片化，最终与中心化改革的初衷相违背。

2. 建立多边上诉机制

"国际条约的谈判和磋商过程中往往会出现相互妥协的现象，最终产生中立性结果，在 UNCITRAL 的多边工作进程之下，两种主张相互博弈，欧盟可能会舍弃常设投资法庭的部分特征，美国也有可能在仲裁机制的基础上作出让步，舍弃一些仲裁模式的固有特点。"[2] 多边上诉机制则是位于投资仲裁与投资法庭之间并兼具两者特性的中立性改革结果。

对于美国而言，在投资仲裁基础上构建上诉机制的方法并不陌生，美国较早尝试该项措施。美国在 21 世纪初期通过的《国际贸易促进授权

---

[1] 参见邓婷婷：《中欧双边投资条约中的投资者—国家争端解决机制——以欧盟投资法庭制度为视角》，《政治与法律》2017 年第 4 期。

[2] Anthea Roberts, Incremental, Systemic, and Paradigmatic Reform of Investor-State Arbitration, *American Journal of International Law*, 112（3），2018.

法案》中就已经表达出了建立投资争端解决上诉机制的意图。2004 年，美国在其投资协定范本的争端解决规则中增设了关于在未来建立投资仲裁上诉机制的倡议性条款，该范本第 28 条第 10 款规定："若对缔约双方有效的另一项多边条约建立起上诉机构来对根据国际贸易或投资协定设立的审理投资争议的仲裁庭所作裁决进行审查，则缔约双方应当努力达成一致，允许上述多边条约中的上诉机构对缔约双方在条约生效后启动的仲裁裁决进行审查。"美国在 2012 年更新和调整的投资协定范本中依然保留了这一条款。近年来美国与韩国、新加坡等国签订的自由贸易协定或双边投资协定中均体现了这种对上诉机制的开放态度。在 2016 年美国主导下起草的 TPP 中，协定第 9.23 条第 11 款同样对未来上诉机制的发展预留了规则空间，若上诉机制在其他国际条约下建立，TPP 缔约方应当决定协定下的裁决是否可提交至上诉机构，如果适用上诉机制，则缔约方应努力保证上诉程序的透明度。在美国退出 TPP 后，签订 CPTPP 的国家保留了相应的条款。然而，在 2018 年美国、墨西哥与加拿大新签订的自由贸易协定中，美国在与墨西哥的投资仲裁程序规则中仅规定仲裁裁决不得进行上诉，但并未再提及未来建立上诉机构后的应对方法。但总体而言，上诉机制对于美国的可行性明显高于投资法庭制度。

　　虽然上诉机构促进国际投资条约解释一致性的功能显而易见，但这项改革措施实质上与仲裁这种争端解决机制本身的价值追求相对立，虽然上诉机制的建立并不会对现有仲裁模式的基本程序造成冲击，但却会使当前的 ISDS 机制产生实质性的改变。"一裁终局"是仲裁这种争端解决模式最本质的特征，而商事仲裁之所以广受商事交往主体的欢迎，也正是因为"一裁终局"所带来的高效性与便捷性。在投资仲裁的基础之上设立上诉机制将难以避免地与仲裁这种模式的最本质特征产生强烈冲突。但是在国际投资法学界，虽然学者主张 ISDS 机制的改革应保障争端解决的效率，但并没有太多学者过分保守地将"一裁终局"视作不可逾越的程序规则。① 首先，如前文所述，已有学者指出投资仲裁的价值追求具有多样性，效率固然是保障投资活动有序进行的重要因素，但不可将其视为投资争端解决机制不可或缺的绝对性优势，仲裁裁决的准确性也是争端解决的根本目标，一味追求高效便捷而损害裁决结果的准确性无疑是弊大于利。其次，前文亦有所述，国际投资争端解决有着不同于传统商事仲裁的固有特点，而这种特点在近年来已愈发得到国际社会的重视。国家作为争端的当事方，仲裁裁决结果将对一主权国家的公共利益产生巨大影响，因而仲裁裁决在保护经济活动时效性的同时，也不得忽视国家背后所蕴藏的公共利益保护这类实质正义。可以说，随着 ISDS 机制的快速发展，在公正与效率两种价值追求之间，前者已被视为投资争端解决机制更为重要的目标。

除去价值的冲突外，有学者指出上诉机制的建立还面临着当前国际争端解决法律体系中难以跨越的规则障碍。《ICSID 公约》第 53 条规定："裁决对双方具有约束力。除公约另有规定外，不得进行任何上诉或采取任何其他补救办法。"因而，如果想在国际投资仲裁制度中适用上诉机制就需要对第 53 条进行修改。但根据《ICSID 公约》自身的严格要求，对条约进行修改必须获得所有公约缔约国的同意。截至目前，ICSID 的成员国数量已达到 162 个，促使众多国家在短期内达成修改条约的合意是不现实的。② 事实上，《ICSID 公约》第 53 条对上诉机制的桎梏并非只能通过全体缔约国一致同意的方式解开，VCLT 第 41 条为此提供了一条不同的路径。根据 VCLT，多边公约的两个或两个以上缔约国在满足特定

① 参见肖军：《建立国际投资仲裁上诉机制的可行性研究——从中美双边投资条约谈判说起》，《法商研究》2015 年第 2 期。

② See Christoph Schreuer, The Future of Investment Arbitration, in Arsanjani, Mahnoush H., Reisman W. Michael（ed.）, *Looking to the Future, Essays on International Law in Honor of W. Michael Reisman*, Martinus Nijhoff Publishers, 2011, p.801.

情形时可以缔结协定在彼此之间对条约进行修改。《ICSID 公约》本身并未禁止个别成员国通过单独约定调整公约内容，无意参与上诉机制改革的国家可以自愿作出选择，其在公约下的既有利益并不会因他国的特别协定而受到影响，上诉机制本身也并不违背公约的目的和宗旨，因而满足 VCLT 的要求。在 ICSID 于 2004 年提出的上诉机制构想中，上述方法的可行性也受到了肯定，ICSID 明确指出，是否可以将裁决提交上诉机构应取决于具体的投资条约的内容，以缔约国与争端方的意志为基础。①

对于上诉机构应当以何种形式建立，理论界提出了多种可能性。有学者认为可以通过双边和区域性协定建立并存的上诉机构。但更为主流的观点则是构建统一的多边上诉机构。出于消除双重救济的考虑，统一多边上诉机制显然是更为理想的选择。至于将投资仲裁上诉机构的筹建委托于何种平台，ICJ、PCA 和 ICSID 等争端解决机构受理投资仲裁上诉案件的可行性均被探讨，其中获得最多支持的是以当前的 ICSID 为基础建立多边投资上诉机构。

在美国早期的极力推动之下，2004 年 ICSID 在修改仲裁规则的过程中就尝试构建多边性的投资仲裁上诉机构，在《ICSID 仲裁框架改进方案》的附件中提出构建统一多边上诉机制的基本框架，并明确该机制旨在促进投资条约下判例的一致性。首先，在组织架构方面，上诉机构采取常设的模式，15 名上诉机构成员由 ICSID 选任，成员应为权威受到认可的法律、国际投资和投资条约专家。特定案件中的上诉法庭成员由 ICSID 秘书长指派的 3 人组成，争端方无人员选择权。② 其次，在上

---

①　See Possible Improvements of The Framework for ICSID Arbitration, ICSID Secretariat, Discussion Paper, 22 October 2004.

②　See Possible Improvements of The Framework for ICSID Arbitration, ICSID Secretariat, Discussion Paper, Annex, Possible Features of An ICSID Appeals Facility, 22 October 2004, paras.5-6.

诉机制适用范围方面，ICSID 仲裁裁决和非 ICSID 仲裁裁决均可适用上诉机制，除《ICSID 公约》第 52 条中的撤销事由外，当仲裁裁决存在明显的法律错误时，争端方可进行上诉，上诉法庭可以对法律和事实问题进行审查。① 再次，对于仲裁庭的权限，此份文件认为仲裁庭可以支持、修改或推翻初审仲裁裁决，也可以根据《ICSID 公约》全部或部分撤销仲裁裁决，对于撤销的仲裁裁决，争端方可以重新提起仲裁，上诉法庭也可以直接将案件发回原仲裁庭重审。② 此外，ICSID 还对上诉程序和费用等问题作出了初步规划。③ 然而，在仲裁规则的修改过程中，上诉机构的设想并未获得支持，ICSID 最终宣布建立上诉机制还为时过早，最终于 2006 年公布了新修订的仲裁规则，上述方案至今尚未实现。

虽然 ICSID 并未采取实质性的行动，部分西方国家也未采取其他措施推进上诉机制的发展，但建立投资仲裁上诉机制始终被作为 ISDS 机制改革的重要选项之一。OECD 在 2006 年促进 ISDS 机制发展的研究报告中提出可以通过上诉机制来弥补当前争端解决体系的不足，并分析了上诉机构的优势与缺陷。④ 而 UNCTAD 近年来的年度投资报告以及一系列 ISDS 机制改革研究性文件均对上诉机构的形式、程序和其与

---

① See Possible Improvements of The Framework for ICSID Arbitration, ICSID Secretariat, Discussion Paper, Annex, Possible Features of An ICSID Appeals Facility, 22 October 2004, para.7.

② See Possible Improvements of The Framework for ICSID Arbitration, ICSID Secretariat, Discussion Paper, Annex, Possible Features of An ICSID Appeals Facility, 22 October 2004, para.9.

③ See Possible Improvements of The Framework for ICSID Arbitration, ICSID Secretariat, Discussion Paper, Annex, Possible Features of An ICSID Appeals Facility, 22 October 2004, paras.10-14.

④ See OECD, International Investment Perspectives, 2006 Edition, Chapter 7, Improving the System of Investor-State Dispute Settlement: An Overview, pp.189-195.

《ICSID 公约》《纽约公约》等现有规则的关系等问题进行了分析。① 在 UNCITRAL 第三工作小组的会议报告中，上诉机制依然是 ISDS 机制改革的重要备选方案。

3. 多边性常设投资法庭机制的实现

多边性常设法庭无疑能够有效改变国际投资法律体系在争端解决上的"碎片化"特点，进而根本性扭转当前国际投资条约解释中不合理的不一致现象。对于相同条约中特定条款的一致性，在当前双边化的投资法庭模式下已然可以得到有效的保障。对于双重救济下的条约解释冲突而言，多边性的争端解决机制将全然消除投资者挑选条约的积极性，无论投资者依据何种条约发起争端解决程序，最终都将由统一的投资法庭加以审理，对于两起事实相同的案件，多边机制将有效地作出协调。此外，为防止国际投资法庭在条约解释方的权力过于集中，应考虑将多边投资法庭制度与缔约国条约解释机制和国家间仲裁机制进行合理的衔接。② 虽然在现阶段美国对于投资法庭制度持强烈反对的态度，出现这种理想结果的概率较小，但国际投资条约的谈判并非单纯法律规则间的较量，其与谈判国的政治利益和经济利益具有紧密关联，受不确定因素的影响较大，因而多边性常设投资法庭的实现并非全无可能。

大规模多边性谈判以及常设性投资法庭的成立和运行通常需要依托于具有影响力的国际组织，例如 WTO 的谈判是在原有的《关税与贸易总协定》基础上完成的；《联合国国际货物销售合同公约》在 UNCIT-

---

① See UNCTAD, World Investment Report 2015, Reforming International Investment Governance, 2015.

② See Gabrielle Kaufmann-Kohler, Michele Potestà, Can the Mauritius Convention serve as a model for the reform of investor-State arbitration in connection with the introduction of a permanent investment tribunal or an appeal mechanism? Geneva Center for International Dispute Settlement, 3 June 2016, pp.67-68.

RAL 的主持之下制定；《ICSID 公约》的签署和 ICSID 的成立则主要由世界银行牵头完成。ISDS 机制的改革已受到几个国际组织的关注，相关机构也已针对改革的各种路径和可能性进行了长期的研究。在大力度推进投资法庭的举措实施后，欧盟一直积极与各个国际组织交换意见，意欲通过多边平台建立常设国际投资法庭，并且在 CETA 和《欧盟与新加坡投资保护协定》中，缔约国设置了与今后可能出现的多边国际投资法庭的衔接条款。① 在现有的理论探讨中，有可能在争端解决机制多边化改革过程中发挥关键作用的相关国际组织主要包括 UNCTAD、OECD、WTO、UNCITRAL 和 ICSID。

前文已多次提及，UNCTAD 对国际投资条约及争端解决机制进行了为期数年的系统性的研究。2013 年起，其在每年发布的《世界投资报告》中均对国际投资协定的改革提出了系统且详细的建议，设立一个常设的国际投资仲裁法庭以及上诉机制的主张也频繁地出现在 UNC-TAD 的改革政策文件之中。然而，有些国家认为 UNCTAD 与发展中国家的联系过于紧密，因而在改革方向上将更加倾向于对发展中国家的保护。此外，UNCTAD 之下并未形成过具有强制性约束力的法律文件，虽然其为国际社会提供了良好的多边交流与沟通平台，但有学者指出："UNCTAD 实质上更像是一个'清谈会'，而非谈判与立法的平台。"②投资政策也一直是 OECD 的重要议题，近十年来，其对于投资条约中的特定条款进行了大量的研究。然而在 OECD 主导的投资条约多边化进程受挫后，国际社会对于这一国际组织的信任程度有所降低。此外，

---

① CETA 第 3.12 条规定，缔约方应当与其他贸易伙伴共同努力建立多边投资法庭，多边法庭建立后，缔约方应当采纳多边法庭作出的裁决如果争议能够被多边法庭解决的话，并且应当制定合理的过渡转换协议。

② Anthea Roberts, Incremental, Systemic, and Paradigmatic Reform of Investor-State Arbitration, *American Journal of International Law*, 112（3），2018.

投资活动与贸易活动联系密切，投资法庭模式的争端解决机制与 WTO 争端解决机制有诸多相似之处，有学者指出可以将投资争端的解决并入 WTO 体系之下。① 其实早在 21 世纪初期，WTO 有关贸易与投资工作小组曾对这种可能性进行过讨论，而 WTO 也已经在处理 TRIMS 下的国家间争议。然而，WTO 法律体制采取的是协商一致原则，多哈回合谈判陷入僵局后，众多 WTO 成员在贸易领域的尖锐冲突还没有得到有效解决，美国对待 WTO 的态度又发生了巨大的转变，在此背景下开启更加复杂的投资规则多边谈判可能性渺茫。

相比之下，UNCITRAL 与 ICSID 在投资法庭建设问题上发挥作用空间则相对较大。在欧盟的推动下，UNCITRAL 的多边谈判与协商工作已经有序展开，其针对 ISDS 机制改革而专门成立的第三工作小组采取了政府主导的谈判与协商模式，最终的改革决议将基于成员国合意。第三工作小组的议程包含三个方面，首先成员国需要对当前 ISDS 机制存在的问题进行深入研究，这种研究应当建立在事实而非观念之上；其次，第三工作小组将对成员国的改革意愿进行分析，这一过程中需要将不同问题与不同改革措施区分讨论；最后，如果缔约国存在改革意愿，UNCITRAL 将对改革的具体措施进行研究。② 截至目前，第三工作小组已专门针对投资仲裁实践中条约解释不一致性问题广泛征求意见，并明确肯定了改变当前现状的必要性。2019 年 5 月至 7 月，UNCITRAL 第三工作小组在纽约开展了第 37 次会议，组织成员国对通过国际投资法庭提升条约解释一致性问题进行了更深入的沟

---

① 参见杨国华：《论世界贸易与投资组织的构建》，《武大国际法评论》2018 年第 1 期；[尼泊尔] 苏里亚·P. 苏贝迪：《国际投资法：政策与原则的协调》，张磊译，法律出版社 2012 年版，第 222 页。

② See UNCITRAL, Report of of Working Group III（Investor-State Dispute Settlement Reform）on the work of its thirty-sixth session, A/CN.9/964, 6 November 2018.

通与交流。ICSID 作为专门处理投资者与国家间争端的国际组织在过去的 30 年中积累了丰富的实践经验，ICSID 秘书处目前完成了《ICSID 仲裁规则》的新一轮修改工作，在 UNCITRAL 多边协商的契机下，ICSID 密切关注并参与了相关会议，就 ISDS 机制改革问题发表了专业意见。更为重要的是，由于美国与世界银行的紧密关系，倘若美国接受投资法庭制度，其必然会积极推动 ICSID 作为多边常设投资法庭建立的平台。

除对投资法庭建立的组织机构进行探讨外，投资法庭的具体规则以何种形式呈现同样是值得研究的议题。双边性和区域性是当前国际投资法律体系的典型特征，每个主权国家与不同对象签订了大量的国际投资协定，形成了错综复杂的关系网。即使常设投资法庭的理念在多边机制下获得了认可，将全新的争端解决模式适用于已生效的众多国际投资条约，从而真正实现其对现有投资仲裁模式的替换依然是一项十分艰巨的任务。在没有相反规定的情形下，条约不溯及既往，此时若想保证投资法庭制度获得生机，主权国家则需要面临对已生效的国际投资协定进行全面修改的沉重负担。

笔者认为，2015 年 UNCITRAL 主持制定的《联合国投资者与国家间基于条约仲裁的透明度公约》（*United Nations Convention on Transparency in Treaty-based Investor-State Arbitration*，以下简称《透明度公约》）的成功对 ISDS 机制的深度改革颇具参考意义，能够有效减轻主权国家修改国际投资条约的巨大压力，为国际投资法庭的创设提供助力。2014 年 4 月 1 日，具有强行性的《透明度规则》正式生效，对于《透明度规则》的适用性和效力问题，UNCITRAL 第三工作小组在规则起草过程中进行了激烈的讨论。一部分谈判代表认为《透明度规则》属于《UNCITRAL 仲裁规则》最新出现的重要组成部分，一个国家如果在既存的或将来签订的国际投资条约中允许投资者将争端提交至《UNCITRAL 仲裁规则》下进行解决，那么《透明度规则》应当自动适用于基于该条约提起的仲裁。一个国家接受《UNCITRAL 仲裁规则》作为投资争端程序规则，不仅仅代表它接受了投资条约签署时的《UNCITRAL 仲裁规则》，而且意味着它对该规则的整体接受，其中包括该规则在未来可能出现的变化，因而《透明度规则》理应适用于依据 2014 年 4 月 1 日前签订的国际投资条约而提请适用《UNCITRAL 仲裁规则》的国际投资条约仲裁案件。① 而另一部分谈判代表则认为一国在国际条约中约定适用的《UNCITRAL 仲裁规则》仅指缔约时的仲裁规则，若将《透明度规则》适用于 2014 年 4 月 1 日前既存的国际投资条约，则需要有关国家的进一步明确同意。② 出于对国家意志的尊重，最终 UNCITRAL 采纳了后一种观点，《透明度规则》只能自动适用于依据 2014 年 4 月 1 日后缔结的国际投资条约而在《UNCITRAL 仲裁规则》下进行裁决的案件。

为了解决《透明度规则》对既存的国际条约的适用性问题，UN-CITRAL 又进一步起草了"选择性加入"的《透明度公约》。③《透明度公约》包含两个层次的内容：首先，一国若签署加入《透明度公约》，《透明度规则》将自动适用于 2014 年 4 月 1 日前该国签署的双边投资协定和自由贸易协定等包含投资内容的国际条约。其次，对于加入《透明度公约》的国家，若未作出相关保留，则《透明度规则》将适用于以该国为被申请方的所有投资争端，无论该争端是否在《UNCITRAL 仲裁规则》下提起。截至目前，众多国家通过"选择性加入"的方式签订了《透

---

① See UNCITRAL, Preparation of A Legal Standard on Transparency in Treaty-based Investor-State Arbitration, A/C N.9/WG.II/ W P.176, 30 November 2012.

② See UNCITRAL, Preparation of A Legal Standard on Transparency in Treaty-based Investor-State Arbitration, A/C N.9/WG.II/ W P.176, 30 November 2012.

③ See UNCTAD, Draft Convention on Transparency in Treaty-based Investor-State Arbitration, A/CN.9/WG.III/ WP.181, 17 September 2019.

明度公约》，从而使《透明度规则》的适用范围得到了有效扩展，突破了时际法的限制，使全新的透明度机制能够适用呈现"碎片化"特点的众多双边性国际投资条约当中。

"选择性加入"的多边公约模式可以为当前 UNCITRAL 平台下 ISDS 机制多边改革所借鉴，主权国家可以先通过磋商形成一份多边常设法庭的程序运行规则协议，通过"选择性加入"条款或单独的"选择性加入"公约来协调处理新机制与现有仲裁机制的关系，投资法庭制度将适用于签署公约的缔约国全部的既存国际投资条约。通过此种规则模式建立统一的投资法庭制度无疑更为灵活。在当前改革意向发生激烈冲突的背景下，国家可以先就多边投资法庭机制的具体运行规则进行协商，而不考虑其他具有争议性的问题，从而促进一致意见顺利达成。①此种路径下，在多边投资法庭的程序规则形成后，国家依然有充足的空间对是否全面接受投资法庭制度进行审慎的思考和判断。

---

① See Gabrielle Kaufmann-Kohler, Michele Potestà, Can the Mauritius Convention serve as a model for the reform of investor-State arbitration in connection with the introduction of a permanent investment tribunal or an appeal mechanism? Geneva Center for International Dispute Settlement, 3 June 2016, pp.75-77.

第六章　中国应对国际投资条约解释
不一致性的立场与方法

在"一带一路"倡议下，中国国际投资活动迅猛发展的同时，也出现了投资争端数量的激增。在已经公开的投资仲裁裁判文书中，中国政府和中国投资者同样面临着当前投资仲裁机制下条约解释不一致性问题带来的影响。为确保我国真实的缔约意图和政策目标在投资活动和争端解决过程中得以实现，应通过不同路径对条约解释不一致现象进行合理规制。中国当前正处在 ISDS 机制改革的关键路口，一方面要在国际组织的多边平台表达中国立场，另一方面要在新一代经贸条约中进行投资争端解决的规则设计。在国际经济秩序动荡不安、单边主义日益盛行的背景下，国际投资仲裁庭条约解释方法的规范性和条约解释结果的一致性对于维护中国国际投资法律体系的稳定，维护投资者私人利益，明确中国政府的政策空间具有重要意义。面对国际投资条约解释的不一致现象，我国应在保证 ISDS 机制公正性基础上根据资本流动和争端解决中的现实需求进行改革路径选择。

第一节　条约解释的不一致性与中国国际
投资争端解决实践

近年来，我国投资者开始更为频繁地运用 ISDS 机制维护海外投资利益，中国政府实施行政管理措施时也面临着外国投资者发起投资仲裁的风险。在投资仲裁过程中，一方面，中国缔结的国际投资条约下的管辖权、征收补偿、公平与公正待遇、非歧视待遇条款等核心条约条款在适用过程中会受到当前条约解释不一致性问题带来的影响；另一方面，中国国际投资条约在现有投资仲裁案件中显现出了一些特有解释争议，这与中国国际投资条约条文设计和缔约实践发展紧密关联。

一、中国国际投资条约内容的演进

改革开放后，为进一步吸引外资，推进社会主义市场经济的发展，我国开始了双边投资条约的缔约工作。自 1982 年与瑞典签订第一份 BIT 以来，中国目前与其他国家签订的现行有效的双边投资条约数量高达 108 项，包含投资内容的自由贸易协定数量为 27 项。① 随着经济实力的迅猛增长和资本流动情况的变化，中国在不同阶段缔结的国际投资条约本身在内容上存在发展演化的过程，不同国际投资条约在文本上存在一定差异，这与中国相关投资仲裁案件中出现的法律争议和仲裁庭条约解释呈现出的特点存在紧密的因果关系。因此，在具体分析条约解释不一致性对中国国际投资争端解决的影响前，须对中国国际投资条约内容的演化过程进行梳理和分析。

总体而言，根据中国缔结的国际投资条约内容发展和演进过程，可以将现行有效的投资条约划分为三代。第一代投资条约为中国在改革开放初期签订的 BIT，主要对象国家是西方发达的资本输出国家，囿于当时的经济发展状况，中国并无能力向西方国家进行大量的资本输出，因

---

① 参见 UNCTAD 网站，https://investmentpolicy.unctad.org/international-investment-agreements/countries/42/ china，访问日期：2024 年 7 月 1 日。

此中国早期 BIT 的缔约主要目的在于吸引外资，而非保护中国的海外资本输出。此外，20 世纪六七十年代发展中国家提出了建立"国际经济新秩序"的要求，这一发展理念对国际投资保护标准的影响也体现在了中国的缔约实践当中。在这一背景下，中国早期签订的投资条约在文本设计上呈现出保守与克制的特点。第二代投资条约是指中国在 20 世纪末至 21 世纪初对外缔结的 BIT，随着经济高速发展、国内市场进一步开放和与中国企业的"走出去"，这一阶段中国与其他国家缔结的 BIT 在内容上出现了明显的自由化趋势，投资保护标准和水平提高。第三代投资条约主要包括 2008 年后中国签订的 BIT 和 FTA 中的投资章节，"在国际投资条约价值转向和 ISDS 机制合法性危机的影响下，中国在缔约实践中更加重视投资者私人利益和公共利益的平衡"①。

1. 中国国际投资条约实体规则的发展变化

在投资条约实体规则层面，中国缔结的国际投资条约在条文数量和条文内容方面都呈现了较为明显的变化。从条文数量来看，中国签订的国际投资条约中实体规则条款的数量显著增加，例如中国签订的第一份 BIT 仅有 5 个实体规则条款，而 2023 年中国与土耳其签订的 BIT 中包含 22 个实体规则条款和 4 项附件。从条文具体内容来看，不同阶段缔结的条约在序言、定义和具体投资待遇等方面存在明显差异。

国际投资条约的序言通常用以阐明缔约的目标和意义，序言条款对于仲裁庭根据 VCLT 第 31 条对条约进行目的与宗旨解释具有重要的指引作用。但中国缔结的国际投资条约在序言部分的表述并不统一。中国早期签订的 BIT 更多是出于外交和政治需求，在条约序言中通常强调互相鼓励和促进投资。中国和瑞典的 BIT 序言仅指出"缔约双方希

---

① 梁开银：《中国双边投资条约研究》，北京大学出版社 2016 年版，第 49 页。

望为另一国投资者提供公平公正待遇"，中国与德国签订的 BIT 序言则指出："本着发展两国间经济合作的愿望，努力为缔约方投资者在另一缔约方境内的投资创造有利条件。"中国第二代和第三代 BIT 虽然在内容上有所调整，但多数 BIT 序言依然仅侧重对于经济发展与投资保护，仅有部分条约提及了投资者应尊重东道国主权和法律。① 然而，近年来签订的部分投资条约序言中则出现了维护缔约国环境保护和国民健康等公共利益的要素，例如在 2012 年中国、日本和韩国签订的 FTA 投资章节中，就提到"缔约方认识到促进和保护投资的目标不应通过放松环境、安全和健康措施的应用来实现；缔约方认同投资者应当遵守东道国法律，投资活动应促进东道国经济、社会和环境的进步"②。

国际投资条约中的有关"投资"定义条款对于仲裁案件的管辖权具有重要影响，在不同阶段的缔约实践中，中国对于何为受到投资条约保护的"投资"的界定方式也并不统一。首先，在对于"投资"的定义模式上，多数投资条约采取了概括 + 列举式的条文模式，但也有一部分条约并未对投资进行概括式界定，直接对具体投资形式进行了列举。③ 其次，关于"投资"的具体列举，第一代和第二代条约的列举清单较为简单，第三代 BIT 则对于列举清单进行了补充和完善。再次，多数中国签订的 BIT 中列举清单通常是基于资产的形式，而部分近年来缔结的条约则是基于企业行为的形式。④

---

① 例如《中华人民共和国政府和尼日利亚联邦共和国政府相互促进和保护投资协定》序言。

② 《中华人民共和国政府、日本国政府及大韩民国政府关于促进、便利和保护投资的协定》序言。

③ 例如《中华人民共和国政府和加拿大政府关于促进和相互保护投资的协定》第一条。

④ 例如《中华人民共和国政府和加拿大政府关于促进和相互保护投资的协定》第一条；《中华人民共和国政府和墨西哥合众国政府关于促进和相互保护投资的协定》第一条。

　　在实体待遇方面，中国不同时期签订的国际投资条约在投资保护和待遇标准上也在不断变化和调整，在条文结构模式上也并未形成统一范式。首先，中国第一代 BIT 中确立了给予外国投资者公平与公正待遇和最惠国待遇的投资保护标准，早期 BIT 有关条款语言表述较为简单，将所有投资者待遇放置在同一条款下进行规定。但在近年来签订的部分 BIT 中，中国则效仿了美式 BIT 中的条文模式，将公平与公正待遇设置在"最低标准待遇"条款之下，并将最惠国待遇作单独规定。[1] 其次，"国民待遇在中国的国际投资条约中经历了从无到有，从不常见到不可或缺的发展历程"[2]。中国早期签订的 BIT 中并没有设置国民待遇条款，在中国和英国签订的 BIT 中第一次纳入国民待遇条款时也仅承诺缔约方应尽量给予另一缔约方投资者相同的待遇。[3] 随着中国对外开放水平的不断提升，同时受到投资条约发展趋势的影响，21 世纪后中国缔结的 BIT 中普遍纳入了投资准入后的国民待遇条款。自 2013 年开始加强自由贸易区建设以来，中国开始尝试准入阶段国民待遇＋负面清单的模式，在 2021 年的《区域全面经济伙伴关系协定》（*Regional Comprehensive Economic Partnership*，以下简称 RCEP）中，中国首次在投资条约下采取准入前国民待遇标准。再次，征收补偿条款在中国缔结的 BIT 中也存在不同的表述方式。中国早期缔结的 BIT 并未对直接征收和间接征收的认定标准进行详细规定，近年来缔结的部分 BIT 中则明确了征收的合法性条件，并通过条约附件对间接征收的认定作出了

---

　　[1]　例如，《中华人民共和国政府与加拿大政府关于促进和相互保护投资的协定》《中华人民共和国政府与墨西哥合众国政府关于促进和相互保护投资的协定》《中华人民共和国政府和安哥拉共和国政府关于促进和相互保护投资的协定》。

　　[2]　银红武：《中国双边投资条约的演进——以国际投资法趋同化为背景》，中国政法大学出版社 2017 年版，第 168 页。

　　[3]　《中华人民共和国政府和大不列颠及北爱尔兰联合王国政府关于促进和相互保护投资协定》第三条。

一定限制。对于补偿标准，由于发展中国家和发达国家间的巨大争议，我国并未在投资条约中完全接受"充分、及时、有效补偿"的赫尔准则，而是通常要求"补偿须无迟延地支付，相当于公开宣布征收时或者征收发生时被征投资的公平市场价值，且补偿须完全可实现和可自由转移"，但不同条约中具体的语言表述仍存在明显差异。

此外，伴随着国际投资仲裁机制暴露出的问题，中国近年来的国际投资条约在结构模式和利益平衡方面仍在进行改良与调整，总体上更加关注投资者私人利益与东道国公共利益的平衡问题，在 BIT 文本中加入了拒绝授惠条款、一般例外条款、企业社会责任条款等为东道国预留管理权力和政策空间的条文。

2. 中国国际投资条约程序规则的发展变化

在投资条约中的争端解决层面，对于 ISDS 机制的态度经历了相对保守、完全接受和积极改革三个阶段。

虽然在 20 世纪 80 年代，投资保护和自由化的政策目标已充分体现在国际投资条约的文本设计中，但由于中国当时仍处于改革开放的初期，"基于 100 多年来的沉痛历史教训，对于事关国家司法主权的涉外争端管辖权部分地向外'让渡'的问题，仍然秉持严肃认真和慎之又慎的态度"①。中国早期与其他国家签订的 BIT 中并没有允许投资者对东道国发起投资仲裁的条款，而只允许国家间就条约解释和适用的争议进行仲裁。在 1984 年中国与法国签订的 BIT 中，中国的立场有所转变，首次允许缔约国国民直接向投资东道国发起仲裁，但受到苏联和其他东欧国家缔约模式的影响，中国对于投资仲裁的态度依然较为谨慎，只允许投资者在

---

① 陈安主编：《国际投资法的新发展与中国投资协定的新实践》，复旦大学出版社 2007 年版，第 362 页。

争端通过协商方式 6 个月内无法解决的情况下就有关征收补偿数额问题进行仲裁。此后很长一段时间中国的缔约实践延续了这种做法。中国在加入《ICSID 公约》时，在批准书中对能够提交 ICSID 仲裁庭进行争端解决的范围问题作出了专门解释，明确声明"中国政府允许提交 ICSID 仲裁的案件目前仅限于关于征收、国有化补偿的争议"。但在 ICSID 官方公布的消息中，中国批准书中提交仲裁的相关争端为"征收或国有化引起的补偿争端"，而不是中文版的"征收或国有化引起的补偿款额争端"，缺少了该声明的"amount"一词。"中国的保留主要目的是保护国家的经济发展主权，虽然有点保守，但是当时中国经济发展所必须的。"① 在这一时期的 BIT 中，中国通常并未指定特定的仲裁机构，仅在少数条约中规定仲裁程序规则可参照《ICSID 公约》规则 ②、UNCITRAL 仲裁规则 ③ 或斯德哥尔摩商会仲裁院规则 ④。但在部分 BIT 中，出于维护东道国司法主权的考量，中国将用尽东道国当地救济作为发起仲裁的前置条件。

　　随着中国资本流动的变化，中国投资者通过 ISDS 机制维护海外投资利益的需求增强。中国对 ISDS 机制态度的重要转变体现在 1998 年中国与巴巴多斯签订的 BIT 中，中国不再将投资者对东道国发起仲裁的范围限制在征收补偿数额争议，允许投资者将所有与投资相关的争议提交国际仲裁。⑤ 对于具体的争议解决程序，BIT 允许投资者将争议提

---

① 黄世席：《投资协定"征收补偿款额仲裁条款"的解释分歧及中国应对》，《法学》2019 年第 2 期。

② 例如《中华人民共和国政府与丹麦王国政府关于促进和相互保护投资协定》第八条。

③ 例如《中华人民共和国政府与捷克和斯洛伐克联邦共和国政府关于促进和相互保护投资协定》第九条。

④ 例如《中华人民共和国政府和哈萨克斯坦共和国政府关于促进和相互保护投资协定》第九条。

⑤ 参见《中华人民共和国政府和巴巴多斯政府关于促进和相互保护投资协定》第九条。

交 ICSID 或其他专设仲裁庭。在 2000 年后签订的 BIT 中，中国基本都采取了这种对投资仲裁的开放态度。并且在近期签订的部分 BIT 中不再简单通过一个条约条款对争端解决机制进行粗略规定，而是逐渐接受美式 BIT 的投资争端解决程序规则，在 BIT 文本中细化仲裁程序具体规则，明确发起仲裁的前置性条件、仲裁庭组成、仲裁庭所依据的法律和仲裁裁决与费用等程序问题。"限制性仲裁条款与自由化仲裁条款的根本区别在于可仲裁范围存在差异，反映了不同国家、同一国家在不同历史时期对主权问题和投资自由化关系的辩证态度。"①

近年来在 ISDS 机制改革进程中，中国也开始对现存的投资仲裁机制进行重新审视，在中国政府向 UNCITRAL 第三工作小组提交的意见中，中国认为当前以仲裁为核心的投资争端解决模式存在诸多问题，中国认同当前的 ISDS 机制缺少裁决纠错机制、缺少稳定性和可预测性、仲裁员的专业性和独立性不足、第三方资助影响仲裁、期限过长和成本过高等缺陷。② 中国目前正积极参与 ICSID 和 UNCITRAL 的程序改革，同时在近年来谈判的 RCEP 和《中欧全面投资协定》（*EU–China Comprehensive Agreement on Investment*，以下简称中欧 CAI）等经贸条约中并未直接继续沿用 ISDS 程序规则，而是先未对投资者和国家间的争端解决机制作任何规定，表明相关程序等待在未来的特定时间内进一步商谈。

二、中国相关国际投资仲裁案件的现状与特点

虽然我们通常认为中国同时兼具资本输入大国和资本输出大国的双

---

① 李晨：《中国 BIT 限制性仲裁条款的解释分歧与应对》，《中财法律评论》2024 年第 16 卷。

② See UNCITRAL, Possible reform of investor-State dispute settlement（ISDS）Submission from the Government of China, A/CN.9/WG.III/WP.177, 19 July 2019.

重身份，但根据商务部相关数据统计，近年来中国海外投资总量增长迅猛，资本流动情况发生了较大变化。中国海外投资总量包含中国企业海外直接投资和海外工程承包两个重要部分。在 2008 年以前，中国吸引外资总量约等于海外投资和工程承包完成营业额的总和。但在 2012 年，中国工程承包完成营业额已超越吸引外资总额，2014 年中国海外投资总额也超越吸引外资总额。① 随着"一带一路"倡议的实施，中国海外基础设施建设蓬勃发展，更进一步促进了中国海外投资活动。2023 年中国全行业对外直接投资为 1478.5 亿美元，中国企业海外并购总额为398.3 亿美元，对外承包工程完成营业额 1609.1 亿美元，而中国吸引外资总额则为 1608.4 亿美元。② 也就是说，中国投资者海外投资总量已接近外商在华投资的两倍。因此，中国投资者近年来主动运用 ISDS 机制发起仲裁的意愿明显增强。

　　从中国参与投资仲裁案件的情况来看，中国投资者和中国政府参与的投资仲裁案件多发生 2010 年后，在 2020 年左右出现了爆发式增长。截至 2023 年，中国内地投资者发起投资仲裁案件的数量为 19 起，中国政府被外国投资者提请仲裁的案件数量为 9 起。③ 此外还有部分港澳投资者依据中国签订的 BIT 发起投资仲裁的案件。中国投资者发起投资仲裁的案件所涉及的领域十分广泛，包括矿业、信息通信行业、金融业、工程承包、物流仓储、加工制造和企业并购等，涉及的东道国涵盖亚洲、欧洲、非洲和南美洲地区的众多国家。而外国投资者对我国政府发起的投资仲裁所涉及的领域则反映出了相对集中和较为明显的特点，

---

① 参见《2020 年度中国对外直接投资统计公报》第 7 页，《2020 年度中国对外承包工程统计公报》第 10 页，《2023 年中国外资统计公报》第 1 页。

② 参见商务部网站，http://www.mofcom.gov.cn/article/xwfb/xwrcxw/202401/20240103467642.shtml#，访问日期：2024 年 7 月 5 日。

③ 参见 UNCTAD 网站，https://investmentpolicy.unctad.org/investment-dispute-settlement/country/42/china，访问日期：2024 年 7 月 5 日。

这些争议多因投资者与地方政府的土地使用权问题而产生。

在已经公布裁决的中国投资仲裁案件中，投资者与东道国政府的核心争议集中于管辖权相关条款的解释，具体表现为：1.中国国有企业投资者是否是国际投资条约下的适格投资者；2.老一代 BIT 中"关于征收补偿数额争议"限制下的仲裁范围；3.最惠国待遇条款能否扩展适用于程序性待遇；4.条约适用的时间范围和溯及力；等等。

三、条约解释不一致性在中国投资仲裁案件中的表现与影响

由于当前出现的与中国相关多数仲裁案件所依据的是 20 世纪八九十年代中国缔结的第一代 BIT，仲裁所适用的条约在用语上通常较为简单抽象，在仲裁庭裁决案件过程中，仲裁庭的自由裁量空间巨大，条约解释的不一致已在部分条款的解释结果中有所体现，对于中国政府和中国投资者解决投资争议产生了强烈影响。

1. 仲裁庭对"关于征收补偿数额的争议"的不一致解释

前已备述，中国早期签订的投资条约对 ISDS 机制采取了相对保守的态度，将可仲裁事项限定在了"征收补偿额相关的争议"。中国在 BIT 中该项条款设计与中国当年商谈加入《ICSID 公约》的立场有密切关系。在批准加入该公约时中国对此作出了专门性解释，声明中国政府允许提交 ICSID 仲裁的案件目前"仅限于关于征收、国有化补偿数额的争议"。根据该声明，中国政府仅允许提交 ICSID 仲裁的案件为有关补偿数额的争议。当前多起中国相关投资仲裁案件所依据的 BIT 涉及此类条款的解释，仲裁庭的解释标准和解释结果对案件管辖权确立具有关键作用。这一条款的解释争议集中于仲裁庭在审理"关于征收补偿额的争议"时是否有权对于征收的存在及其合法性这一前提问题进行判

断，国际投资仲裁实践中形成了宽泛解释与狭义解释两种解释路径。在宽泛解释之下，仲裁庭有权对东道国是否存在征收以及征收的合法性问题行使管辖权；而在狭义解释之下，仲裁庭则不能对征收是否存在问题进行判断，只能在东道国承认其有征收行为的前提下就补偿数额的争议进行管辖。在当前已公布的相关裁决中，共有 5 起案件涉及此类条款的解释，仲裁庭的解释路径已出现明显的不一致性，这将导致投资者与中国政府难以对投资协定中的可仲裁事项作出预估，使得类似案件的管辖权问题处于不稳定状态，增加了中国投资者和中国政府在争端解决过程中的成本。具体案件信息如表 6.1 所示。

表 6.1　中国投资仲裁案件中"关于征收补偿数额的争议"的解释结果

案件名称	裁决年份	仲裁机构及解释结果		
Tza Yap Shum v. Peru	2009	ICSID仲裁庭 宽泛解释	ICSID撤销委员会 宽泛解释	
Sanum Investments v. Laos	2013	PCA 宽泛解释	新加坡一审法院 狭义解释	新加坡上诉法院 宽泛解释
Beijing Urban Construction v. Yemen	2017	ICSID 宽泛解释		
Beijing Shougang v. Mongolia	2017	PCA 狭义解释		
Everyway v. Ghana	2021	PCA 狭义解释		
AsiaPhos and Norwest v. China	2023	ICSID 狭义解释		

Tza Yap Shum v. Peru 案中，在文义解释的问题上，仲裁庭重点关注了"关于"（involving）一词的理解，并认为此用词有"含有"（including）的含义，若缔约方有意排除仲裁庭对征收的认定权，条约应使用"限于"（limited to）一词。此后，仲裁庭指出如果对于"关于"（involving）一词的解释作狭义解释，仅仅将仲裁庭的管辖范围限定在征收补偿额计

算问题上，征收是否存在的问题只能由东道国单方面进行判断，那么将会导致争端解决条款归于无效。结合条约上下文中的"岔路口条款"含义，投资者将征收问题诉诸国内法院后将完全丧失仲裁的可能性。① 可见仲裁庭在解释该条款的过程中更加倚重于对条约文本的分析，而并没有过多地参考其他能反映缔约国真实意图的外部资料。在该案的仲裁裁决撤销程序中，ICSID 撤销委员会也支持了仲裁庭对此条款的扩张解释路径。②

在 Beijing Urban Construction v. Yemen 案中，仲裁庭认为仅仅通过文义解释并不能得出仲裁庭应采取宽泛或狭义解释的结论，仲裁庭通过上下文解释方法和条约目的与宗旨的解释方法，最终对该条款采取了宽泛解释，并确立了对征收问题的管辖。③ 被申请方也门政府提出了条约订立时的缔约国相关实践的历史背景，第一代中国投资条约中很多都包含此类限制性条款，并援引了中国学者关于支持狭义解释的学术观点，但仲裁庭认为这些资料并不具有可采性。

在这两起采纳了宽泛解释的案件中，仲裁庭的解释思路高度相似，中国投资者援引了仲裁庭对其他 BIT 相似条款的裁决以支持其主张，例如 Renta 4 S.V.S.A. et al. v. Russian Federation 案和 EMV v. Czech 案，在这些案件中，仲裁庭也指出，狭义解释将减损 BIT 保护投资者的目的与宗旨，造成东道国对其法律责任进行自我裁决。④

但在 Beijing Shougang v. Mongolia 案中，与前述采取广义解释的先

---

① See Tza Yap Shum v. Republic of Peru, ICSID Case No. ARB/07/6, Award, para.148.

② See Tza Yap Shum v. Republic of Peru, ICSID Case No. ARB/07/6, Decision on Annulment.

③ See Beijing Urban Construction Group Co. Ltd. v. Republic of Yemen, ICSID Case No. ARB/14/30, Decision on Jurisdiction, paras.78-92.

④ See Renta 4 S.V.S.A. et al. v. Russian Federation, SCC Case No. V 024/2007, Award on Preliminary Objections, para.33.

例不同，仲裁庭在对仲裁限制条款进行文义解释时突出强调了"数量"（amount）一词所包含的重要意义。此外，仲裁庭通过上下文解释的方法指出根据条约中其他争端解决条款的表述，东道国国内法院有权处理投资者与东道国关于 BIT 下其他义务的争议，其中包括东道国是否存在违法征收，且将是否构成征收的问题交由东道国管辖也并不影响投资者再就征收补偿数额问题发起投资仲裁。因此，在 BIT 已经为征收是否存在争议提供了救济路径的前提下，投资仲裁的管辖权应当保持在狭义范围内。① 在 Everyway v. Ghana 案中，仲裁庭同样支持了狭义解释的主张，其解释路径与 Beijing Shougang v. Mongolia 案相似，仲裁庭分别从文义、上下文和条约目的与宗旨角度进行了分析，认为征收是否存在应由东道国司法机构进行裁判，且不应当无故对东道国司法体系的独立性进行怀疑。②

　　2023 年公布裁决的 AsiaPhos and Norwest v. China 案是中国政府作为被申请方参与的第一起涉及仲裁限制条款解释的案件，仲裁庭在文义解释过程中同样重视对"数量"（amount）一词的解释，认为根据有效解释原则，这一词应被赋予特定含义。此外，仲裁庭还通过比较缔约历史资料等途径支持狭义解释。关于岔路口条款下东道国司法体系与仲裁的关系，仲裁庭认为投资者在东道国进行诉讼时可将征收是否存在以及征收补偿额问题分开，仅将救济主张限制在征收认定的范围内，并不会触发岔路口条款。根据条约的目的和宗旨，仲裁庭认为投资者不受限制地发起投资仲裁并不包含在条约下保护投资这一目的和宗旨之中。最

---

　　① See Beijing Shougang Mining Investment Company Ltd., China Heilongjiang International Economic & Technical Cooperative Corp., and Qinhuangdaoshi Qinlong International Industrial Co. Ltd. v. Mongolia, PCA Case No. 2010-20, paras.428-436.

　　② See Beijing Everyway Traffic & Lighting Tech. Co., Ltd v. Republic of Ghana, PCA Case No. 2021-15, Final Award on Jurisdiction, para.211.

终认为中国与新加坡签订的 BIT 中仲裁条款规定的"关于因征收引发的补偿数额争议"应当作狭义解释，仲裁庭仅对补偿数额问题享有管辖权。①

Sanum Investments v. Laos 案则更加直观地体现了条约解释不一致现象对中国投资者和东道国争议解决的影响，在 ISDS 程序中，仲裁庭对"关于征收补偿额的争议"采取了宽泛解释标准。②但该案投资者在新加坡申请承认与执行仲裁裁决的司法审查过程中，新加坡初审法院并未支持仲裁庭的解释标准，认为相关条文的语言表述有限缩仲裁范围的含义，仲裁庭援用的采取宽泛解释的先案存在问题，且中国不同时期条约中对仲裁范围的差别规定证明了本案 BIT 对仲裁事项的限制，因而当对此条款作狭义解释。③但新加坡上诉法院推翻了初审法院对此问题的裁决，从上下文和条约目的与宗旨的角度支持了仲裁庭的宽泛解释标准，并指出其他采取狭义解释的仲裁案件所依据的 BIT 上下文结构与本案所适用的 BIT 存在区别。④

此外，在中国政府被申请仲裁第一案 Ekran v. China 案和 2020 年发起的 Macro Trading v. China 案中，当事方所依据的中国与马来西亚和日本签订的 BIT 中同样涉及这一问题，但最终这两起案件在裁判前已终结。值得注意的是，尚未审结的 Goh v. China 案同样涉及中国和新加坡 BIT 仲裁范围条款的解释，仲裁庭解释标准的不一致现象，该案若出现广义解释的裁决结果，则有可能导致中国仲裁实践中相同 BIT 下特定条

---

① See AsiaPhos Limited and Norwest Chemicals Pte Ltd v. People's Republic of China, Award, paras.84-89.

② See Sanum Investments Ltd. v. Lao People's Democratic Republic, PCA Case No. 2013-13, Award on Jurisdiction, para.342.

③ See Judgment of Singapore High Court, Originating Summons No.24, paras.121-126.

④ See Judgment of the Court of Appeals of Singapore, Civil Appeals No. 139 and 165 of 2015, paras.127-151.

款解释的不一致，对我国投资条约的法律稳定性造成更加严重的冲击。

2. 中国国际投资仲裁案件中最惠国待遇条款潜在解释差异

中国相关国际投资仲裁案件中对管辖权问题具有重要影响的另一BIT 条款为最惠国待遇条款，在当前的已裁案件中，共有 4 个案件涉及该条款的解释与适用，仲裁庭对于最惠国待遇条款能否适用于争端解决程序的问题作出了裁判。虽然在当前裁决中，仲裁庭最终均采取了限缩解释的方法，但从仲裁庭论证过程中可以看到，先案仲裁庭有关最惠国待遇条款的不一致解释导致我国最惠国待遇条款在适用过程中依然存在高度的不确定性，仲裁庭分析论证最惠国待遇条款适用范围的方法也存在明显差别。

在 AsiaPhos and Norwest v. China 案中，仲裁庭首先对先案裁决中有关最惠国待遇条款限缩和扩张解释的不同方法进行了分析，仲裁庭接纳并采用了 UP and CD Holding v. Hungary 案裁决中关于最惠国待遇能否扩张到仲裁程序待遇的解释标准，即缔约国在此条款中有清晰的不含糊的扩张意图时，最惠国待遇条款才可以扩张到程序待遇。[①] 但通过进一步对中国与新加坡间签订的 BIT 中最惠国待遇条款文义和上下文解释，仲裁庭最终认为本案所依据的 BIT 中的文本表述并没有达到此种扩张适用的标准。

而在 Ansung Housing v. China 案中，仲裁庭并未采用其他案件中形成的判断标准，而是直接从条约文本出发来处理这一问题，仲裁庭认为由于条约文本在最惠国待遇适用范围上进行了明确的限制，条文文义已经明确排除了将最惠国待遇扩张至仲裁同意和仲裁时效限制的问题，最

---

① See AsiaPhos Limited and Norwest Chemicals Pte Limited v. People's Republic of China, ICSID Case No. ADM/21/1, Award, para.221.

终对中国与韩国 BIT 中的最惠国待遇条款作出了限缩解释。①

在 Everyway v. Ghana 案中，仲裁庭则首先指出最惠国待遇条款的解释和适用问题是存在争议和不确定性的，在解释中国与加纳的 BIT 文本前，仲裁庭首先对 Maffezini v. Spain 案和 Berschader v. Russia 案中的扩张解释和限缩解释标准进行了援引。此后仲裁庭将本案所依据的最惠国待遇条款与先案中涉及的最惠国待遇条款进行了对比，认为本案最惠国待遇条款在文本上缺乏 Maffezini v. Spain 案中最惠国待遇条款的宽泛表述，并通过上下文解释和条约目的与宗旨的解释认为文本中的最惠国待遇条款不应扩张至程序性待遇。②

在 Beijing Urban Construction v. Yemen 案中，仲裁庭同样表示最惠国待遇条款能否扩张适用于程序问题是存在争议的，并列举了先案仲裁庭对于此问题的不同态度。③ 此后，仲裁庭认为由于本案最惠国待遇条款中有将最惠国待遇限制在其"领土内"的表述，而领土内的待遇不应包含国际投资仲裁的待遇，因此没有支持投资者的扩张解释主张。

由于中国早期签订的 BIT 中有大量关于 ISDS 机制限制性规定，最惠国待遇条款是投资者用来寻求更加优惠的投资待遇和投资保护的重要工具，仲裁庭对最惠国待遇条款适用范围的解释方法对于中国投资者和中国政府均具有重大意义。在中国的仲裁实践中，一方面投资者希望通过最惠国待遇条款的扩张解释来突破仲裁程序的规制障碍，另一方面中国政府在被发起仲裁的案件中又希望通过该条款的限缩解释在管辖权阶段取得胜利。早期最惠国待遇条款解释的不一致性现状导致相关案件中

---

① See Ansung Housing Co., Ltd. v. People's Republic of China, ICSID Case No. ARB/14/25, Award, paras.136-141.

② See Beijing Everyway Traffic & Lighting Tech. Co., Ltd v. Republic of Ghana, PCA Case No. 2021-15, Final Award on Jurisdiction, paras.260-297.

③ See Beijing Urban Construction Group Co. Ltd. v. Republic of Yemen, ICSID Case No. ARB/14/30, Decision on Jurisdiction, paras.113-114.

频繁出现类似争议，不同仲裁庭的解释方法也为中国的投资仲裁实践带来不确定性。

第二节　中国 BIT 仲裁限制条款不一致 解释的应对方案

由于案件数量有限，当前中国在争端解决中出现的国际投资条约仲裁范围条款的不一致解释主要是仲裁庭对不同 BIT 文本中相似条款解释的分歧。仲裁庭在条约解释过程中体现出了对不同 BIT 中相似条款具体用语细微差别的重视。虽然对相似条约条款的不一致解释结果是争端解决过程中的正常现象，但在中国的投资仲裁实践中仲裁庭对"与征收补偿数额有关的争议"这一仲裁范围问题的解释出现了显著差异，将导致适用中国老一代 BIT 发起的仲裁案件管辖权处在高度不确定状态。因此，在大量存在相似条款的初代 BIT 仍然有效的背景下，中国政府需要通过一定方法化解当前的困境。

一、中国政府在被申请仲裁案件中的解释路径与法律效果

在早期出现的 4 起涉及"与征收补偿数额有关的争议"解释的案件中，发起仲裁的申请方均为中国投资者，中国投资者均主张对这一条款进行扩张解释。在这些案件中，我们无法对中国政府的立场和态度进行判断。但在 2023 年作出裁决的 AsiaPhos and Norwest v. China 案中，中国政府作为被申请方在仲裁审理过程中对于这一条款的解释发表了重要意见，中国政府依据该条款提出了管辖权异议，主张对该条款进行狭义

限缩解释，认为仲裁庭仅能够对征收补偿数额的争议进行管辖，投资者应当根据条约规定首先通过中国国内法院对征收是否存在以及合法性问题作出决定。① 首先，中国政府认为从文义解释的角度，"关于因征收引起的补偿数额争议"体现了明显的限制仲裁范围的含义，对此条款的解释涉及中国在特定历史时期缔约实践中"非常重视"国家主权原则的政策问题，征收补偿数额问题的审理可以与征收是否存在以及征收合法性问题的审理相分离。其次，中国政府认为通过条约第 6（2）条征收条款和第 13（3）条岔路口进行上下文解释，征收的存在与否和合法性问题仅能由缔约国国内有管辖权的法院进行裁决，并且提供了在 20 世纪 80 年代参与投资条约缔结工作的中国政府官员对可提交仲裁范围进行限制的意见。② 并且中国政府认为根据中国的行政诉讼法，投资者可以在中国法院保留对争议数额的诉讼而仅要求法院对征收存在和合法性问题进行裁判。中国法院也能够对政府的间接征收作出认定，并提供了中国法院认定间接征收的相关案件。③ 最后，中国政府认为限制仲裁同意的范围并不会减损条约的目的和宗旨，因为在许多投资条约中甚至不提供投资者—国家仲裁机制，对该条款进行狭义限缩解释也不会使得条约中的 ISDS 机制丧失法律可行性，且条约的目的和宗旨对确定仲裁庭管辖权不具有决定作用。④

　　一些学者认为中国政府在作为被申请方的案件中关于此类条款的解

①　See AsiaPhos Limited and Norwest Chemicals Pte Ltd v. People's Republic of China, ICSID Case No. ADM/21/1, Respondent's Reply, para. 40.

②　See AsiaPhos Limited and Norwest Chemicals Pte Ltd v. People's Republic of China, ICSID Case No. ADM/21/1, Award, para. 97.

③　See AsiaPhos Limited and Norwest Chemicals Pte Ltd v. People's Republic of China, ICSID Case No. ADM/21/1, Award, para. 121.

④　See AsiaPhos Limited and Norwest Chemicals Pte Ltd v. People's Republic of China, ICSID Case No. ADM/21/1, Award, paras. 154-155.

释立场和态度将会对其他类似仲裁限制条款的解释产生重要影响。对此，笔者有不同看法。虽然中国政府在本案细致全面地表达了对于该条款解释的基本立场，但这只能被视为对该案的抗辩和对中国与新加坡间BIT 的单边解释。但由于不同 BIT 之间的文本差异，中国政府在该案中提出的条约解释主张并不能对依据中国与其他国家签订的 BIT 提起的案件产生严格的约束作用，在中国政府的抗辩过程中，也强调了先案依据的 BIT 在文本语言和上下文方面与中国和新加坡间的 BIT 存在差异，因此，先案的解释并不能直接应用于后案。① 对于其他依据中国和新加坡间 BIT 发起的仲裁案件，AsiaPhos and Norwest v. China 案中国政府的主张也无法直接对仲裁庭产生直接的约束，因为中国在案件中有关该条款所作解释属于一缔约方的嗣后单边行为。根据 VCLT 第 31 条第三款的规定，嗣后单边行为不构成应与上下文一并考量范围内的"当事国嗣后所订关于条约之解释或其规定之适用之任何协定"。对于"嗣后在条约适用方面确定各当事国对条约解释之协定之任何惯例"，ILC 在 2018年的《条约解释结论草案》中明确指出："嗣后实践作为第三十一条第三款（b）项之下作准的解释资料是指条约缔结后确定各缔约方对条约的解释意思一致的适用条约的行为。"② 在 WTO 上诉机构适用条约解释的"嗣后惯例"时，同样强调"嗣后惯例经确认是一系列协调、共同和一致的行动或声明，足以证实存在可辨认的模式，显示缔约国对条约解释达成了协定"③。在此种认定标准下，中国政府在该案中的解释主张因无法反映两个缔约国的共同意图，无法构成第 31 条第三款（b）项之下

---

① See AsiaPhos Limited and Norwest Chemicals Pte Ltd v. People's Republic of China, ICSID Case No. ADM/21/1, Award, para. 116.

② ILC, Draft conclusions on subsequent agreements and subsequent practice in relation to the interpretation of treaties, 2018, p.2.

③ Japan — Taxes on Alcoholic Beverages, WT/DS8, Report of the Appellate Body, 4 October 1996, p.13.

"嗣后惯例"。

但 ILC 指出，"可将条约适用方面的其他嗣后实践作为第 32 条所指的补充的解释资料加以使用，此类嗣后实践是指条约缔结后一个或多个缔约方适用条约的行为"①。在此种标准之下，中国政府在 AsiaPhos and Norwest v. China 案中的解释主张可以被认定为中国和新加坡间 BIT 条约解释的"嗣后实践"，但根据 VCLT 的要求，其仅能够在依第 31 条作解释而意义仍属不明或难解或所获结果显属荒谬或不合理时作为条约解释的依据。因此，中国政府在该案中的条约解释主张也并不能直接对后案仲裁庭产生约束作用。

二、中国政府的立场选择与具体应对方法

在探讨解决这一问题的具体方法前，首先需要明确中国政府对待"与征收补偿数额有关的争议"的基本立场和态度。对"与征收补偿数额有关的争议"进行宽泛解释，将征收是否存在和征收合法性问题的判定授权给国际投资仲裁庭，将使得国际投资仲裁庭管辖权范围扩大，加之老一代条约中对于间接征收的认定缺乏明确标准，这将在一定程度上增加投资者利用 ISDS 机制获得有利裁决的可能性，也将增加投资者与东道国在解决相关争议过程中的谈判筹码。限缩解释的路径则会将征收是否存在的认定权力留存给东道国，东道国可通过行政或司法程序处理征收相关问题，例如在 Beijing Shougang v. Mongolia 案中，蒙古国政府在仲裁过程中提交了缔约国通过法令或法规实施正式征收的相关证据，认为只有在东道国正式宣告其征收行为后投资者才能发

---

① ILC, Draft conclusions on subsequent agreements and subsequent practice in relation to the interpretation of treaties, 2018, p.2.

起投资仲裁。① 这将为东道国维护其公共权益创造较大的空间，但同时会对投资者运用 ISDS 机制寻求救济造成一定阻碍。中国作为资本输出和资本输入双重大国，应在审慎评估根据现实需求的基础上进行选择。

随着中国企业"走出去"步伐的加快和"一带一路"倡议下中国海外基础设施建设工程的全面展开，中国投资者海外投资保护需求日益增长，运用 ISDS 机制的意愿明显增强。就当前的仲裁案件现实情况来看，投资者发起投资仲裁的数量已远超中国政府被发起仲裁的案件。目前，中国政府 60 余项包含"关于征收补偿数额争议"仲裁限制条款的第一代 BIT 处于生效状态，这些协定缔约国覆盖了欧洲、亚洲、中东地区、非洲和南美等众多中国对外直接投资和工程承包的热门地区，若中国仍对仲裁范围条款坚持狭义解释的立场，将给投资者运用 ISDS 机制寻求征收补偿的法律救济造成巨大的管辖权障碍。在"一带一路"倡议下，中国在非洲和南美等发展中国家以工程承包形式开展的基础设施建设项目众多，这些国家对外国投资者的保护仍然比较薄弱。为了保护中国投资者海外投资的需要，中国与这些发展中国家订立的 BIT 需要有比较"自由"或"扩张"的投资争端解决条款。中国企业在这些发展中国家的法律体系无法提供有效保护时，也可以将争端诉诸国际仲裁庭。即使是同发达国家签订的 BIT，也未必是投资争端解决条款越窄越好。中国企业在发达国家的投资也呈上升趋势，而且不时碰壁，如果 BIT 的争端解决条款都有非常紧的"保护阀"，这些投资协定也只有象征意义，而无法向中国投资者提供实际有效的保护。

部分学者认为仲裁庭在中国相关案件中的扩张解释违背缔约国本

---

① See Beijing Shougang Mining Investment Company Ltd., China Heilongjiang International Economic & Technical Cooperative Corp., and Qinhuangdaoshi Qinlong International Industrial Co. Ltd. v. Mongolia, PCA Case No. 2010-20, para.254.

意，存在造法嫌疑，① 主张对于中国政府而言仍应坚持狭义解释的传统立场，因为"这符合中国在同一时期维护国家主权的缔约实践，且由于 ISDS 机制忽视东道国公共利益的缺陷，这种做法符合 ISDS 机制的发展趋势"②。笔者认为，在东道国视角下，对"关于征收补偿数额争议"仲裁限制条款采取扩张解释，并不会对东道国的公共权益产生不利影响。首先，就中国的缔约实践发展情况来看，中国在 1998 年后缔结的大量 BIT 已全面允许投资者将涉及 BIT 的争议提交至 ISDS 机制下进行解决，这说明中国对于国际投资争端解决的态度已发生根本转变，依然基于特定历史时段特殊的政治主张解释相关条约条款已不符合中国现阶段的经济发展和高水平对外开放的经济和政治需求，仍对早期条约进行狭义解释并无实际的积极意义，反而会因 BIT 文本差异给中国投资者的海外投资和争议解决增加法律成本。其次，虽然采取狭义解释可能会削弱中国政府在被申请仲裁的案件中的管辖权异议，但这并不意味着此种解释会完全剥夺了东道国维护公共利益的空间。在 BIT 中仍然存在其他前置程序、属人管辖和属事管辖等限制规则，能够为中国政府的管辖权抗辩提供相关依据。即使在管辖权阶段未能取得胜利，仲裁庭对间接征收的认定仍需通过个案具体情况进行判断。例如在公共利益与投资者私人利益冲突最具代表性的 Philip Morris v. Uruguay 案中，虽然乌拉圭政府在管辖权问题上失利，但最终仲裁庭依据老一代 BIT 对间接征收进行认定时也并未直接偏袒投资者。③ 中国政府在间接征收的认定问

---

① 参见李晨：《中国 BIT 限制性仲裁条款的解释分歧与应对》，《中财法律评论》2024 年第 16 卷。

② 黄世席：《投资协定"征收补偿款额仲裁条款"的解释分歧及中国应对》，《法学》2019 年第 2 期。

③ See Philip Morris Brand Sàrl (Switzerland), Philip Morris Products S.A. (Switzerland) and Abal Hermanos S.A. (Uruguay) v. Oriental Republic of Uruguay, ICSID Case No. ARB/10/7.

题上仍然具有抗辩空间。

中国政府在短时间内完成对老一代 BIT 的更新换代并不现实，因此，中国政府只能通过对 BIT 中的相关条款进行嗣后解释的方法应对当前仲裁庭对"关于征收补偿数额争议"解释不一致的现象。

首先，中国可以与签订第一代 BIT 相关国家以声明的形式对"关于征收补偿数额争议"的争端解决条款发布联合解释。前文已对缔约国联合解释的效果进行过全面分析，此处不再赘述。中国政府应与其他缔约方联合声明"关于征收补偿数额争议"应包含对是否存在征收以及征收合法性认定这一前提问题。这将成为在今后仲裁中我国运用嗣后行为解释方法的有力证据，甚至是意向书或者换文都将具有相应的证明力。"由于这一工作会耗费一定的时间，因此我国要综合考量我国海外投资项目集中程度、东道国法治环境以及与我国友好关系等因素，有重点、循序渐进地推进这一工作。"①

其次，在联合解释之外，中国政府也可以尝试与老一代 BIT 缔约国分别就何种投资争端可以提起国际投资仲裁进行重新磋商或谈判，争取就争端解决程序问题达成议定书，形成对老一代 BIT 的修改，明确修改后的仲裁程序条款溯及既往的效力问题，从而对仲裁庭产生更加直接的约束作用。但这一路径在当前 ISDS 机制改革境况下可能遭受一定阻碍，特别是对于支持投资法庭制度的欧盟成员国和对 ISDS 机制持拒斥态度的部分发展中国家。由于当前 ISDS 机制正处于改革的关键阶段，中国政府在近年签订的中欧 CAI 和 RCEP 中均未直接规定 ISDS 程序问题。UNCITRAL 第三工作小组的改革工作计划将于近年完成，中国政府也可以利用 UNCITRAL 多边平台下的 ISDS 改革机制与其他 UNCIT-

---

① 黄世席、范璐晶：《国际投资仲裁中缔约国嗣后行为的条约解释》，《苏州大学学报（法学版）》2019 年第 3 期。

RAL 成员国就仲裁范围和仲裁程序问题进行全面调整。

最后，除寻求与其他缔约国形成条约解释的嗣后协议或共同嗣后实践外，中国政府也可以就老一代 BIT 中"关于征收补偿数额争议"的仲裁限制条款发布统一的单方解释性声明，明确仲裁庭在处理征收补偿数额争议时有权对征收行为的存在及其合法性进行认定。所谓解释性声明是指一国就其对某一条约所涵盖的某些事项的理解或其对某一具体规定的解释所作的声明，声明只阐明一国的立场，不特意擯除或更改条约的法律效力。①虽然单边解释性声明不构成VCLT第31条下的嗣后惯例，但根据ILC《条约解释结论草案》，第 31 条和第 32 条所指的嗣后实践可包括某一缔约方的任何适用条约的行为，不论此行为是行使行政、立法、司法还是其他职能。② 仲裁庭在进行条约解释时必须对缔约方的嗣后实践有所考量，且相较于中国政府在某一具体案件中对特定 BIT 提出的单方解释主张，对所有包含此类条款的 BIT 进行统一声明更具有普遍性，将防止仲裁庭以不同条约间的文本差异为由对不同条约进行不一致的解释。

第三节 中国在未来缔约实践中预防条约解释不一致性的方式

近年来，中国在不断扩展 BIT 覆盖范围的同时，也已开始对国际

---

① 参见联合国网站，https://www.un.org/zh/documents/treaty/glossary#15，访问日期：2024 年 12 月 28 日。

② See ILC, Draft conclusions on subsequent agreements and subsequent practice in relation to the interpretation of treaties, 2018.

投资条约进行区域性整合与更新换代，虽然我国近期签订的 BIT 的具体规则已体现出了明显的发展与变化，顺应了国际投资条约转型中的潮流，但在条约修订与完善的过程中仍有较大的进步空间。为预防在未来的仲裁案件中继续出现更严重的条约解释不一致现象，中国在缔约实践中同样应当通过实体规则的调整和程序规则的完善两条路径对 ISDS 机制下的条约解释作出约束。

一、中国国际投资条约文本的细化与完善

前文已在国际投资条约自身特点层面对条约解释不一致性出现的原因进行了探讨，主要包括文本用语的抽象性、规则体系的碎片化和规则中的价值冲突。未来中国在缔结国际投资条约的过程中应从以下三个角度对文本构建的基本方法进行调整。

1. 增强 BIT 条文用语的精细化与准确性

中国政府在 BIT 签订过程中应当进一步提升立法技术水平和条文的精细化程度，消除条约约文中可能存在的歧义，从而限缩仲裁庭的自由裁量空间。"在中国早期缔结的 BIT 中，出于政治和经济因素的考量，'宜粗不宜细'的观念在缔约国过程中表现得十分突出。"[1] 中国签订的第一代投资协定不仅条文数量十分有限，而且具体条款的语言表述呈现出早期欧式 BIT 的高度抽象的特点。"投资"等基本概念、公平与公正待遇、国民待遇和间接征收认定等条款语言简练，没有给出任何限制性说明。随着中国国际投资条约政治属性的削弱、规则属性的增强，近年来签订的 BIT 文本呈现了精细化和体系化的趋势。例如，最惠国待遇

---

[1] 梁开银：《中国双边国际投资条约研究》，北京大学出版社 2016 年版，第 68 页。

条款和公平与公正待遇条款中出现了适用范围的限制，中国与安哥拉2023年签订的BIT在最惠国待遇条款中明确排除了该条款对仲裁程序的适用，将违反公平与公正待遇的情形限制在了正当程序和不得拒绝司法。① 在未来的缔约实践中，我国除在吸收借鉴欧美投资条约最新发展之外，还应注意在条约起草过程中的以下问题。

首先，中国在起草或更新BIT文本时应当使用明确、清晰的词语撰写条款，避免使用含义模糊、宽泛，或存在歧义的词语。例如，在涉及仲裁限制条款解释的案件中，仲裁庭产生不一致解释的重要原因之一就在于条约中使用了"包含"（including）和"关于"（involving）等不具有封闭性的用语，从而导致多数仲裁庭都认为从文义角度无法得出有关可仲裁范围清晰的解释结果。未来中国政府在涉及类似的具有限制性含义的条约条文时，应当运用具有明确限缩意义的词语，例如使用"限制于"（limited to）等词汇。近年来，中国企业还面临一些西方国家以"国家安全"为由采取的制裁和打压措施，中国在基本安全例外这一条款的用语上也应当更加谨慎，在现有的BIT文本中，我国对这一条款的处理仍存在严重缺陷，条文用语仍存在极大的模糊性和不确定性。在2020年生效的中国与土耳其BIT中，安全例外条款中对安全的表述为"基本安全"（essencial security）②，而在中国与安哥拉2023年签订的BIT中则在"基本安全"外增加了"国际和平与安全"（international peace and security）的表述。③ 两种文本在安全这一核心概念问题上均不具有清晰的边界或限制，在未来的缔约实践中，中国政府对于何为

---

① 参见《中华人民共和国政府和安哥拉共和国政府关于促进和相互保护投资的协定》第四条、第五条。

② 参见《中华人民共和国政府与土耳其共和国政府关于促进和相互保护投资的协定》第四条。

③ 参见《中华人民共和国政府和安哥拉共和国政府关于促进和相互保护投资的协定》第十九条。

"安全"这一重要问题作出更加精准的语言表述和限定，而不应对这一条款采取过于简化和开放的立法技术。

在条约用语精准化的基础上，中国政府还应当在条约谈判过程中就BIT中容易产生解释争议的条款充分展示我方立场，并将此过程记录在案。根据 VCLT 第 32 条，当根据条约解释一般规则通则解释约文意义仍属不明或难解，或所获结果显属荒谬或不合理时，为确定其意义起见，得使用解释之补充资料，包括条约之准备工作及缔约之情况在内。ILC 并未对何为条约的"准备工作"进行明确界定，"有关准备工作的评注不仅所依据的判例有限，而且说明也不够"①。一般的理解是应包括书面材料，如条约的连续草案、会议记录、在编纂会议上咨询专家的说明性声明、起草委员会主席无可争辩的解释性声明和国际法委员会的诠释。在理论与实践中对于这一概念的具体范围仍有争议，特别是对于准备工作是否可适用于多边公约的解释、是否须体现全体缔约国意志和口头声明的价值等问题存疑。② 但其作为条约解释规则中的一项重要内容，在 BIT 条文用语缺乏精确性的情况下将对仲裁庭的条约解释工作产生重要影响。在 AsiaPhos and Norwest v. China 案中，仲裁庭对中国和新加坡在条约谈判时提供的条约草案中的相同条款用语进行了分析和对比，认为这构成了 VCLT 第 32 条下条约解释的补充资料。③ 因此，中国在缔约谈判过程中应与另一缔约方将有关条款起草时的立场与观点以书面形式进行记录，并尽量在缔约实践中对相同类型的 BIT 条款形成连贯一致的态度，从而在条约用语模糊不清时约束仲裁庭，帮助其探

---

① 张乃根：《条约解释的国际法》（上），上海人民出版社 2019 年版，第 325 页。

② 参见 [英] 安托尼·奥斯特：《现代条约法与实践》，江国青译，中国人民大学出版社 2005 年版，第 214—216 页。

③ See AsiaPhos Limited and Norwest Chemicals Pte Ltd v. People's Republic of China, ICSID Case No. ADM/21/1, paras.85-86.

明缔约国真实意图。此外，中国政府还应当重视不同语言的 BIT 作准文本间的对应关系，对于用两种语言书写而成，且两种文本具有同等效力的协定，应确保双语文本的表意一致。

2. 通过 BIT 范本的完善促进中国国际投资条约的体系化

在与中国相关的已决仲裁案件中，部分国际投资仲裁庭在援引先例的同时重视不同 BIT 文本间的差异，仲裁庭在对仲裁限制条款和最惠国待遇的解释过程中也多次强调不同 BIT 文本间的差异，并对不同 BIT 的用语进行比较。例如，在 Everyway v. Ghana 案中，虽然中国投资者援引了众多对"与征收补偿数额相关争议"进行扩张解释的先例，但仲裁庭并未直接接受先案仲裁庭的解释结论，而是比较了中国与加纳间 BIT 条款与先案中所依据的类似 BIT 条款用语，指出虽然条文语言具有一定相似性，但中国与加纳 BIT 中的条款使用了"补偿数额的争端解决"（Settlement of Dispute on Quantum of Compensation）这一标题，而其他 BIT 中则并未使用此类标题，因而不同 BIT 间存在含义的差别。① 即使特定条款的语言表述相同，条约上下文结构的差别对于仲裁庭裁判结果也会产生重要影响。在 Everyway v. Ghana 案中，仲裁庭将中国与加纳间 BIT 相关上下文与 Sanum Investments v. Laos 案和 Tza Yap Shum v. Peru 案中的相关上下文进行了比较，指出本案所依据的 BIT 中并没有类似岔路口条款的条文，因此投资者不会因在东道国就征收问题发起诉讼而触发岔路口条款，失去申请投资仲裁的机会。通过对不同 BIT 文本用语和上下文差异的比较，仲裁庭驳斥了先案扩张解释对当前争议的可适用性，进一步加剧了仲裁限制条款的

① See Beijing Everyway Traffic & Lighting Tech. Co., Ltd v. Republic of Ghana, PCA Case No. 2021-15, paras.168-171.

解释不一致现象。

中国不仅在不同时期的 BIT 文本之间存在明显差异，在相近时间段内缔结的同一代 BIT 中也存在文本缺乏统一性的突出特点。以 2014 年至 2024 年间中国缔结的 4 项 BIT 为例，条约模式、内容、结构和用语严重缺乏一致性。本书选取这 4 份不同 BIT 中的投资定义、投资待遇、征收补偿和例外条款等核心规则进行比较分析，可发现上述条款均存在明显的文本差异。虽然不同 BIT 文本中相似条款的解释不一致是国际投资法规则碎片化背景下的必然现象，但若放任 BIT 文本的无序发展，相似条约条款的不一致解释将会给中国投资者和中国政府的投资仲裁案件造成极大的不确定性，降低投资活动中对特定行为法律后果的可预判性，增加投资者和国家参与投资仲裁的法律成本，不利于中国资本双向流动的可持续发展。

投资协定范本能够提升主权国家缔结国际投资条约的体系化和逻辑连贯性，也能够为明确国家在国际投资规则下的基本立场和态度起到引领作用，进而整体地促进一个主权国家在国际投资争端解决过程中条约解释的一致性。虽然在缔约一方的 BIT 范本仍然是"一家之言"，但其无疑能够对缔约方起到一定的示范和参照作用。中华人民共和国商务部曾在 2003 年发布过一份中国双边投资协定范本，但从近年来中国的缔约实践来看，范本中的条款模式并没有得到全面的遵守和维护。对于中国进一步制订和完善 BIT 范本的问题，学界存在不同的主张和观点。部分学者认为中国在不同国家和地区的资本流动和具体投资活动情况有所不同，应当根据特定缔约方的现实情况灵活设计条约文本，不应过于刻板地适用统一范本。"应当针对不同缔约方的个性特征，提出不同的谈判文本，而不是迷恋所谓的 BIT 示范文本。"[①]

[①]　梁开银：《中国双边国际投资条约研究》，北京大学出版社 2016 年版，第 68 页。

　　诚然，国际投资协定谈判是不同缔约方博弈和妥协的结果，有时最终的条约文本难以与 BIT 范本保持完全一致，并且依赖于缔约国的综合实力。而其他经济发展相对落后的发展中国家则处于被动接受的地位。有观点认为："对中国企业而言，地缘法制主义已经不仅是某种趋势，而是十分紧迫的现实，中国在缔约实践中应当根据地缘政治现实状况采取双轨制的不同缔约模式。"①

　　但即使在缔约实践中需要根据现实情况做出一定的灵活调整，主权国家依然应当在 BIT 中尽量保持文本结构的体系化。而中国在当前的缔约实践中，条约文本常常出现对其他 BIT 文本的杂糅，难以寻找出基本的逻辑和规律。以表 6.2 中选取的 BIT 文本中的公平与公正待遇条款和安全例外条款为例，安哥拉、土耳其和坦桑尼亚均为中国"一带一路"沿线的重要的资本输出目的地，均为发展中国家，但在公平与公正待遇条款的模式上完全不同，公平与公正待遇单独规定和效仿美式 BIT 范本而放置在"最低标准待遇"下进行规定会对仲裁庭的解释方式产生不同的作用和影响，并且三个文本对公平与公正待遇具体情形的限制和描述也有所差别。安全例外条款作为当前对中国海外投资具有重要影响的 BIT 规则，在四项 BIT 中也呈现了完全不同的结构和模式。例如在对安哥拉和加拿大的 BIT 的安全例外中提及了缔约国可以采取"履行有关维持或恢复国际和平与安全的义务"的措施，而另外两项协定则没有这项内容；与加拿大签订的 BIT 中对"维护国际和平与安全的义务"附加了"根据联合国宪章"的要求，而与安哥拉签订的 BIT 则无任何类似的限制性描述。这种文本差异实在令人费解。

---

　　① 王鹏：《国际投资规则的发展与变革：旧矛盾与新情境》，《国际经济评论》2024年第 2 期。

表6.2　2014—2024年间中国新生效BIT文本比较

生效年份	缔约方	投资定义	FET	征收补偿	安全例外
2024	安哥拉	8项列举+3项解释性说明	设置在"最低标准待遇"之下，限定于正当程序和不得拒绝司法	在附件中对间接征收的认定作出解释性说明	履行有关维持或恢复国际和平与安全的义务，或保护其自身根本安全利益所必需的措施
2020	土耳其	6项列举	设置在"促进和保护投资"条款下，限定于不得拒绝司法和不得实施明显歧视和专断措施	在条款正文中对间接征收的认定作出解释性说明	与一般例外共同规定，"其认为保护基本安全利益所必需的措施"
2014	坦桑尼亚	投资特征+7项列举	单独规定，限定于不得拒绝司法和不得实施明显歧视和专断措施	在条款正文中对间接征收的认定作出解释性说明	健康、安全和环境措施例外条款
2014	加拿大	12项列举	设置在"最低标准待遇"之下，无具体限制	未对间接征收的认定作出解释性说明	与一般例外共同规定，保护其自身根本安全利益所必需的措施（对基本安全利益有限制性说明）；根据联合国宪章履行有关维护国际和平与安全的义务

中国政府应当对当前国际投资条约中最新的发展趋势进行系统性的分析和研究，形成新一代中国 BIT 范本，对国际投资的定义、核心待遇、征收补偿标准、例外条款和仲裁规则条款等内容的基本模式和本书结构加以统一，厘清不同条约条款间的关系，消除条文间的冲突。"从解释的说服力来看，一国前后一致的缔约实践表明了缔约国的一贯立

场，且这一立场普遍为缔约国对外缔结条约所采纳，具有普适性，因而代表了缔约国的真实意图，而不是为了规避具体案件的条约义务的投机行为。"① 在具体谈判中，在保证基本规则模式和文本结构一致性的前提下，再具有针对性地对缔约方之间的特殊关切进行调整。此外，"中国不应落入美国或德国 BIT 模式的窠臼之中，而是应该立足中国在国际政治经济中的双重身份，创造出具有中国特殊的新一代投资条约约文或范本"②。特别是对于当前投资仲裁案件中已经出现的法律争议，例如中国在国际投资活动中面临的国有企业投资者身份、工程承包项目的投资属性、投资过程中的技术转让和国家安全等核心问题，形成明确的立场和精准的规定。

3. 妥善处理国际投资条约中的价值冲突和利益平衡

国际投资条约和 ISDS 机制下投资者私人利益与东道国公共利益之间的冲突是仲裁庭进行条约解释时需要面对的底层问题，也是催生条约解释不一致现象的重要原因。近年来，在欧盟和其他部分主权国家的推动下，国际投资条约出现了明显的价值转向，强调对于东道国监管权的维护，传统投资自由化的目标被稀释。"缔约国在国际投资条约中的最新实践并非旨在保护投资者，而是最大程度地减少自身暴露在 ISDS 机制下的机会。"③ 这种结构性转型在实体规则中具体表现为投资合法性要求、一般例外、可持续发展、环境保护、健康和公共安全、投资者义务与责任、竞争中立等新兴条款出现在晚近的 BIT 文

---

① 李庆灵：《国际投资仲裁中的条约解释问题研究》，广西师范大学出版社 2023 年版，第 281 页。

② 曾华群：《论双边投资条约范本的演进与中国的对策》，《国际法研究》2016 年第 4 期。

③ Rodrigo Polanco, *The Return of the Home State to Investor-State Disputes: Bringing Back Diplomatic Protection?* Cambridge University Press, 2019, p. 6.

本当中。在程序规则中表现为限制 ISDS 机制适用范围，强调和维护缔约方对条约的充分解释权，提高仲裁程序透明度，严格要求仲裁员资质，限定国家承担责任的方式等。① 除此之外，伴随着保护主义和民族主义的抬头，USMCA 中还出现了针对"非市场经济国家"的特殊规则。

从中国当前在国际投资条约缔约实践中的利益平衡趋势来看，我国在部分投资协定中顺应国际投资条约的结构性转向。就已完成文本谈判的中欧 CAI 具体内容而言，欧盟在条约谈判过程中不断强调的"再平衡"理念在条约规则中得到了充分体现。在条约序言部分，缔约方重申《世界人权宣言》和《联合国宪章》的原则，并强调了环境保护、保证劳工权利和企业社会责任等内容。② 条约第四章则专门对于投资和可持续发展问题作出了全面规定，缔约方承诺追求可持续发展，并认识到经济发展、社会发展和环境保护是可持续发展中相互依存、相辅相成的三个方面，除制定了高标准的环境和劳工规则外，该章节还设置了包含磋商、共同商定、专家组和透明度等特殊的分歧解决机制和程序规则。③ 此外，在投资保护和监管框架的章节中，环境、健康和安全相关的例外性规定也频繁出现。与其他中国已生效的 BIT 和 FTA 投资章节相比较，中欧 CAI 中对东道国公共利益的维护标准明显提高。但在 2023 年与安哥拉签订的 BIT 中，中国回到了更接近于传统的 BIT 范本模式之下，并没有借鉴在中欧 CAI 中可持续发展章节的新兴规则和制度。因此，维护国家公共权益的新型高标准规则对中国而言是全面接受且应当广泛推广

---

① 参见林惠玲：《再平衡视角下条约控制机制对国际投资争端解决的矫正——〈投资者国家间争端解决重回母国主义：外交保护回来了吗？〉述论》，《政法论坛》2021 年第 1 期。

② See *China-EU Comprehensive Agreement on Investment*, Preamble.

③ See *China-EU Comprehensive Agreement on Investment*, Section IV: Investment and sustainable development.

的有利制度模式，还是在与欧盟博弈过程中为维护其他核心利益而做出的妥协让步，还需要根据中国在国际投资中的现实需求和后续中国的缔约情况进行判断。

虽然大多数国家已经意识到了投资权益与东道国社会利益之间的冲突在实然层面上难以避免，试图通过应然视角下的规则调控引导仲裁庭处理此问题。"但由于 BIT 协商参与方的局限性与博弈性，相关条款大多呈现内涵模糊、缺乏指导性与可操作性等特点。"① 这些新兴条款的发展并未形成统一价值理念，在规则模式上更加多样化。随着经济全球化的动力减弱，国际经济合作的包容性变弱。"这意味着，国际经济合作的机会窗口期越来越少，国际投资规则设计更具针对性，因而差异化日益突出。既有基于利益计算的规则设计，也有基于价值理念的规则倡议；既有坚持长期价值导向的做法，也有短期实用主义方面的考量。"② 强调国家监管权的新兴条款除在自身规则模式上存在差异化和多样化特点的同时，这些侧重维护东道国公共利益的法律规范与投资条约中传统投资保护规定之间可能在解释和适用过程中产生冲突。此外，国际投资法律规范与其他国际法的互动交融亦愈加深刻，国际投资规则与其他人权和气候变化等国际法子体系之间的冲突也对国际投资仲裁庭的法律解释带来了新的挑战。

以东道国环境保护规则为例，投资条约中环境保护相关条款目前存在多种模式。第一，部分 BIT 以序言方式规定，通常只是将环境保护作为目标纳入序言，此类序言性条款可能会对仲裁庭根据条约目的和宗旨对实体规则的解释产生影响。第二，部分 BIT 则以一般例外的方式

---

① 钱旭：《外国投资保护与东道国社会利益的冲突纾解：比例原则作为必要工具的理论证成》，《当代法学》2024 年第 6 期。

② 王鹏：《国际投资规则的发展与变革：旧矛盾与新情境》，《国际经济评论》2024 年第 2 期。

排除国家因实施环境保护监管措施而违反投资规则的不法性，说明环境问题是国家监管权力的重要组成部分。但例外条款的表现形式同样存在多种类型，有些国家将环境保护例外规定在具体投资保护条款中，例如在间接征收认定标准中明确国家为保护环境等公共利益所采取的措施不能被认定为不法间接征收，有些 BIT 则将环境保护与其他一般例外单独规定。第三，近年来部分国际投资条约则将环境保护设置为东道国义务，例如在 2012 年美国 BIT 范本第 12 条和中欧 CAI 中均存在"东道国应保证不违反或减损其在环境法下的责任义务"①的表述。第四，环境保护义务可以与企业社会责任和环境影响评价的规定相结合，投资者义务和责任是基于经济主权原则和公平互利原则的重要创新，此种模式还涉及东道国是否可因投资者违反环境保护的社会责任而对其进行反仲裁的程序难题。这些不同类型的环境保护规则也可能同时存在于同一份国际投资条约中。

　　投资者与东道国利益的平衡不应通过原则化、模糊化和分散化的方式被嵌入国际投资条约当中，不应一味增强条约文本的弹性。在当前去中心化的 ISDS 机制下，此种新兴条款的无序发展无疑将赋予仲裁庭更多的解释空间，为国际投资条约的解释带来更大的不确定性。在新兴条款与传统条款间的价值位阶仍不明确的情况下，仲裁庭依然无法对二者之间的惯性形成一致性意见。与此同时，过度追求利益平衡的折中方案也可能使得条约中的投资保护规则丧失基本功能，沦为东道国规避投资义务、实施不合理制裁和保护主义的工具。显然，如任凭 BIT 中"与投资有关"的议题自由发展，BIT 将逐渐发展成为综合性的领域宽泛的"超投资""超经济"的条约。"一旦'与投资有关'的内容'尾大不掉'，

---

① *2012 U.S. Model BIT,* Article 12; *China-EU Comprehensive Agreement on Investment,* Section IV: Investment and sustainable development, Sub-Section 2: Investment and Environment, Ariticle 2.3.

将导致 BIT 偏离投资主题的严重后果。"①

在宏观层面，中国政府在未来的缔约实践中应当根据现实需求和国际义务明确当前国际投资活动相关主体的利益优先级，当利益冲突无法化解时据此在投资条约中把握核心的政策目标。比例原则作为行政法体系下的帝王条款，着眼于法益的均衡，要求行政主体实施行政行为应兼顾行政目标的实现和保护相对人的权益，是行政法上控制自由裁量权行使的一项重要原则。这一原则在国际司法中也多有援用，"在国际贸易纠纷中，WTO 引入比例原则意在解决贸易流动与国内管制之间的矛盾，最大程度实现贸易自由化，因而专家组与上诉机构倾向于验证贸易管制措施的必要性以及其目标的可行性"②。在国际投资仲裁案件中，部分仲裁庭在面临利益平衡问题时也适用此原则衡量东道国管制措施的合理性。例如在 EDF v. Romania 案中，仲裁庭在解释公平与公正待遇条款时指出："比例原则必须在所采用的手段和寻求实现的目标之间存在合理的相称关系。"③中国政府在国际投资条约的例外条款文本中可尝试将比例原则嵌入对相关条款的解释性说明中，从而对仲裁庭的条约解释产生约束作用。在技术层面，中国应当积极关注当前仲裁实践中出现的规则冲突，在条约规则谈判和起草过程中体系化梳理环境保护、人权保护、劳工保护和例外条款与传统投资待遇和保护条款之间的关系，并协调投资管理活动在不同国际义务下的法律后果，防止因履行其他国际法义务而引发投资争议。对于欧美国家不断扩张投资条约规制范围，企图将竞争中立、跨境补贴、知识产权、金融税收等"与

① 曾华群：《论双边投资条约范本的演进与中国的对策》，《国际法研究》2016 年第 4 期。

② Peter Van den Bossche, Looking for Proportionality in WTO Law, *Legal Issues of Economic Integration,* 35（3），2008.

③ EDF（Services）Limited v. Republic of Romania, ICSID Case No. ARB/05/13, Award, para.293.

投资相关"的事项全部纳入国际投资条约的做法，中国政府须谨慎对待，防止投资保护的基本功能在过于庞杂的规则体系中被过度稀释和弱化。

二、中国应对条约解释不一致现象的 ISDS 程序改革路径

ISDS 机制的改革方向与发展模式同增强条约解释一致性问题密切相关，中国当前正处在 ISDS 机制改革的关键路口，一方面要在国际组织的多边平台表达中国立场，另一方面要在新一代经贸条约中进行投资争端解决的规则设计。面对中心化和去中心化两种规则模式，中国应在保证 ISDS 机制公正性基础上根据资本流动和争端解决中的现实需求进行选择。综合而言，推动 ISDS 机制的中心化发展更符合中国在当前的国际投资争端解决现实需求，并对增强我国投资条约解释的一致性、维护国际投资规制的稳定性具有积极作用。

1. 中国应积极推进国际投资争端解决机制的中心化发展

前已备述，以多边投资法庭和多边上诉机构为代表的中心化 ISDS 机制改革方案能够将解决相关法律争议的裁判权力集中于统一常设的争端解决机构，该机构选聘固定的裁判人员，适用相同的争端解决程序规则，能够在一定程度上形成具有较强体系性和裁判一致性的争端解决体系。从防范中国在未来的国际投资仲裁中出现更严重的条约解释不一致现象和中国国际投资现实需求的多重角度出发，中国应积极推进 ISDS 机制的中心化发展。

首先，中心化的改革方案符合中国构建人类命运共同体与维护多边主义的外交理念。"多边主义是国际关系中积极正面发展交往的理性选

择，体现了国际法治的价值指向。"① 在中国面临经济制裁、技术封锁和政治打压等单边主义威胁的背景之下，中国坚持以多边求和平、以合作求发展，并以实际行动向国际社会表达了自己坚定走共同发展和多边主义道路的决心。具体到国际投资争端解决领域，去中心化机制下产生的一些问题是中国投资者和中国政府在争端解决中需要面对的共性问题，例如仲裁员缺乏公正性与独立性和仲裁裁决缺乏一致性等。中心化改革方案能够较为有效地纠正这些缺陷，有助于维护国际社会的共同利益，同时也有助于中国在争端解决中获得公平的裁判结果。并且自中国入世以来，在 WTO 的多边平台和中心化争端解决机制下处理了大量经贸纠纷，对中心化争端解决机制的运行和应用积累了丰富经验。这也有助于中国在构建中心化 ISDS 机制过程中设置更符合中国利益的具体规则。

其次，在当前的去中心化 ISDS 机制之下，中国的影响力和参与度相对较低。参与 ISDS 机制的重要主体除投资者和东道国政府外，还有被当事方选任的仲裁员和仲裁机构。中国政府目前向 ICSID 委任了多名仲裁员和调解员，但这些中国专家甚少被当事方选任裁决具体案件。根据对 ISDS 机制下仲裁员裁决案件数量的统计，大多数被当事方高频选任的仲裁员多来自欧洲国家和美国，在一定程度上形成了具有垄断效果的投资仲裁小圈子。② 中国国内的商事仲裁机构近年来也在积极制订投资仲裁程序规制，开放对投资者和国家间争议的受理，但目前尚未有投资者选择将案件提交中国国内仲裁机构。中心化 ISDS 机制的诞生需要通过建设全新的组织机构来实现，中国应当把握这一契机，以创始成员国的身份在规则制定中增强中国声音，向新的争端解决平台输送中国法律人才，积极争取常设机构下裁判人员的席位，从而打破欧美国家对

---

① 何志鹏：《作为法治话语的多边主义》，《国际法研究》2024 年第 1 期。

② See Malcolm Langford, The Revolving Door in International Investment Arbitration, *Journal of International Economic Law*，20（2），2017.

国际投资仲裁的垄断。仲裁员作为条约解释的主体，其成员法律文化背景的多元化对于条约解释的结果也将产生重要影响。

最后，中心化的 ISDS 机制能够解决中国在当前经贸法律关系中的现实需求。在中欧投资法律关系层面，中欧 CAI 在文本谈判结束后陷入冷冻状态，虽然背后有复杂的政治原因，但若中欧无法在 ISDS 机制问题上达成一致，将会导致中欧 CAI 无法充分发挥其作用。接受中心化的 ISDS 机制在一定程度上有助于推进中欧 CAI 的生效进程。而中欧 CAI 的生效能够较为全面地替代中国老一代国际投资条约，从而在实体和程序两个层面化解投资仲裁案件中条约解释不一致的风险。在中美投资法律关系层面，美国对中国"非市场经济"地位和国有企业投资者特殊身份等问题进行了诸多不合理的责难。例如，USMCA 规定"非市场经济国家投资者"不能运用 ISDS 机制发起仲裁。中国通过积极参与中心化 ISDS 机制的建设，可以把握先机，在全新的多边法律框架下，在管辖权规则中排除相关歧视性限制规则，借助中心化 ISDS 机制在条约解释上的普遍性作用明晰国家安全与投资自由化之间的边界，形成对相关条款准确一致的解释和判例，防止他国对中国投资者海外利益的损害。

2. 中国应在 ISDS 机制改革中强化投资保护功能

当前欧盟主导的投资法庭制度更侧重于对东道国政策空间的维护，体现了高度司法化的程序特点。"相较于对本国政府规制权的全面维护，在 ISDS 机制方面中国的立场应更侧重于保护本国投资者的海外投资利益。"[①] 中国出于对自身利益的考量，不应全盘接受以欧盟投资法庭方案

---

① 桑远棵：《〈中欧全面投资协定〉ISDS 机制：欧盟方案与中国选择》，《国际贸易》2023 年第 5 期。

为模本的中心化 ISDS 机制，而应在中心化模式下保证投资保护的机制功能得到充分发挥。

前已备述，"一带一路"倡议下，中国海外资本输出迅猛发展，中国企业利用 ISDS 机制维护投资利益的需求增强。外国投资者对华仲裁案件数量相对较少。外国投资者对我国政府发起的投资仲裁所涉及的领域则反映出了相对集中和较为明显的特点，这些争议多因投资者与地方政府的土地使用权问题而产生。中国地方政府可以通过完善土地管理政策减少此类争议。并且随着《中华人民共和国外商投资法》和相关配套规则的实施，中国国内已为外国投资者设置了较为通畅的行政和司法纠纷解决渠道，① 中国可以积极通过国内法解决外国投资者与中国政府的争议。

在具体的中心化 ISDS 程序设计上，中国应当注意以下问题：第一，重视争端解决程序的便捷性和高效性，对裁判机构的审理期限作出严格限制，保障投资者能够得到及时有效的救济。第二，在一定程度上保留投资者和东道国对于程序问题意思自治的权利，例如可在一审阶段允许投资者和东道国在争端解决机构指定的名册内对裁判人员进行选择，从而增强作为争议发起方的投资者对于中心化机制的信心。与此同时，争端解决机构应当对裁判人员的产生方式和执业资质做出严格要求，保证裁判人员的公正性和独立性。第三，在中心化 ISDS 机制规则下应对裁决执行问题加强约束，由于中心化 ISDS 机制性质已不同于商事仲裁或投资仲裁，无法依据《纽约公约》或《ICSID 公约》得到普遍的承认与执行，因此在中心化的程序机制下应对于裁决拘束力和执行问题加以明确，通过强制执行规则排除成员国对裁决结果的不合理干预，明确国家豁免等问题与裁决执行的关系，从而保证投资者在胜诉后能够真正得到金钱赔偿。

---

① 例如《中华人民共和国外商投资法》第二十六条。

三、维护国家在 ISDS 机制下的条约解释权

以投资法庭和多边上诉机制为代表的中心化 ISDS 改革方案虽然能够通过上诉程序解决法律解释不一致等突出问题，但其可能带来的不利后果在于法律解释的权力高度集中于裁判者手中，可能产生司法能动主义和"法官造法"，从而在超越国家意志的情况下增加东道国的国际法义务，与国家主权产生冲突。现存的中心化的争端解决机制均在一定程度上表现出了这个特点。WTO 的司法能动主义和越权裁判等问题是引发美国阻挠上诉机构成员选任，从而导致这一中心化争端解决机制陷入僵局的重要原因。① 在国际法院和国际海洋法法庭的实践中，法院通过咨询管辖权发布咨询意见扩张其权力的做法也招致了主权国家的强烈反感。中心化 ISDS 机制下裁判机构权力与国家主权的冲突也是美国对于当前投资法庭制度持冷漠态度的原因之一。因此，在规则构建过程中维护国家的法律解释权不仅有助于维护个案中东道国的政策空间，也有助于中心化 ISDS 机制本身获得更多国家的信任。保障缔约国的法律解释权主要可以通过以下三种路径：第一，在国际投资条约实体规则中清晰划分国家和裁判机构的条约解释范围；第二，在国际投资条约程序规则中对仲裁庭条约解释的方法做出约束，从而保证缔约国的真实意图在条约解释过程中得以呈现；第三，在 ISDS 程序规则中明确缔约国对于投资条约解释的权威地位和缔约国联合解释对仲裁庭的拘束力。

主权国家可以在国际投资条约实体规则中排除争端解决机构对于条约中特定条款的解释权，将触及东道国主权下敏感问题的判断权力留给国家。首先，国际投资条约中根本安全例外的"自裁决"（self-judging）

---

① 参见杨国华：《WTO 上诉机构危机的国际法分析》，《国际法研究》2024 年第 1 期。

模式是国家维护自身条约解释权的代表范例，虽然前文提到在国际投资仲裁实践中，仲裁庭对这一条款的解释仍存在一定争议，但国际投资条约中的安全例外条款借鉴或直接移植了 GATT 第 21 条的表述，国际投资仲裁庭也经常在判决中引用 WTO 争端解决机构对这一问题的解释和分析，在 WTO 的 DS512 案中，专家组已承认了自裁决的安全例外条款下成员方对何为国家安全的自主判断权，这一案件也将不可避免地对国际投资仲裁庭的法律解释产生一定影响。中国政府应当对西方利用国家安全采取制裁和打压的做法保持警惕态度，自裁决安全例外条款可能对中国投资者运用 ISDS 机制维护投资利益造成一定阻碍，但这一规则中的立法技巧也可以运用在其他涉及中国敏感利益的国际投资规则当中。其次，东道国还可以直接在 ISDS 机制适用范围规则中限制仲裁庭的条约解释方法。"尽管条约已成为国际法的主要渊源，但从本质上看条约是国家之间的契约。由于条约解释的对象是当事国自己约定的，条约解释的目的是明确当事国的权利义务关系，因此，条约解释的核心在于探究当事国的共同意图。"① 当前国际投资仲裁庭在条约解释过程中过度依赖先例，而忽略 VCLT 条约解释规则的合理运用，早期国际投资仲裁案件中出现的条约解释不一致案件对当前中国国际投资争议裁判产生了非常深远的影响，在一定程度上违背了国家缔结条约的本意。部分仲裁庭在条约解释的过程中在条约解释的工具箱中随意挑选解释方法，明显背离了 VCLT 对于条约解释的基本要求。在中心化 ISDS 机制下，国家首先应当在程序规制中明确仲裁庭在解释条约时应严格遵守 VCLT 第 31 条至第 33 条下条约解释的基本规则，要求仲裁庭更为争取并规范地运用条约解释的习惯法规则，特别是尊重 VCLT 中蕴含的不同条约解释方

---

① 车丕照：《条约解释的要义在于明确当事国的合意》，《上海政法学院学报（法治论丛）》2020 年第 1 期。

法适用的顺序，从而保障国家缔约的真实意图。"只要能够确立这种条约解释方法的适用顺序，就可以将条约解释像其他行为一样置于规则之下，从而打开'魔箱'，使条约解释处于阳光之下，增强条约解释的透明度和可预见性。这样一来，违背适用顺序的条约解释将被认定为违法行为或权力滥用行为，由此而受到伤害的当事国便有机会寻求救济，而不是无奈地接受'魔箱'终端所出现的任何一种难以预测的结果。"①

当前去中心化 ISDS 机制下出现的仲裁庭自由裁量权过大问题并不仅仅是由程序缺陷引发，其根源还在于老一代国际投资条约的用语过于简洁抽象。在中心化 ISDS 机制之下，由于依然缺乏统一的多边性实体公约，裁判者依然面临着需要对早期模糊宽泛的投资条约条款进行解释的境况。因此，在参与多边投资法庭或多边上诉机构的中心化 ISDS 机制构建过程中，中国应当充分注意对缔约国条约解释权力的保障。首先，在中心化的 ISDS 机制下应当成立由国家组成的最高权力机构，并明确该机构有权对国际投资条约作出权威解释。由于当前国际投资法的碎片化，特定 BIT 的权威解释权应由该机构中的特定缔约国享有。其次，应当明确缔约国联合解释对于裁判机构的拘束力。当前许多 BIT 中都增添了缔约国联合解释机制，但去中心化的投资仲裁庭存在将缔约国联合解释视为 VCLT 中缔约国达成的有关条约解释的嗣后协议，因而又根据 VCLT 第 31 条中的其他解释标准对约文的含义展开进一步分析的错误做法。② 目前中国仅有 6 份近年来缔结的 BIT 和包含投资章节的 FTA 纳入了联合解释条款。中欧 CAI 和 RCEP 虽然还没有形成具体的

---

① 车丕照：《条约解释的要义在于明确当事国的合意》，《上海政法学院学报（法治论丛）》2020 年第 1 期。

② See Methanex Corporation v. United States of America, under UNCITRAL Rules, 2005, Final Award of Tribunal on Jurisdiction and Merits, p.8, paras.17-18; See Canadian Cattlemen for Fair Trade v. United States of America, under UNCITRAL Rules, Award, para.187.

ISDS 程序规则，但这两份中国缔约实践最新成果中均规定了缔约国联合解释条款。但总体而言，包含缔约国联合解释条款的条约在目前生效的投资条约中所占比例依然非常小。此外，在未来的缔约国联合解释条款设计中，中国应当积极要求在具体程序规则中明确规定投资法庭或上诉机构须受到缔约国联合解释的严格约束，通过强制性规定禁止仲裁庭对联合解释的内容进行任何审查。

结　语

　　21 世纪初期，伴随着国际投资仲裁案件数量的爆发式增长，不同仲裁庭对国际投资条约解释不一致的现象逐渐显露，不同条约解释结果之间的冲突日趋严重，管辖权、实体待遇和征收补偿等核心条约条款均出现了解释分歧，仲裁庭对待此问题的态度也较为混乱。法律解释过程中的固有矛盾、条约解释规则本身的不确定性和国际投资法律体系的"碎片化"与价值冲突共同催生了国际投资条约解释的不一致现象，这一现象引发了理论界的批判，并将投资者与国家间争端解决机制推向了改革的十字路口。然而，在国际投资法律体制发展的关键阶段，国际法学界和主权国家对国际投资条约解释不一致性的认知出现了严重分歧，陷入了理论困境。

　　本书对国际投资条约解释不一致现象及其存在的合理性进行了深度剖析，在当前双边化与区域化的投资法律体系下，对条约解释的不一致现象不可笼统评价，应当辩证地看待这一问题，对国际投资条约解释的一致性目标进行区分性探讨。本书通过类型化的方法对不同仲裁情形下应追求的条约解释一致性目标加以区分。国际投资条约解释不一致现象可以划分为对相同条约条款解释的不一致和对相似条约条款解释的不一致。前者需要得到及时而有效的矫正；后者则是国际投资法律体系下的正常现象，不应忽视条约文本的差异而盲从地追求条约解释的一致性。但此类不一致解释对东道国的公共政策制定和监管措施实施有一定影响，实践中特别需要对双重救济下的条约解释冲突加以防范。

　　在此目标之下，国际投资实体性规则改革和国际投资争端解决程序改革需同时推进，二者的共同作用将促进国际投资仲裁庭对自身条约解释方法进行调整。在实体性规则改革的路径下，国家可以通过对管辖权条款、投资待遇条款和征收条款的调整来保障相同条约条款解释的一致性，可以通过细化投资者定义并引入拒绝授惠条款来限制投资者的条约挑选，进而预防双重救济下的条约解释冲突。在程序性规则改革路径之下，出现了 ISDS 机制的中心化与去中心化两种模式选择。美国主导的改革措施与欧盟主导的投资法庭制度产生了严重冲突，投资者与国家间争端解决机制的发展方向尚不明朗。当前正在进行的 UNCITRAL 多边改革工作最终可能出现三种结果。投资法庭与投资仲裁并存的局面将加剧国际投资法律体系的"碎片化"，建立统一上诉机制是可能性最大的妥协性结果，而建立常设投资法庭则是改善国际投资条约解释不一致现象的最理想方案。但 ISDS 机制本身需面对从多中心到单一中心过渡的漫长过程，条约解释一致性目标的实现也需要经历逐步过渡。通过对条约解释不一致现象应对路径的系统性研究可以发现，当前国际投资法律体系正面临着新一轮的规则重构，在这一过程中，国际投资实体法律规范中的传统核心性投资保护条款正朝一致性的方向趋进，但一些强调东道国公共权益的新兴条款又出现了不同的发展方向，而 ISDS 程序性问题却出现了严重分歧，欧盟与美国在争端解决程序规则主导权的争夺中僵持不下。

在国际投资法律体系的迅速变革中，重视国际投资条约解释的不一致现象对中国而言实属必要。在"一带一路"倡议下，中国国际投资活动迅猛发展的同时，也出现了投资争端数量的激增。中国政府和中国投资者同样面临着当前投资仲裁机制下条约解释不一致问题带来的冲击和影响，为确保中国真实的缔约意图和政策目标在投资活动和争端解决过程中得以实现，我们应通过不同路径对条约解释不一致性现象进行规制。对于老一代投资条约中仲裁限制性条款的突出问题，中国政府应及时通过嗣后解释和声明等方式明确基本立场。在未来的缔约实践中，中国政府也应当预防条约解释不一致现象继续发展，维护国际投资活动和投资者政策的稳定性与可预见性。在实体规则调整层面，中国在缔约实践中应重视对于条约文本的细化，构建体系化的投资协定范本，在国际投资条约中妥善处理公共利益与私人利益的平衡。在程序改革层面，中国应积极推动 ISDS 机制的中心化发展，同时应强化缔约国联合解释机制对争端解决机构的约束作用。

　　近年来，中国缔结的双边投资协定与区域性自由贸易协定都反映了中国政府对待投资活动更加自由化的立场，准入前国民待遇和负面清单模式等新的尝试和改变为外国投资者提供了宽松的投资环境和高标准的保护；与此同时，这种自由化的进程也为中国政府带来了更多的国际责任和义务。在国际投资仲裁中，涉及中国投资者和中国政府的案件越来越多。相关案件中管辖权问题的争议印证了仲裁庭对投资条约所作的解释对案件最终结果有着至关重要的影响。本书对于国际投资条约解释不一致性问题的研究有助于我们增进对仲裁庭条约解释全过程的了解，对影响条约解释的因素加以认识，从而对案件走向有正确预期并合理采取措施维护中国在投资协定下的根本利益。而当前的法律规则与制度环境并不友好，在最新签订的 USMCA 中，引入"毒丸"条款，① 企图阻止相关国家与我国的自贸协定谈判，极力压缩我国对外经贸交往的法律制度空间。条约解释不一致性问题的研究有助于我国在谈判和约文起草的过程中更加准确地界定投资条约中的核心条款含义，确保我国真实的缔约意图和政策目标在投资活动和争端解决过程中得以实现。ISDS 机制为投资者提供了强效型的救济手段，已发展成为国际投资争端解决的核

---

　　①　USMCA 第 32 条明确规定，若美国、加拿大、墨西哥三国中任一国家与"非市场经济国家"达成自贸协议，其他两国可在 6 个月内自由退出，并签署双边协议。

心制度，而目前以增强国际投资条约解释一致性为重要目标的 ISDS 机制改革发展方向并不明朗。中国虽积极参与了 UNCITRAL 平台下的多边改革工作，但目前依然处于观望状态，为在改革的关键节点上争取新一轮规则制定话语权，我国理论界与实务界均应进一步加强对争端解决机制的系统性研究。

从国际投资争端解决程序视角出发，国际争端解决机制并不存在某种单一的线性发展模式，而是根据经济发展的周期变化、国家实力的此消彼长和具体争议的现实需求等因素在中心化或去中心化的结构中寻求平衡。当前国际经贸秩序正处于动荡时期，以 WTO 为代表的中心化国际贸易争端解决体系遭遇严重困难，一些主权国家正积极通过诸边化或区域化的路径削弱中心化结构带来的僵局，另一些国家则企图通过单边主义摆脱中心化机制对国家主权的约束。国际投资争端解决机制的去中心化结构背后有其独特的成因。然而在国际社会已对中心化的争端解决模式缺陷认识日益深刻的背景下，国际投资领域的 ISDS 机制改革却反其道而行之，企图通过中心化的规则结构增强系统性和稳定性。但在当前分歧巨大的改革局面下，中心化 ISDS 机制的构建无法一蹴而就，也难以真正实现完美的投资争端解决体系，国际社会应当在更加全面的改革视角下形成一个相对一致但又能够包容不同意见的规则框架。对于中心化争端解决模式已经暴露出的问题，ISDS 机制应当充分吸取经验教训，在规则设计中把握裁判机构的权力边界，而非盲目地对当前 ISDS 机制进行过度改革。

从宏观视角回溯国际投资法律制度的发展过程，可以看到国际投资条约体系从投资保护的根本性目标出发，历经了 20 世纪 90 年代和 21 世纪初的高速成长与蓬勃发展时期，现已进入制度反思和规则调整的重要阶段。由于国际经贸格局的改变，国际投资法律制度的主要矛盾也发生了变化，已由早期西方资本输出国与资本输入国之间的"南北冲突"

转向了东道国政府公共权益与投资者利益之间的"公私冲突"。① 由此，早期国际投资法律规则背后的新自由主义思想受到遏制，国家主义重新抬头。国际投资程序性规则的改革虽然在近期出现了分歧，但实际上，发展中国家"卡沃尔主义"复兴下的"退回机制"、以美国为代表的保守主义和欧盟主导的投资法庭制度在本质上都在追求公共利益与私人利益的平衡。因而，国际社会应以此为契机，积极加强多边交流和沟通，推动国际投资法律规则朝着更加公平的方向发展。面对国际经贸秩序的变革，中国更应当把握发展契机，努力促动国际经贸秩序朝着更加公正合理的方向发展，反对大国强权，巩固和推进共商共建共享的全球治理观念，在维护国际投资条约规制和 ISDS 机制公平公正的基础上，增强中国在投资法律体系下的话语权。

---

① See Wenhua Shan, From North-South Devide to Private-Public Debate: Revival of Calvo Doctrine and the Changing Landscape in International Investment Law, *Northwestern Journal of International Law and Business*, 27（3），2007.

主要参考文献

一、中文著作

[1]［德］卡尔·拉伦茨：《法学方法论》，陈爱娥译，商务印书馆 2015 年版。

[2]［德］鲁道夫·多尔查、［奥］克里斯托弗·朔伊尔：《国际投资法原则》(第二版)，祁欢、施进译，中国政法大学出版社 2014 年版。

[3]［美］E. 博登海默：《法理学：法律哲学与法律方法》，邓正来译，中国政法大学出版社 2017 年版。

[4]［尼泊尔］苏里亚·P. 苏贝迪：《国际投资法：政策与原则的协调》，张磊译，法律出版社 2012 年版。

[5]［英］安托尼·奥斯特：《现代条约法与实践》，江国青译，中国人民大学出版社 2005 年版。

[6] 蔡从燕、李尊然：《国际投资法上的间接征收问题》，法律出版社 2015 年版。

[7] 陈欣：《WTO 争端解决中的法律解释：司法克制主义 vs. 司法能动主义》，北京大学出版社 2010 年版。

[8] 丁夏：《国际投资仲裁中的裁判法理研究》，中国政法大学出版社 2016 年版。

[9] 韩燕煦：《条约解释的要素与结构》，北京大学出版社 2015 年版。

[10] 李浩培：《条约法概论》，法律出版社 1987 年版。

[11] 李庆灵：《国际投资仲裁中的条约解释问题研究》，广西师范大学出版社 2023 年版。

[12] 梁慧星:《民法解释学》,中国政法大学出版社1995年版。

[13] 梁开银:《中国双边投资条约研究》,北京大学出版社2016年版。

[14] 刘京莲:《阿根廷国际投资仲裁危机的法理与实践研究》,厦门大学出版社2011年版。

[15] 沈岿:《公法变迁与合法性》,法律出版社2010年版。

[16] 舒国滢、王夏昊、雷磊:《法学方法论》,中国政法大学出版社2018年版。

[17] 银红武:《中国双边投资条约的演进——以国际投资法趋同化为背景》,中国政法大学出版社2017年版。

[18] 余劲松:《国际投资法》,法律出版社2018年版。

[19] 张乃根:《条约解释的国际法》(上、下),上海人民出版社2019年版。

[20] 张光:《国际投资法制中的公共利益保护问题研究》,法律出版社2016年版。

[21] 张生:《国际投资仲裁中的条约解释研究》,法律出版社2016年版。

二、中文论文

[22] 车丕照:《条约解释的要义在于明确当事国的合意》,《上海政法学院学报(法治论丛)》2020年第1期。

[23] 蔡从燕:《国家的"离开""回归"与国际法的未来》,《国际法研究》2018年第4期。

[24] 陈正健:《国际投资仲裁中的先例使用》,《国际经济法学刊》2014年第1期。

[25] 崔悦:《国际投资仲裁上诉机制初探》,《国际经济法学刊》2013年第1期。

[26] 邓婷婷:《中欧双边投资条约中的投资者—国家争端解决机制——以欧盟投资法庭制度为视角》,《政治与法律》2017年第4期。

[27] 古祖雪：《现代国际法的多样化、碎片化与有序化》，《法学研究》2007 年第 1 期。

[28] 龚柏华：《涉华投资者—东道国仲裁案法律要点及应对》，《上海对外经贸大学学报》2022 年第 2 期。

[29] 郭华春：《第三方资助国际投资仲裁之滥诉风险与防治》，《国际经济法学刊》2014 年第 2 期。

[30] 郭玉军：《论国际投资条约仲裁的正当性缺失及其矫正》，《法学家》2011 年第 3 期。

[31] 何力：《美国"301 条款"的复活与 WTO》，《政法论丛》2017 年第 6 期。

[32] 何志鹏：《立宪时刻：国际法发展的困境与契机》，《当代法学》2020 年第 6 期。

[33] 何志鹏：《作为法治话语的多边主义》，《国际法研究》2024 年第 1 期。

[34] 黄世席：《国际投资仲裁中的挑选条约问题》，《法学》2014 年第 1 期。

[35] 黄世席：《欧盟国际投资仲裁法庭制度的缘起与因应》，《法商研究》2016 年第 4 期。

[36] 季烨：《国际投资条约中投资定义的扩张及其限度》，《北大法律评论》2011 年第 1 期。

[37] 李凤宁、李明义：《从裁决不一致性论国际投资仲裁上诉机制》，《政法学刊》2018 年第 2 期。

[38] 李庆灵：《国际投资仲裁中的缔约国解释：式微与回归》，《华东政法大学学报》2016 年第 5 期。

[39] 梁开银：《公平公正待遇条款的法方法困境及出路》，《中国法学》2015 年第 6 期。

[40] 梁咏：《国际投资仲裁机制变革与中国对策研究》，《厦门大学学报(哲学社会科学版)》2018 年第 3 期。

[41] 林惠玲：《再平衡视角下条约控制机制对国际投资争端解决的矫正——〈投资者国家间争端解决重回母国主义：外交保护回来了吗?〉述论》，

《政法论坛》2021 年第 1 期。

[42] 刘笋:《国际投资仲裁裁决的不一致性问题及其解决》,《法商研究》
2009 年第 6 期。

[43] 漆彤、窦云蔚:《条约解释的困境与出路——以尤科斯案为视角》,
《中国高校社会科学》2018 年第 1 期。

[44] 漆彤:《论国际投资协定中的利益拒绝条款》,《政治与法律》2012 年
第 9 期。

[45] 钱旭:《外国投资保护与东道国社会利益的冲突纾解:比例原则作为
必要工具的理论证成》,《当代法学》2024 年第 6 期。

[46] 桑远棵:《中欧全面投资协定 ISDS 机制:欧盟方案与中国选择》,《国
际贸易》2023 年第 5 期。

[47] 沈伟:《国际投资协定的结构性转向与中国进路》,《比较法研究》
2024 年第 2 期。

[48] 王鹏:《国际投资规则的发展与变革:旧矛盾与新情境》,《国际经济
评论》2024 年第 2 期。

[49] 王少棠:《正当性危机的解除?——欧盟投资争端解决机制改革再
议》,《法商研究》2018 年第 2 期。

[50] 王彦志:《国际投资法上公平与公正待遇条款改革的列举式清单进
路》,《当代法学》2015 年第 6 期。

[51] 王彦志:《国际投资争端解决机制改革的多元模式与中国选择》,《中
南大学学报（社会科学版)》2019 年第 4 期。

[52] 王彦志:《从程序到实体:国际投资协定最惠国待遇适用范围的新争
议》,《清华法学》2020 年第 5 期。

[53] 王燕:《国际投资仲裁机制改革的美欧制度之争》,《环球法律评论》
2017 年第 2 期。

[54] 王燕:《欧盟新一代投资协定"反条约挑选"机制的改革——以
CETA 和 JEEPA 为分析对象》,《现代法学》2018 年第 3 期。

[55] 魏艳茹：《论国际投资仲裁的合法性危机及中国的对策》，《河南社会科学》2008 年第 4 期。

[56] 翁国民、蒋奋：《论 WTO 规则的法律解释方法——兼谈国际条约法的解释理论在 WTO 争端解决机制中的运用》，《当代法学》2004 年第 5 期。

[57] 肖芳：《国际投资仲裁第三方资助的规制困境与出路——以国际投资仲裁"正当性危机"及其改革为背景》，《政法论坛》2017 年第 6 期。

[58] 肖军：《建立国际投资仲裁上诉机制的可行性研究——从中美双边投资条约谈判说起》，《法商研究》2015 年第 2 期。

[59] 徐崇利：《公平与公正待遇：真义之解读》，《法商研究》2010 年第 3 期。

[60] 徐崇利：《晚近国际投资争端解决实践之评判："全球治理"理论的引入》，《法学家》2010 年第 3 期。

[61] 徐树：《国际投资条约"双轨"执行机制的冲突及协调》，《法商研究》2017 年第 2 期。

[62] 徐树：《国际投资仲裁庭管辖权扩张的路径、成因及应对》，《清华法学》2017 年第 3 期。

[63] 杨国华：《论世界贸易与投资组织的构建》，《武大国际法评论》2018 年第 1 期。

[64] 杨国华：《WTO 上诉机构危机的国际法分析》，《国际法研究》2024 年第 1 期。

[65] 尹德永：《试论 WTO 争端解决机构的法律解释权》，《河北法学》2004 年第 4 期。

[66] 余劲松：《国际投资条约仲裁中投资者与东道国权益保护平衡问题研究》，《中国法学》2011 年第 2 期。

[67] 曾华群：《论双边投资条约范本的演进与中国的对策》，《国际法研究》2016 年第 4 期。

[68] 张乃根：《国际法上的多边主义及其当代涵义》，《国际法研究》2021 年第 3 期。

[69] 张庆麟：《国际投资仲裁的第三方参与问题探究》，《暨南学报》2014年第 11 期。

[70] 张生：《国际投资法制框架下的缔约国解释研究》，《现代法学》2015年第 6 期。

[71] 赵宏：《条约下的司法平等——离任演讲》，《国际经济法学刊》2021年第 2 期。

[72] 赵宏：《从"契约"到"准司法"——国际争端解决的发展进路与WTO 争端解决机制改革》，《清华法学》2023 年第 6 期。

[73] 赵红梅：《投资条约保护伞条款的解释及其启示——结合晚近投资仲裁实践的分析》，《法商研究》2014 年第 1 期。

[74] 赵骏：《国际投资仲裁中"投资"定义的张力和影响》，《现代法学》2014 年第 3 期。

[75] 赵骏：《全球治理视野下的国际法治与国内法治》，《中国社会科学》2014 年第 10 期。

[76] 郑蕴、徐崇利：《论国际投资法体系的碎片化结构与性质》，《现代法学》2015 年第 1 期。

[77] 朱明新：《"被遗忘"的机制：投资争端解决的国家—国家仲裁程序研究》，《国际法研究》2016 年第 5 期。

[78] 朱明新：《国际投资仲裁平行程序的根源、风险以及预防》，《当代法学》2012 年第 2 期。

[79] 朱明新：《最惠国待遇条款适用投资争端解决程序的表象与实质——基于条约解释的视角》，《法商研究》2015 年第 3 期。

[80] 余海鸥：《全球行政法视野下投资仲裁机制（ISDS）的合法性研究》，武汉大学博士学位论文，2015 年。

三、英文著作

[81] Andreas Kulick, *Global Public Interest in International Investment Law*,

Cambridge University Press, 2012.

[82] Cesare Romano, Karen Alter, Yuval Shany (ed.), Oxford Handbook of International Adjudication, Oxford University Press, 2014.

[83] Emmanuel Gaillard (ed.), The Review of International Arbitral Award, JurisNet, 2008.

[84] Emmanuel Gaillard, Yas Banifatemi (ed.), Annulment of ICSID Awards, Juris Pub, 2004.

[85] Federico Ortino, Hugo Warner, Audley Sheppard, Lahra Liberti (ed.), Investment Treaty Law: Current Issues, Volume 1, British Institute of International and Comparative Law, 2006.

[86] Gabrielle Kaufmann-Kohler, Michele Potestà, Investor-State Dispute Settlement and National Courts: Current Framework and Reform Options, Springer, 2020.

[87] Gus Van Harten, Investment Treaty Arbitration and Public Law, Oxoford University Press, 2008.

[88] Hugh Thirlway, The Law and Procedure of International Court of Justice: Fifty Years of Jurisprudence, Oxford University Press, 2013.

[89] Ian Brownlie, Principles of Public International Law, 7th ed., Oxford University Press, 2008.

[90] Isabelle Buffard, James Crawford, Alain Pellet and Stephan Wittich (ed.), International Law between Universalism and Fragmentation, Martinus Nijhoff Publishers, 2008.

[91] J. Romesh Weeramantry, Treaty Interpretation in Investment Arbitration, Oxford University Press, 2012.

[92] Jean E. Kalicki, Anna Jonbin-Bret (ed.), Reshaping the Investor-State Dispute Settlement System—Journey for the 21st Century, Brill Nijhoff, 2015.

[93] Jeswald W. Salacuse, The Law of Investment Treaties, 2nd ed., Oxford

University Press, 2015.

［94］ Jeswald W. Salacuse, *The Three Laws of International Investment: National, Contractual, and International Frameworks for Foreign Capital*, Oxford University Press, 2014.

［95］ Jurgen Kurtz, *The WTO and International Investment Law: Converging Systems*, Cambridge University Press, 2016.

［96］ Lord McNair, *Law of Treaties*, Oxford University Press, 1986.

［97］ Malcolm N. Shaw, *International Law,* 6th ed., Cambridge University Press, 2008.

［98］ Malgosia Fitzmaurice, *Treaty Interpretation and Vienna Convention on the Law of Treaties: 30 Years on*, Martinus Nijhoff Publisher, 2010.

［99］ Martins Paparinskis, *The International Minimum Standard and Fair and Equitable Treatment*, Oxford University Press, 2013.

［100］ Michael Waibel, Asha K aushal, Kyo-Hwa Chung, Claire Balchin, *The Backlash against Investment Arbitration, Perception and reality*, Kluwer Law International, 2010.

［101］ Norbert Horn, Stefan Kroil（ed.）, *Arbitrating Foreign Investment Disputes*, Kluwer Law International, 2004.

［102］ Richard Gardiner, *Treaty Interpretation*, Oxford University Press, 2010.

［103］ Robert Y. Jennings, Arthur Watts, *Oppenheim's International Law,* 9th ed., Longman, 1992.

［104］ Stephan W. Schill（ed.）, *International Investment Law and Comparative Public Law*, Oxford University Press, 2010.

［105］ Stephan W. Schill, *The Multilateralization of International Investment Law*, Cambridge University Press, 2009.

［106］ Thomas M. Frank, *The Power of Legitimacy among Nations*, Oxford University Press, 1990.

[107] Ulf Linderfalk, *On the Interpretation of Treaties: The Modern International Law as Expressed in the 1969 Vienna Convention on the Law of Treaties*, Springer, 2007.

[108] Wolfgang Alschner, *Investment Arbitration and State- Driven Reform: New Treaties, Old Outcomes*, Oxford University Press, 2022.

[109] Zachary Douglas, J. Pauwelyn, and J.E. Viñuales (ed.) , *The Foundations of International Investment Law: Bringing Theory into Practice*, Oxford University Press, 2014.

[110] Zachary Douglas, *The International Law of Investment Claims*, Cambridge University Press, 2009.

四、英文论文

[111] Alec Stone Sweet, Constitutionalism, Right, and Judicial Power, *Comparative Politics*, 32（3）, 2013.

[112] Alison Ross, The Dynamics of Third-Party Funding, *Global Arbitration Review*, 2012.

[113] Anastasios Gourgourinis, The Distinction between Interpretation and Application of Norms in International Adjudication, *Journal of International Dispute Settlement*, 2（1）, 2011.

[114] Andreas Follesdal, The Legitimacy of International Human Rights Review: The Case of the European Court of Human Rights, *Journal of Social Philosophy*, 40（4）, 2009.

[115] Andreas Kulick, Investment Arbitration, Investment Treaty Interpretation, and Democracy, *Cambridge Journal of International and Comparative Law*, 4（2）, 2015.

[116] Anna Joubin-Bret, Why We Need a Global Appellate Mechanism for In-

ternational Investment Law, *Columbia FDI Perspectives*, No.146, 2015.

[117] Anthea Roberts, Clash of Paradigms: Actors and Analogies Shaping the Investment Treaty System, *American Journal of International Law*, 107（1）, 2013.

[118] Anthea Roberts, Power and Persuasion in Investment Treaty Interpretation: The Dual Role of States, *American Journal of International Law*, 104（2）, 2010.

[119] Anthea Roberts, State-to-State Investment Treaty Arbitration: A Hybrid Theory of Interdependent Rights and Shared Interpretative Authority, *Harvard International Law Journal*, 55（1）, 2014.

[120] Ari Afilalo, Towards A Common Law of International Investment: How NAFTA Chapter 11 Panels Should Solve Their Legitimacy Crisis, *Georgetown International Environmental Law Review*, 17（1）, 2004.

[121] Charles N. Brower, Charles H. Brower, II Jeremy K. Sharpe, The Coming Crisis in the Global Adjudication System, *Arbitration International*, 19（4）, 2003.

[122] Charles N. Brower, Stephan W. Schill, Is Arbitration a Threat or a Boon to the Legitimacy of International Investment Law? *Chicago Journal of International Law*, 9（2）, 2009.

[123] Clovis J. Trevino, State-to-State Investment Treaty Arbitration and the Interplay with Investor-State Arbitration Under the Same Treaty, *Journal of International Dispute Settlement*, 5（1）, 2014.

[124] Daniel Behn, Malcolm Langford, Trumping the Environment? An Empirical Perspective on the Legitimacy of Investment Treaty Arbitration, *The Journal of World Investment & Trade,* 18（1）, 2017.

[125] David M. Howard, Creating Consistency through a World Investment Court, *Fordham International Law Journal*, 41（1）, 2017.

[126] Dohyun Kim, The Annulment Committee's Role in Multiplying Incon-

sistency in ICSID Arbitration: The Need to Move Away from An Annulment-Based System, *New York University Law Review*, 86（1），2011.

[127] Erlend M. Leonhardsen, Looking for Legitimacy: Exploring Proportionality Analysis in Investment Treaty Arbitration, *Journal of International Dispute Settlement*, 3（1），2012.

[128] Eugenia Levine, Amicus Curiae in International Investment Arbitration: The Implications of an Increase in Third-Party Participation, *Berkeley Journal of International Law*, 29（4），2011.

[129] Gabrielle Kaufmann-Kohler, Arbitral Precedent: Dream, Necessity or Excuse? The 2006 Freshfields Lecture, *Arbitration International*, 23（3），2007.

[130] Gabrielle Kaufmann-Kohler, Michele Potestà, Can the Mauritius Convention serve as a model for the reform of investor-State arbitration in connection with the introduction of a permanent investment tribunal or an appeal mechanism? Geneva Center for International Dispute Settlement, June, 2016.

[131] Gus Van Harten, A Parade of Reforms: The European Commission's Latest Proposal for ISDS, *Osgoode Legal Studies Research Paper*, No. 21, 2015.

[132] Gus Van Harten, Martin Loughlin, Investment Treaty Arbitration as a Species of Global Administrative Law, *European Journal of International Law*, 17（1），2006.

[133] Ingo Venzke, Investor-State Dispute Settlement in TTIP from the Perspective of a Public Law Theory of International Adjudication, *Journal of World Investment & Trade*, 17（3），2016.

[134] Jonathan B. Potts, Stabilizing the Role of Umbrella Clauses in Bilateral Investment Treaties: Intent, Reliance, and Internationalization, *Virginia Journal of International Law*, 51（4），2011.

[135] Jude Antony, Umbrella Clauses Since SGS v. Pakistan and SGS v. Philippines - A Developing Consensus, *Arbitration International,* 29（4），2013.

[136] Julián Marías, Relying upon Parties' Interpretation in Treaty-Based Investor-State Dispute Settlement: Filling the Gaps in International Investment Agreements, *Georgetown Journal of International Law*, 46（1）, 2014.

[137] Justin D'Agostino, Oliver Jones, Energy Charter Treaty: A Step towards Consistency in International Investment Arbitration? *Journal of Energy & Natural Resources Law*, 25（3）, 2007.

[138] Karl-Heinz Böckstiegel, Commercial and Investment Arbitration: How Different are they Today? The Lalive Lecture 2012, *Arbitration International*, 28（4）, 2012.

[139] Lisa Diependaele, Ferdi De Ville, Sigrid Sterckx, Assessing the Normative Legitimacy of Investment Arbitration: The EU's Investment Court System, *New Political Economy*, 24（1）, 2019.

[140] Lucy Reed, The De Facto Precedent Regime in Investment Arbitration: A Case for Proactive Case Management, *ICSID Review - Foreign Investment Law Journal*, 25（1）, 2010.

[141] Malcolm Langford, The Revolving Door in International Investment Arbitration, *Journal of International Economic Law*, 20（2）, 2017.

[142] Mark Feldman, Investment Arbitration Appellate Mechanism Options: Consistency, Accuracy, and Balance of Power, *ICSID Review - Foreign Investment Law Journal*, 32（3）, 2017.

[143] Ole Kristian Fauchald, The Legal Reasoning of ICSID Tribunals - An Empirical Analysis, *European Journal of International Law*, 19（2）, 2008.

[144] Raphael Lencucha, Is It Time to Say Farewell to the ISDS System? Comment on "The Trans-Pacific Partnership: Is It Everything We Feared for Health?", *International Journal of Health Policy & Management*, 6（5）, 2017.

[145] Richard C. Chen, Precedent and Dialogue in Investment Treaty Arbitration, *Harvard International Law Journal*, 60（1）, 2019.

[146] Susan D. Frank, The Legitimacy Crisis in Investment Treaty Arbitration: Privatizing Public International Law Through Inconsistent Decisions, *Fordham Law Review*,73（4）, 2005.

[147] Ten Cate, M. Irene, The Costs of Consistency: Precedent in Investment Treaty Arbitration, *Columbia Journal of Transnational Law*, 51（2）, 2013.

[148] Thomas Dietz, Marius Dotzauer, Political Dimensions of Investment Arbitration: ISDS and the TTIP Negotiations, *Zentra Working Papers in Transnational Studies*, 22（6）, 2015.

[149] Wenhua Shan, From North-South Devide to Private-Public Debate: Revival of Calvo Doctrine and the Changing Landscape in International Investment Law, *Northwestern Journal of International Law and Business*, 27（3）, 2007.

[150] Woraboon Luanratana, A. Romano, Stare Decisis in the WTO: Myth, Dream or a Siren's Song? *Journal of World Trade*, 48（4）, 2014.

[151] Yenkong Ngangjoh-Hodu, Collins C. Ajibo, ICSID Annulment Procedure and the WTO Appellate System: The Case for an Appellate System for Investment Arbitration, *Journal of International Dispute Settlement*, 6（2）, 2015.

五、国际组织文件

[152] UNCTAD, World Investment Report 2018, Key Messages and Overview, 23 June, 2018.

[153] UNCTAD, World Investment Report 2016, Investor Nationality: Policy Challenges, 22 June, 2016.

[154] UNCTAD, World Investment Report 2015, Reforming International Investment Goverance, 25 June, 2015.

[155] UNCTAD, World Investment Report 2013, Global Value Chains: Investment and Trade for Development, 27 June, 2013.

［156］UNCTAD, IIA Issues Note, Interpretation of IIAs: What States Can Do? No.3, December, 2011.

［157］UNCTAD, IIA Issues Note, International investment agreements trends: the increasing dichotomy between new and old treaties, October, 2024.

［158］UNCITRAL, Possible reform of investor-State dispute settlement (ISDS)：Consistency and related matters, A/CN.9/WG.III/WP.150, 28 August, 2018.

［159］UNCITRAL, Report of Working Group III (Investor-State Dispute Settlement Reform) on the work of its thirty-sixth session (Vienna, 29 October–2 November 2018), A/CN.9/964, 6 November, 2018.

［160］UNCITRAL, Report of Working Group III (Investor-State Dispute Settlement Reform) on the work of its thirty-fifth session (New York, 23–27 April 2018), A/CN.9/935, 14 May, 2018.

［161］UNCITRAL, Report of Working Group III (Investor-State Dispute Settlement Reform) on the work of its thirty-fourth session (Vienna, 27 November–1 December 2017) Part I, A/CN.9/930/Rev.1, 19 December, 2017.

［162］UNCITRAL, Report of Working Group III (Investor-State Dispute Settlement Reform) on the work of its thirty-fourth session (Vienna, 27 November–1 December 2017) Part II, A/CN.9/930/Add.1/Rev.1, 26 February, 2018.

［163］UNCITRAL, Possible reform of investor-State dispute settlement (ISDS), Submission from the European Union, A/CN.9/WG.III/WP.145, 12 December, 2017.

［164］UNCITRAL, Possible reform of investor-State dispute settlement (ISDS) Multilateral instrument on ISDS reform, A/CN.9/WG.III/WP.221, 22 July, 2022.

［165］UNCITRAL, Possible reform of investor-State dispute settlement (ISDS) - Standing multilateral mechanism: Selection and appointment of ISDS tribunal members and related matters, A/CN.9/WG.III/WP.213, 8 December, 2021.

[166] UNCITRAL, Possible reform of investor-State dispute settlement（ISDS）-Draft statute of an advisory centre, A/CN.9/WG.III/WP.236, 27 November, 2023.

[167] David Gaukrodger, Addressing the balance of interests in investment treaties: The limitation of fair and equitable treatment provisions to the minimum standard of treatment under customary international law, OECD Working Papers on International Investment, 2017.

[168] David Gaukrodger, Investment Treaties as Corporate Law: Shareholder Claims and Issues of Consistency, OECD Working Papers on International Investment, 2013.

[169] David Gaukrodger, The Legal Framework Applicable to Joint Interpretive Agreements of Investment Treaties, OECD Working Papers on International Investment, No. 2016.

[170] Joachim Pohl, Kekeletso Mashigo, Alexis Nohen, Dispute Settlement Provisions in International Investment Agreements: A Large Sample Survey, OECD Working Papers on International Investment, 2012.

[171] ILC, 726th Meeting: Law of Treaties,（A/CN.4/167）, reproduced in YILC（1964）, Vol.I.

[172] ILC, Draft Articles on the Law of Treaties with Commentaries,1966.

[173] ILC, Report of International Law Commission on the Work of Its Fifty-eight Session, Capter XII, A/61/10, 2006.

[174] ILC, Draft conclusions on subsequent agreements and subsequent practice in relation to the interpretation of treaties, 2018.

[175] ICSID, Possible Improvements of the Framework for ICSID Arbitration, ICSID Secretariat Discussion Paper, October 22, 2004.

[176] Europeen Union, Investment in TTIP and beyond the path for reform, Enhancing the right to regulate and moving from current ad hoc arbitration tewards an Investment Court, European Commission Concept paper, 5 May, 2015.

后 记

本书以我在清华大学的博士学位论文为基础，后经修改、更新和扩充而成。在本书即将付梓之际，回首学海求索之历程，内心感慨良多。

"知其然，知其所以然，不以为然"，恩师车丕照教授曾言简意赅地点明学术研究三重境界。从初入国际经济法之门到如今有能力完成二十万字的学术专著，我深感学术成长的确是一段从"知其然"到"不以为然"的漫漫征途。道阻且长，行则将至，而一路上始终有车老师的悉心指导，何其幸甚。本书从选题到成稿历时数年，途中遭遇困难，踟蹰犹豫，停滞不前时，车老师从未苛责，并总能高屋建瓴地提出专业建议，使我豁然开朗，在此向车老师致以最衷心的感谢。多年来，车老师极具高度的学术眼光和严谨的治学态度已对我产生了深远的影响，这也将是我未来职业道路上最宝贵的财富。

在清华法学院求学期间，我从傅廷中教授、杨国华教授、陈卫佐教授、李旺教授、贾兵兵教授、吕晓杰教授、张新军教授等老师的课堂上吸收了国际法学科最前沿的理论知识，为本书的写作奠定了坚实基础。博士一年级时，崔建远教授曾带领我们精读卡尔·拉伦茨的《法学方法论》一书，这一过程为本书的选题提供了灵感与启发。在写作过程中，徐树教授和孙劼博士等同门也曾给予我许多指点和建议。在进入外交学院工作后，学院重视对青年教师的培养，为我提供了广阔的平台和机会，外交学院学术委员会和许军珂院长对本书的出版给予了大力的支持和帮助。外交学院国际法系是历史悠久的国际法研究重镇，一代又一代工作于此的国际法学术大师们深厚的学术功底、睿智的专业洞见和高尚的精神品格激励着我不断进步。在本书撰写和筹备出版过程中，国际法系领导张华副教授、王佳副教授和宋岩副教授也给予了本人诸多的关怀和指导。在此向帮助过我的师长和同仁表示诚挚的感谢！

此书能顺利完成，更要特别感谢父母和爱人对我的包容与呵护。在我面对科研和教学的双重压力时，父亲、母亲事事关心，时时牵挂，爱人张明轩博士总是能够换位思考，耐心劝解。而我在忙于学业和工作之时却未能回报给他们同样关爱，每每念及，深感愧疚。在此书写作过程中，我的女儿蓓蓓出生，小朋友的到来让我体会到了最宝贵的幸福，她的活泼可爱和古灵精怪总能消解我的焦虑和疲惫，在此祝愿我的女儿健康成长、开心快乐。

本书的研究虽告一段落，但我对国际经济法的思考仍在继续扩展和深入，近年来，国际经济局势发生着深刻变革，既有的国际经贸规则体系遭遇严重挑战，单边主义和贸易保护主义横行，中国在经济发展和国际经贸活动中面临着一定阻碍，我将继续在国际经济法的学术研究中立足中国现实，探索更多有价值、有意义的真问题和好问题。在未来的人生道路上，我会将"自强不息，厚德载物"的清华精神和服务中国外交事业的使命牢记于心，不负各位师长和亲友的关心与期待。

靳也

2025 年春

责任编辑：张　立
封面设计：胡欣欣
责任校对：秦　婵

图书在版编目（CIP）数据

国际投资条约解释的不一致性 ：困境与出路 ／ 靳也 著 . -- 北京 ：
人民出版社，2025. 5. -- ISBN 978 - 7 - 01 - 027272 - 6

Ⅰ. D996. 4

中国国家版本馆 CIP 数据核字第 2025NT0014 号

国际投资条约解释的不一致性：困境与出路

GUOJI TOUZI TIAOYUE JIESHI DE BUYIZHI XING : KUNJING YU CHULU

靳也　著

人民出版社 出版发行

（100706　北京市东城区隆福寺街 99 号）

北京汇林印务有限公司印刷　新华书店经销

2025 年 5 月第 1 版　2025 年 5 月北京第 1 次印刷
开本：710 毫米 ×1000 毫米 1/16　印张：17.75
字数：240 千字

ISBN 978 - 7 - 01 - 027272 - 6　定价：98.00 元

邮购地址 100706　北京市东城区隆福寺街 99 号
人民东方图书销售中心　电话（010）65250042　65289539